경영 전략의 역사

CEO의 서재 · 22

HISTORY

OF

손자병법부터 AI전략까지
전략의 핵심을 한 권에!

경영 전략의 역사

고토사카 마사히로 지음 | 김정환 옮김

BUSINESS
STRATEGY

센시오

경영 전략의 역사를 알아야
최적의 미래를 설계할 수 있다

경영 전략은 무엇을 위한 것일까?
'경영 전략의 역사'에서 답을 찾다!

경영 전략에 관한 뛰어난 책은 이미 무수히 많다. 이 책이 많은 이들에게 읽히고 충분한 의미를 지니려면, 경영 전략을 완전히 새로운 관점으로 연구할 계기가 필요했다. 그러던 중 〈하버드 비즈니스 리뷰〉 온라인판에 '경영 전략'을 주제로 연재할 기회를 얻었다. 방대한 자료를 토대로 차근 차근 집필한 끝에 핵심만을 추려내 5년 만에 책을 완성할 수 있었다.

이 책은 경영 전략의 주요 역할인 '최적의 처방전'과 '보편적인 법칙 성'이라는 두 가지 방향을 모두 파악하는 것이 목적이다. 이를 위해서, 전략이라는 것이 탄생한 순간부터 아직 다가오지 않은 미래의 경영 환경까지 '경영 전략의 역사'를 낱낱이 들여다보려 한다. 어떤 위대한 경영 전략도 한 사람의 천재가 만들어낼 수 없다. 최적의 전략은 축적된 역사에서 탄생하기 때문이다.

서로 다른 방향으로 튀어나가는 두 마리 토끼를 쫓는 것은 쉬운 일이 아니다. '보편적인 법칙'이 특정 개인이나 기업에 반드시 '최적의 처방전'이 된다는 보장은 없기 때문이다. 예를 들어, 마이클 포터가 경쟁 전략의 세 가지 키워드로 꼽은 '비용-우위', '차별화', '집중화'를 단순히 이해했다고 해서, 자신의 회사가 당장 내일부터 무엇을 해야 하는가를 알 수는 없다. 경영자가 찾는 것은, 어떤 독자적인 조건에서 최대의 효과를 발휘하도록 제작된 특효약이다.

물론 그 반대 이야기도 성립한다. 특정 산업, 특정 기업, 특정 제품의 다음 일주일 동안의 판매 계획은 어떤 상황에서나 적용되는 '보편적인 법칙'은 되기 어렵다. 제아무리 뛰어난 경영자가 세운 경영 전략이라 해도, 이를 다른 경영자가 그대로 흉내 내기는 거의 불가능하다. 특수하고 구체적인 전략일수록 그런 경향은 더 강해진다.

1998년에 발매된 초대 아이맥(애플사의 일체형 매킨토시 컴퓨터)이 플로피디스크 드라이브도, 시리얼 포트도 전부 없앤 것은 결과적으로 '최적의 처방전'이었지만, 그것을 예측할 '보편적인 법칙성'은 존재하지 않았다. 애플은 그 후에도 열광적인 고객들 사이에서조차 논란이 될 정도로 극단적인 간소화를 단행하고 있다. 이것을 다른 기업들이 그대로 모방할 수 있을까? 분명한 사실은, 이것이 애플이라는 독특한 기업, 맥과 아이폰이라는 우수한 상품이기에 가능한 조치였다는 점이다.

거꾸로 생각하면, 이미 잘 알려진 '보편적인 법칙성'속에서는 세상을 바꿀 정도로 획기적인 제품이나 그때까지 존재하지 않던 산업 영역이 탄생하기 어렵다는 뜻이 된다. 그래서 교과서적인 경영 전략에만 의존하면 오히려 그 기업의 독자성이나 개성을 잃는 악수로 작용할 수 있다.

경영 컨설턴트에서 연구자로, 양극의 세계를 아우르다

나는 실무자로서 8년간 현장을 경험한 뒤 연구자의 길을 걷기 시작했다. 지금도 대학에서 교육과 연구에 힘쓰는 한편으로 여러 기업의 임원으로서, 그리고 컨설턴트로서 현업에서 경영 지원을 하고 있다.

실무자로 보낸 8년 가운데 처음 4년 동안은 작은 회사 세 곳을 직접 경영했다. 이어서 컨설팅회사 맥킨지앤드컴퍼니에 몸담은 뒤로는 세계 9개국에서 다양한 경영 과제 해결을 지원했다. 당시 내게 도움이 되었던 책들은 경영학 교과서나 이론서가 아니라 유명한 경영자가 쓴 실용적인 경영서였다. 하루하루 업무를 완수하는 데는 이론보다 선배 경영자의 노하우나 체험담이 훨씬 큰 도움이 되었다. 전략 컨설턴트가 되어 다국적 기업에서 활약할 때도 교과서에 실린 프레임워크나 이론을 그대로 사용한 적은 단 한 번도 없었다. 각각의 클라이언트가 놓인 상황을 맨바닥에서부터 이해하고 그 기업이 놓인 특수한 상황에 적용할 최적의 해법을 백지 상태에서 만들어내는 데 힘을 쏟았다.

이후 옥스퍼드대학교 대학원에 진학하면서 이번에는 연구자로서 경영학과 경영 전략을 접하게 되었다. 그동안 실무자로서 쌓은 경험을 활용한다면 연구도 순조로우리라 생각했다. 그러나 이 안일한 기대는 얼마 안 있어 산산조각이 나고 말았다. 간단히 말하면, 나는 이론 체계의 의미를 전혀 이해하지 못했다. 일류 저널에 실린 연구 성과라 할지라도, 그것을 막상 실행했을 때 어떤 경영 개선을 끌어낼 수가 없을 것 같았다. 지금이야 그런 이론의 학술적인 가치를 이해하지만, 솔직히 말해 당시의 내게는 그저 말장난으로밖에 보이지 않았다.

전략 컨설턴트의 업무는 결국 클라이언트의 의사 결정에 기여할 수 있느냐 없느냐로 판가름 난다. 필요한 정보를 한정된 시간 내에 간결하게 정리해서 제공하는 것이 컨설턴트의 임무다. 설령 정보가 충분치 않거나 불확실성이 크더라도 어느 정도 허용될 수 있다. 이른바 '80대 20'의 법칙에 따라, 80퍼센트를 알면 20퍼센트는 몰라도 적용이 가능한 곳이 경영 현장이다.

경영 전략의 실무에 관한 논의는 언제나 미래 지향적이다. 과거가 어떠했는지는 참고가 될 뿐 현재의 의사결정에 중요한 영향을 끼치지 않는다. 그보다는 미래를 올바르게 통찰할 수 있는가, 그 미래에 최선의 방안을 제공할 수 있는가에 가장 큰 가치를 둔다.

이와 대조적으로 학문의 세계에서는 과학적인 논설과 검증의 작법에 충실해야 한다. 연구자가 자기 나름의 학술적인 주제를 설정하기 위해서는 지금까지 어떤 주제가 논의되었는지를 꼼꼼히 살펴야 한다. 주제를 설정하는 데만 3개월 이상이 걸리는 경우도 있다(3개월이면 컨설팅 프로젝트는 벌써 끝이 났을 기간이다). 논문의 완성도가 80퍼센트에 도달했더라도 사회과학으로서 연구는 이제 막 출발점에 선 것이나 다름없다.

같은 '경영'을 다루면서도 연구의 세계는 실무의 상식이 전혀 통용되지 않는 곳이었다. 미래의 유산으로 남길 학술적인 지식을 생산하는 작업과, 특정 사업 영역에서 당장 내일의 매출액을 높이기 위한 작업은 이렇게나 다르다는 사실을 깨닫고 큰 충격을 받았던 기억이 난다.

결국 나는 실무로부터 멀어져 5년이라는 시간 동안 이론에 둘러싸여서 연구에 매진한 뒤에야 비로소 내 나름대로 경영 전략이라는 영역을 이해할 수 있었다.

경영 전략의 실무와 이론을 연결하는 다리를 놓다

경영 전략은 다른 분야보다도 이론과 실무의 괴리가 특히 두드러진다. 예를 들어 재무, 세무, 회계, 생산관리, 재고관리, 배송관리 등의 분야는 숫자를 축으로 한 논리적이고 구조적인 검토가 가능하며, 개별적인 사례에서도 큰 차이가 나지 않는다. 이런 영역에서는 정석을 착실히 실천하여 견실하게 경영 개선을 진행하는 것이 가능하다.

반면에 경영 전략, 마케팅, 리더십, 이노베이션 등으로 불리는 영역은 이론과 실무의 괴리가 상대적으로 크다. 다양한 요인이 복잡하게 얽혀서 프로세스나 성과가 결정되며, 의사결정권자의 창의성이 결정적인 영향을 끼친다. 또 매일같이 새로운 방법론이 탄생했다가 사라지기 때문에 교과서적인 정석을 도출하기가 어렵다. 설령 일시적으로 원칙을 찾아냈다 하더라도 그 유효기간은 길지 않다.

그렇기에 나는 경영 전략의 영역에서 실무와 이론 사이에 다리를 연결한다는, 어렵고도 흔치 않은 도전을 택했다. 경영 전략의 다양한 이론을 소개하면서, 다른 한편으로는 그것이 경영 현장에 어떤 의미가 있는지 되짚으려 한다. 둘 사이를 연결하기 위해서 실무와 이론이 각각 발전해온 '흐름'에 따라 발상 하나하나 사이에 존재하는 상호관계를 분명히 읽어내고자 한다.

사회와 경제가 발전함에 따라 경영 전략도 모습과 형태가 조금씩 진화되어 왔다. 어떤 한 가지 이론이 탄생해서 큰 호응을 얻고 널리 응용되는가 하면, 한편에서는 그 이론의 한계를 지적하면서 새로운 이론이 대두했다. 이러한 과정이 수없이 반복된 끝에 현재 널리 알려진 경영 전략의 체계를 만들어냈다. 여기에는 역사적 문맥 또한 중요하다. 시대를 따라 급변하는 산업 구조 속에서 새로운 영역의 도전자들이 어떻게 승리했는지 살펴보지 않고서는, 한때 일세를 풍미했던 이론들이 왜 새로운 이론 체계에 자리를 내주고 말았는지 이해할 수 없으리라.

물론 책 한 권에 이러한 논의를 모두 담기 위해서는 때로 이음새에 거친 부분이 생겨날 수 있다. 그럼에도 그 복잡한 계보를 이해하는 데, 이 책이 하나의 길을 제시할 수 있다고 생각한다. 어쩌면 무모할지도 모르는 목적을 가지고 이 책을 세상에 내놓으려 한다.

《경영 전략의 역사》의 큰 틀은 다음과 같다.

1부는 경영 전략이 형성되는 기원전부터 1960년대까지의 역사를 알아본다.

1장부터 2장까지 '경영 전략'이란 무엇인가를 최대한 넓은 정의에서 살펴본다. 경영 전략이라는 말이 쓰이기 전부터 사람들은 이미 비슷한 개념을 실천해왔다. 인류의 역사 속에서 그 개념이 어떻게 초점을 변화시켜 왔는지 알아본다.

2부는 경영 전략 이론이 완성되는 1960년대부터 2000년대까지를 다룬다.

3장의 경영 전략의 전문가 시대를 거쳐, 4장과 5장은 전략 수립에서 기초가 되는 정보의 분석에 관한 이야기다. 4장은 외부 환경을 축으로 경영 전략을 훑어본다. 마이클 포터의 '다섯 가지 힘 분석'이 그 대표적인 이론이다. 5장은 기업의 내부 환경을 중심으로 경영 전략에 대해 생각한다. 제이 바니의 자원기반관점이나, 게리 하멜과 프라할라드가 주창한 핵심 역량 등을 하나의 맥락 안에서 소개한다.

3부는 경영 전략이 현재 어떻게 사용되는지 알아본다.

6장과 7장은 앞서 파악한 경영 환경을 기반으로 어떻게 사업 전략을 수립할 것인지를 생각하려 한다. 더불어 복수 사업의 포트폴리오 관리라고도 할 수 있는 전사 전략에 대해서도 방향을 고민할 것이다. 8장과 9장은 실무로서의 경영 전략을 다룬다. 8장은 '수치의 관리'를 축으로, 경영 현장에서 유용하게 쓰이는 전통적인 방법론부터 신규 기업들에게 적합한 KPI 관리에 이르기까지 다양한 수치 관리법을 소개한다. 9장은 '인간의 사고방식'관리에 대한 이야기다. 완전히 합리적일 수 없는 사람들 하나하나가 특정한 사고방식을 공유하도록 방향을 제시하는 방법을 설명하려 한다.

4부는 경영 전략의 미개척지가 어떻게 변화할지 전망해본다.

10장과 11장은 현대의 경영 전략이 직면한 두 가지 과제에 관해 다룬다. 10장은 신규 기업들의 경영 전략에 대해 논의한다. 체계적인 경영 계획을 수립하기가 어렵고, 의도치 않은 성과와 실패가 난무하는 경영 환경에서 신규 기업들은 어떻게 앞날을 모색해야 하는가를 고민해본다. 이어지는 11장은 지금까지 소개한 전략의 개념들을 글로벌 경영 환경에서 어떻게 실현할 것인지 설명한다. 마지막 12장에서는 인간의 지식과 지각을 확장하는 새로운 기술의 발전이, 경영 전략의 상식을 어떻게 바꿔 놓을 것인지 그 미래를 예측하고 대비하고자 한다.

나는 지금도 여전히 경영 전략의 두 마리 토끼를 좇는 사람이다. 이 책 곳곳에 흩어진 경영 전략의 중요한 개념들과 현장의 방법론들이, 경영자이거나 실무자인 독자들 저마다의 경영 환경에 맞게 재구성되어 효과적인 경영 전략으로 거듭나길 바란다.

차례

들어가는 글 경영 전략의 역사를 알아야 최적의 미래를 설계할 수 있다 004

제1부 기원전부터 1960년대까지
경영 전략의 형성

【제1장】
경영 전략의 정의
전략이란 무엇이며 왜 다르게 해석되는가? • 021

경영 전략에 관한 무수한 정의들 022

경영 전략의 기본 골격 다듬기 024

경영 구루 민츠버그가 말하는 경영 전략 028

'계획'과 '결과' 사이에는 무엇이 존재하는가 033

현장에서 살아 움직이는 '플로이'에 주목하라 037

실무자에게 가장 필요한 것은 교과서 밖에 있다 040

【제2장】
경영 전략의 시작
고대 그리스에서 모던 타임즈까지 • 044

경영 전략의 첫 역사, 고대 그리스에서 시작되다 045

자연의 전략에서 조직적인 전략으로 047

천운보다 전략! 전략이 담긴 최초의 책 050

전쟁과 전략의 화학작용, 세계를 휩쓸다 052

'보이는 손'과 록펠러, 경영 전략의 시대가 도래하다 055

조직에 스며든 과학적 관리법 059

경영의 방향에 인간성이 더해지다 062

제2부 1960년대부터 2000년대까지
경영 전략 이론의 완성

[제3장] 경영 전략의 전문가 시대
전략가는 어떻게 생각하는가? ·071

전략의 전문가 필요한 시대가 찾아오다 072

경영 전략의 시조, 챈들러와 앤소프 075

전략 없이는 무너지는, 불확실성의 시대 079

기업이 나아갈 방향, 어떻게 선택할 것인가 083

성장의 만능 열쇠였던 다각화, 중대한 과제를 던지다 087

경제 혼란기에 구원투수로 등판한 컨설팅 회사들 089

경영 인재를 초고속으로 배출하는 꿈의 학교, 비즈니스스쿨 092

각광받던 BCG매트릭스는 왜 한계에 부딪혔는가? 095

[제4장] 외부 환경 분석
명쾌하고 실용적인 '다섯 가지 힘 분석' ·101

경영 전략론의 정체기에 등장한 새 이론 102

불완전경쟁에서 모든 것이 시작되다 104

SCP모델에서 진화한 포터의 이론 113

기업은 어떻게 스스로를 '포지셔닝'하는가? 117

'다섯 가지 힘 분석'은 무엇을 불러왔는가? 122

외부 환경을 움직이는 거대한 조류 127

외부 환경 분석에 '알 수 없는 미래'를 포함하다 129

외부 환경 분석의 빈틈을 어떻게 보완할 것인가 131

[제5장] 내부 환경 분석
경쟁우위의 자원을 어떻게 손에 넣을 것인가? • 137

보고서에는 나타나지 않은 경영 현장의 실체 138

자원기반관점, 기업의 내부로 시선을 돌리다 141

기업의 운명을 좌우하는 것은 제품시장보다 자원시장이다 143

자원기반관점을 세상에 알린 두 논문 146

기업에 유리한 자원이란? 152

경쟁우위를 낳는 자원을 어떻게 손에 넣을 수 있는가? 155

경영 전략의 최전선에서는 지금 무슨 일이 벌어지고 있는가? 158

제3부
경영 전략의 현재

[제6장] 사업 전략
이론과 실무 사이에서 기억해야 할 것 • 165

경영 전략 교과서들이 말하는 전략의 정석 166

이론과 실무 사이에서 기억해야 할 것 169

수많은 전략 프레임워크 가운데 무엇을 선택해야 하는가? 171

이해, 판단, 행동: 효과적인 전략 프레임워크를 위한 3단계 180

'행동'이 없는 사업 전략은 청사진에 불과하다 186

[제7장]

전사 전략
기업이 진화하여 끝내 살아남으려면? •190

전사 전략은 무엇이 다른가? 191

새롭게 정의하는 전사 전략 195

서로 다른 구성원을 하나로 묶는 조직 도메인 197

회사 전체의 방향을 좌우하는 기능 전략 201

사업의 방향에 대한 치열한 고민 204

평가의 기준이 곧 그 기업을 말해준다 211

다가오는 미래, 새로운 형태의 전사 전략이 등장한다 215

[제8장]

관리회계
경영 전선을 지원하는 고도의 무기 •217

'과거'가 아닌 '지금'을 파악하기 위한 경영 수치에 주목하다 218

전략과 수치를 연결하는 방법들 221

균형성과표의 탄생과 진화 224

스타트업 기업들의 효과적인 도구, KPI 관리 231

KPI의 유통기한에 주의하라 235

끊임없이 변하는 사업 환경 속에서 어떻게 길을 낼 것인가 238

차별화를 만들어내는 수치란? 242

[제9장]

의사결정 프로세스
불합리한 인간을 합리적으로 유도하기 •245

인간을 이해하지 못하면 어떤 전략도 성공할 수 없다 246

대리인 이론, 주인과 대리인 사이의 간극을 어떻게 메울 것인가? 249

인간의 '비합리성'을 합리적으로 이해한다 251

센스메이킹 이론, 서로 다른 사람들에게서
어떻게 공통의 이해를 끌어낼 것인가? 256
모호하고 인간적인 프로세스 다루기 259
매력적인 스토리가 곧 전략이다 261
매니지먼트의 시대에서 리더십의 시대로 264

제4부
경영 전략의 미개척지

【제 10 장】 **신규 기업의 경영 전략**
신규 기업에게 유리한 사업 환경은? • 273

신규 기업에게 유리한 사업 환경은? 274
신규 기업의 주된 전쟁터는 '슘페터형' 경쟁 환경 277
전략의 방향타를 유연하게 조정하라 279
실패를 허용하고 거기에서 배우라, 가설사고 계획법 281
내놓고 얻어맞으며 성장한다, 린 스타트업 286
비즈니스 모델의 탐색, '궁합'부터 살피라 291
신규 기업이 반드시 해결해야 할 '숫자'의 문제 294
그로스해킹, 작은 개선들이 쌓여 혁신을 불러온다 295
신규 기업이 성숙한 기업으로 전환할 때 298

【제 11 장】 **글로벌 기업의 경영 전략**
통합과 적응이라는 두 마리 토끼를 모두 잡으려면? • 301

현대는 세미글로벌리제이션의 시대 302

글로벌 사업의 승패를 좌우하는 두 가지 힘 307

사업의 이점을 최대화하는 글로벌 환경 파악하기 310

글로벌 전략의 큰 방향 검토하기 313

최적의 균형을 만들어내는 AAA트라이앵글 315

해외 시장에서 기업을 짓누르는 두 가지 '부채' 317

기업은 왜 해외 시장에 진출하는가? 319

해외 시장에서 얻을 수 있는 부가가치란? 321

신흥국, 시장 밖에서의 싸움이 모든 것을 결정한다 324

메타네셔널의 시대가 온다 329

[제 12 장]
미래의 경쟁우위
기술은 경영 전략의 모습을 어떻게 바꿀 것인가? •332

기술이 경영 전략에 영향을 끼치는 세 가지 경로 333

기술은 경영 전략의 모습을 어떻게 바꿀 것인가? 339

'의사결정의 방식'을 결정한다 344

미래의 경쟁우위는 어떤 기업에게 돌아갈 것인가? 346

•참고 문헌 351

제 1 부

ㅡ

경영 전략의 형성

기원전부터 1960년대까지

HISTORY

— OF —

BUSINESS

STRATEGY

적을 알고 나를 알면
백 번을 싸워도 위태롭지 않다

知彼知己百戰不殆

손자 孫子

경영 전략이라는 학문의 역사는 이제 반세기 정도에 불과하다. 그러나
경영 전략이라는 개념과 행위는 태곳적부터 이미 존재했다. 경영 전략
의 본질을 알기 위해서는 먼저 그 역사를 되돌아보고 개념의 다양한 측
면을 이해할 필요가 있다.
경영학의 여명기가 찾아오기까지, 인류는 경영 전략을 어떻게 이해하고
발전시켜 왔을까?

1장

경영 전략의 정의
전략이란 무엇이며, 왜 다르게 해석되는가?

❦

'경영 전략'의 정의는 사실 명확하지 않다. 그래서 경영 전략이라는 말은 종종 동상이몽의 장이 된다. 서로 똑같은 '경영 전략'에 관해 이야기 나눈다고 생각했는데 실상 완전히 다른 전제를 바탕으로 하는 바람에 대화가 헛도는 경우도 종종 발생한다.

이런 일이 생기는 이유는 바로 경영 전략을 무수히 다양한 의미로 해석할 수 있기 때문이다. 그렇다면 누구나 인정하고 동의하는 '경영 전략의 골격'은 어떤 것일까? 이 골격을 먼저 파악한다면, 다양하게 갈리는 개별적인 요소를 다루기가 한층 수월할 것이다.

경영 전략에 관한 무수한 정의들

사업을 하는 사람이라면 누구나 어떤 식으로든 경영 전략이라는 개념과 맞닿게 된다. 이때 '경영 전략이란 무엇인지' 한마디로 표현하라고 하면 아마도 사람들은 저마다 다른 말로 설명할 것이다. 한편으로는 놀랍고, 또 한편으로는 당연한 일이리라.

아래의 표는 대표적인 경영서에서 인용한 경영 전략의 정의다. 물론 어디까지나 일부일 뿐이며, 그 밖에도 무수히 많은 정의가 난립한 채 지금도 어딘가에서 사용되고 있다.

'경영 전략'의 다양한 정의들[1]

"경쟁에서 어떻게 승리하느냐에 관해 기업이 지향하는 이론"
— 피터 드러커

"전쟁의 전체적인 계획, 개별적인 활동 방침,
그리고 그 속에서 이루어지는 개별적이고도 구체적인 행동 계획"
— 클라우제비츠

"각 플레이어가 가능한 모든 상황에서
어떤 선택지를 고를지 명시하는 포괄적 계획"
— 노이만·모르겐슈테른

"장기적인 관점에서 목적과 목표를 결정하는 것. 그리고 그 목표를
달성하기 위해 행동을 채택하고 자원을 배분하는 일"
— 알프레드 챈들러

"①조직의 기본적 사명, 목적, 목표 ②이를 달성하기 위한 정책과 행동 계획
③이를 실행하기 위한 방법론"
— 조지 스테이너·존 마이너

---

1 원래의 의미가 크게 훼손되지 않는 범위에서 표현을 간소화했다.

"기업의 기본적 목표를 확실히 달성하기 위해 디자인한
포괄적이고 통합된 계획"   —윌리엄 F. 글룩

"무수한 행동과 의사결정 속에서 발견되는 일정한 패턴"   —헨리 민츠버그·알렉산드라 맥휴

"조직의 목표를 달성하기 위한 방법"   —케네스 J. 해튼·메리 L. 해튼

"조직이 의도하는 목표를 충족시키기 위해 행동을 책정하고 실제로 실시하는 것"
                                            —조지 G. 데스·알렉스 밀러

"경쟁우위를 차지하기 위해 핵심 역량을 활용하는 것으로,
이를 위해 통합적인 전략과 활동을 설계한다 "   —마이클 히트 외

*출처: 제이 바니, 《기업 전략론》 외

전략론의 대가로 꼽히는 유타대학 교수 제이 바니Jay Barney는 이렇게
말했다.

"전략의 정의는 전략에 관한 책의 수만큼 존재한다고 해도 과언이 아
니다."[2]

실제로 나는 이 장을 집필하기 위해 도서관과 데이터베이스에서 여러
관련 문헌들을 살펴보았는데, 경영 전략에 관해 똑같은 정의를 내리는
경우는 한 번도 없었다.

경영 전략의 정의는 왜 이렇게 저마다 다르며 하나로 통일되지 못하
는 것일까? 그 이유는 이 모든 정의가 틀리지 않으며, 하나의 정의가 다

---

2   제이 바니, 《기업 전략론》(2003)

른 정의와 상충하지도 않기 때문일 것이다. 특히 큰 틀에서 '바람직한 경영 전략'에 관해 이야기할 때는 어떤 정의가 다른 하나와 부딪치는 경우가 드물다. 그러나 세부적인 사항으로 들어가 구체적인 경영 전략을 논하기 시작하면 각각의 차이가 조금씩 드러난다.

여기서는 모두가 수긍하는 경영 전략의 기본적인 정의를 먼저 확인하고, 이어서 다양한 논의가 펼쳐지는 새로운 영역으로 건너가 볼까 한다.

경영 전략의 기본 골격 다듬기

경영 전략에 필요한 세 가지 기본 요소

그렇다면 무엇을 경영 전략의 골격이라고 말할 수 있을까?

경영 전략의 큰 골격이 '특정 조직이 어떤 목표를 달성하기 위한 경로'라는 데 이론의 여지는 별로 없을 듯하다. 조금 더 구체적으로 말하자면 주체가 되는 '조직'과, 달성해야 할 '목표', 그리고 목표 달성으로 이어지는 '경로'가 그 골격이라 할 수 있다.

전통적인 정의에 따르면, 주체인 '조직'은 전사 전략Corporate Strategy, 사업 전략Business Strategy, 기능 전략Functional Strategy이라는 전략 수립의 세 가지 방향에 따라 여러 요소로 분해된다. 연구개발이나 제조, 물류 등 하나하나의 '기능'이 횡적으로 세분화되고 여기에 텔레비전 사업이나 휴대전화 사업 등 세부 '사업'이 종적으로 연결되며, 그 집합체로서 '전사全社'가 존재한다.

과거에는 영리 기업이 주로 주체가 되었지만, 현재는 비영리 기업이나 정부 등 다양한 조직도 주체에 포함된다. 개인이 단독으로 움직이는 예외적인 경우를 제외하면 '복수의 개인으로 구성된 집단'이 경영 전략의 주체가 된다.

다음으로 도달해야 할 '목표'는 주체가 무엇이냐에 좌우된다. 가령 주체가 영리 기업이라면 목표에는 매출이나 이익의 절대액, 성장률이나 고객 수, 이용 유지율이나 과금률(서비스를 이용한 사람에게서 거두어들이는 돈의 비율-옮긴이) 등의 지표가 포함된다. 조직의 비전이나 행동 규범도 목표가 될 것이다.

주체가 비영리 조직이라면 말라리아 박멸이나 공공보육 이용률 향상 등, 일반 기업의 틀을 넘어선 목표가 설정되기도 한다. 정부가 주체가 될 경우에는 경제 활성화나 무역 진흥 등의 거시경제 지표도 목표가 된다. 이보다 더 작고 우리와 가까운 조직, 예를 들어 지역의 유소년 축구팀이 주체라고 가정하면 그 목표는 지역 유소년들의 건강 증진, 사회적 유대감 양성, 축구를 통한 다른 지역 유소년들과 교류 촉진 등이 될 수 있다.

조직이 있고 목표가 있으면, 목표를 달성하기 위한 '경로'가 필요하다. 좁은 의미에서 '경로'란 방침, 방법, 계획, 설계도, 밑그림 등으로 표현할 수 있다. 이는 조직의 행동 방침으로, 사전에 미리 결정된다. 오래전부터 이 '경로'를 검토할 때 논의의 중심은, 조직이 활동하는 장소(특히 시장)에서 무엇을 해야 하는가였다. 그러나 현재는 신흥국이나 이행경제(사회주의 경제에서 자본주의 경제로 이행하는 과도기의 경제-옮긴이)가 대두함에 따라 시장 외부에서 정부나 업계 등을 상대로 무엇을 할 것인가 하는, '비시장 전략Non-market Strategy'도 활발히 논의되고 있다.

다시 말해 제품시장에서 경쟁 상대와 직접 싸우고 고객에게 더 높은 가치를 제공하는 경로뿐만이 아니라, 시장 자체를 형성하는 과정에까지 발을 들여놓게 된 것이다. 이렇게 되면 정부, 업계, 소비자 단체 등 시장에 영향을 끼치는 각종 이해관계자들과 맺어나가는 관계 또한 '경로'에 포함될 수 있다.

전략의 'How'를 떠받치는 두 기둥

요약하자면 경영 전략은 '조직', '목표', '경로'라는 세 가지 요소를 골격으로 삼는, '특정 조직이 어떤 목표를 달성하기 위한 경로'라고 말할 수 있다.

그러나 '조직', '목표', '경로'라는 각 요소에 어떤 내용을 담을 것인가에 관해서는 사람마다 견해가 저마다 다르다. 또한 세 요소에 더해 '그 경로가 어떻게 만들어지는가How'까지 정의에 포함시켜야 한다는 주장도 있다. 가령 일본 도쿄대학교 교수 신타쿠 준지로新宅純二郎와 조치대학교 교수 아미쿠라 히사나가網倉久永는 경영 전략의 정의를 다음과 같은 말로 표현했다.

"기업이 실현하고자 하는 목표와 이를 위한 경로를 담은, 미래로 이어지는 배치도. 이 배치도는 외부 환경과 내부 자원을 엮어서 그린다."[3]

---

3 아미쿠라·신타쿠, 《경영 전략 입문》(2011)

이 정의에는 '외부 환경과 내부 자원을 엮는다'라는 내용과 '미래로 이어진다'는 내용이 추가되었다. 여기서 '외부 환경'이란, 조직의 경계 바깥쪽에 존재하며 조직의 행동에 영향을 끼칠 수 있는 모든 요소를 가리킨다. 이와 관련해 가장 널리 알려진 개념은 마이클 포터의 '다섯가지 힘five forces'일 것이다.[4] 이 모델을 기반으로 생각하면, 먼저 외부 환경의 상황을 이해하고 그에 따라 자신에게 최적의 위치(포지셔닝)는 어디가 될 것인지를 고민하게 된다. 다시 말해 외부 환경에 적응하기 위한 최적의 전략을 궁리하는 것이 곧 외부 환경으로부터 'How'를 이끌어내는 전형적인 방법이라는 뜻이다.

한편 '내부 자원'은, 조직의 경계 내에 존재하며 조직의 행동에 영향을 끼칠 수 있는 모든 요소를 뜻한다(외부 환경과 대비되는 의미에서 내부 환경이라 부르기도 한다). 제이 바니가 제시한 자원기반관점RBV: Resource Based View을 그 대표적인 개념으로 꼽을 수 있다. 이 이론에 따르면, 기업이 보유한 경영 자원과 그 경영 자원의 조합을 통해 얻게 되는 경쟁력, 나아가 그 조합을 쇄신해나가는 역량이 전략을 입안하는 데 기반이 되어야 한다고 설명한다.

외부 환경과 내부 자원을 각각 분석하고 그 두 가지를 중심축으로 삼아 경영의 'How'를 끌어낸다는 개념은 단순하며 이해하기 쉽다. 실제로 널리 읽히는 경영학 교과서 대부분은 '경로'를 어떻게 만들 것이냐 하

---

4 여기서 산업 구조의 특징을 결정하는 다섯 가지 요소로는 경쟁업자, 신규 참가자, 대체 상품, 공급자, 구매자를 꼽는다.

는 방법론을 설명할 때 외부 환경 분석과 내부 환경 분석을 두 축으로 삼는다. 제이 바니의 대표적인 저서이자 수많은 비즈니스스쿨에서 채용하고 있는 경영 전략 교과서《전략경영과 기업우위Gaining and Sustaining Competitive Advantage》, 그리고 로버트 그랜트Robert M. Grant의《현대 전략 분석Contemporary Strategy Analysis》과 마이클 히트Michael A. Hitt의《전략 경영론 Strategic Management》은 모두 명칭만 다를 뿐 외부와 내부라는 두 가지 관점에서 경영 전략을 해설한다. 이런 대표적인 저작 외에도 대부분의 경영 전략의 교과서들은 경영 환경을 외부와 내부로 구분하는 데서부터 논의를 시작한다.

경영 전략의 'How'를 생각할 때 외부 환경과 내부 환경을 두 기둥으로 삼는 것은 하나의 공통분모라고 볼 수 있다. 그러므로 '특정 조직이 어떤 목표를 달성하기 위해서 외부 환경 분석과 내부 환경 분석을 통해 만들어낸 경로'라고 경영 전략의 골격에 살을 붙여도 무방할 것이다.

경영 구루 민츠버그가 말하는 경영 전략

과거의 전략, 미래의 전략

1987년, 세계적인 경영 구루 헨리 민츠버그Henry Mintzberg는 〈캘리포니아 매니지먼트 리뷰〉에 '전략의 5P'라는 개념을 발표하여 경영 전략의 의미를 새롭게 제시했다. 이 5P 개념은 전략론 명저인《전략 사파리 Strategy Safari》에 더욱 다듬어진 형태로 소개되었다.

민츠버그의 정의에 따르면, 경영 전략의 골격은 다시 두 가지 방향으로 확장할 수 있다. 첫 번째 방향은 '패턴', 즉 과거의 행동이라는 '사실'로서의 경영 전략을 포함한다. 지금까지 소개한 경영 전략의 정의가 미래 예측, 앞으로의 행동, 계획, 즉 '플랜'을 골격으로 삼은 데 비해 민츠버그는 제삼자의 시점에서 과거 행동을 관측하고 여기서 도출된 패턴으로 경영 전략을 다룬다.

미래의 설계도에 해당하는 '플랜'과 과거 행동이 쌓여서 만들어진 '패턴'. 이 두 가지가 반드시 일치하는 것은 아니다. 미래의 행동 지침인 경영 전략(플랜)을 명확히 결정하고 그것을 실천하려고 해도 여기에는 예

민츠버그의 '전략의 5P'

경영 전략이란 무엇인가? (What)	플랜 (Plan)	• 앞으로의 행동 방침. 미래 예측을 바탕으로 한 행동의 계획 • 창발적으로 형성되는, 의도하지 않은 전략 행동도 존재한다
	패턴 (Pattern)	• 과거 행동과 이것의 분석을 바탕으로 하는 체계 • 관측할 수 없는 전략도 존재하며 도중에 중단되기도 한다
경영 전략을 어떻게 실현하는가? (How)	포지션 (Position)	• 외부 환경의 측정을 통해 자사의 위치를 모색한다 • 시장에서 독자성을 띤, 가치 있는 포지션에 자사를 배치한다
	퍼스펙티브 (Perspective)	• 내부 요인을 바탕으로 자사의 위치를 모색한다 • 조직의 비전을 실현하기 위한 노력을 뜻한다
	플로이 (Ploy)	• 외부 환경이나 내부 요인을 통해 도출되지 않는 행동을 의미한다 • 비시장 요인을 활용하거나 경쟁자의 의표를 찌르는 시도를 포함한다

출처: Minzberg(1987) 외

측할 수 없는 요소가 포함될 수 있고, 플랜의 어떤 결손 때문에 도중에 중단되어 관측이 불가능해지는 상황도 생긴다. 이렇게 되면 과거의 행동으로 만들어진 경영 전략(패턴)에 영향을 미칠 수밖에 없다. 따라서 플랜으로서의 경영 전략과 패턴으로서의 경영 전략이 일치하지 않는 상황이 종종 벌어진다.

경영 전략을 실무자의 관점에서만 생각한다면 과거의 패턴은 그다지 중요하지 않다. '조직', '목표', '경로'를 골격으로 삼아 구성한 미래의 행동 지침, 즉 플랜만을 논의해도 지장은 없다. 아니, 과거를 논의하는 경우가 오히려 드물 것이다. 그러나 연구자는 패턴 쪽에 더 흥미를 보인다. 과거의 사례나 데이터를 수집해서, 어떤 특성을 지닌 조직 집단이 어떤 패턴을 보이는지 밝혀내는 것이 연구자가 매일 하는 일이다. 이처럼 사람마다 흥미와 관심을 보이는 지점이 서로 다르기 때문에 경영 전략을 둘러싼 논의는 때때로 어긋나곤 한다.

플로이, 전략의 인간적인 측면에 다가서다

경영 전략의 'How'에 추가하여 골격을 확장할 수 있는 또 한 가지는 '플로이ploy(책략)'라고 부르는 전략 행동이다. 플로이는 외부 요인과도, 또 내부 요인과도 관련짓기 곤란한 독특한 성격을 띤다.

앞에서 이야기했듯이 외부 환경 분석과 내부 환경 분석은 전략을 구상할 때 기본적인 틀이 된다. 그리고 그 바탕에는 두 가지 강력한 계보가 존재한다.

한 가지 계보는 마이클 포터의 다섯 가지 힘 분석을 고전으로 삼는 흐름이다. 이 계보에서는 산업 구조 등의 외부 요인을 분석함으로써 경영 전략을 검토한다. 또 다른 계보는 제이 바니 등이 주장한 자원기반 관점에 입각하여 내부 자원을 분석하는 데 중점을 둔다. 이 두 이론 체계는 영향력이 특히 강한 까닭에 경영 전략의 골격에서 주류를 형성하고 있다.

그러나 1970년 이후 인지심리학에서 파생한 휴리스틱(인간이 단기간에 판단을 내릴 때 엄밀한 이성과 이론보다 경험이나 직감을 중시하는 경향-옮긴이)이라는 특성이 널리 응용되면서 경영 전략의 논의에도 영향을 끼치기 시작했다. 더불어 좀 더 미시적인, 의사결정을 내리는 사람들 사이의 수읽기 게임이라는 관점에서도 경영 전략을 논의하기 시작했다. 그러면서 외부 환경이나 내부 환경과는 관련이 없는 개개인의 영향력이 전략 행동으로 이어질 수 있다는 생각이 힘을 얻었다. 예를 들어 전략을 형성하는 과정에서 사람들은 협상을 하거나 정치적 행동을 하며, 권력 등의 영향력을 행사한다. 객관적으로 파악하기 어려운 당사자 사이의 관계나, 어떤 감정에 따른 행동의 연쇄가 경영 전략에 결정적인 영향을 미칠 수도 있는 것이다.

현대의 경영 전략은 완전히 합리적인 인간의 판단을 전제로 하지 않으며, 외부 요인과 내부 요인을 논리적으로 검토하는 과정을 통해서만 도출되는 것 또한 아니다. 여기에는 더 인간적인 요소가 섞여 있다. 감정이나 감성 같은 불확실성이 높은 요인들이 영향을 미치며, 따라서 전략 행동은 사회적이고 때로는 정치적인 성격을 띤다.

실제로 전략의 이런 성격에 초점을 맞춘 연구들이 활발히 진행되고 있다. 사람들 사이의 수읽기를 과학화하는 '게임 이론(경쟁 상대의 반응을 고려해 최적 행위를 결정해야 하는 상황에서 의사결정 행태를 연구하는 경제학 및 수학 이론-옮긴이)'이나, 언뜻 보면 비합리적인 듯한 인간의 경제 행동을 분석하는 '행동경제학' 등이 대표적이다.

'플로이'는 외부 환경의 분석을 통해서 구하는 '포지션'과도, 또 내부 요인을 통해 정립하는 '퍼스펙티브(관점)'와도 다르다. 플로이는 무엇보다도 의사결정을 내리는 개개인에게 초점을 맞춘 전략 행동이다.

민츠버그가 약 30년 전에 제시한 '전략의 5P'는 긴 세월을 지나 현대의 경영 전략을 이야기하는 데도 중요한 관점을 시사한다.

첫째, 미래의 설계도인 플랜과 과거의 행동으로 형성된 패턴 사이에는 분명한 괴리가 존재한다. 이는 연구자들에게 여전히 미개척 영역이며, 한편으로 계획할 수 없는 전략을 어떻게 이해할 것인가 하는 난제를 던진다. 그리고 이 괴리야말로 경영 전략의 실무자와 연구자 사이에 높고도 두꺼운 벽이 존재하게끔 만드는 하나의 요인이다.

둘째, 외부 환경과 관련된 포지션도, 내부 요인과 관련된 퍼스펙티브도 아닌 '플로이'의 중요성이 대두되었다. 플로이라는 연구 영역은, 이론으로서 경영 전략이 아직까지 충분히 해명하지 못한 미개척 영역을 다룬다.

'계획'과 '결과' 사이에는 무엇이 존재하는가

계획하지 않은 성공 전략

그렇다면 '플랜'과 '패턴' 사이에는 무엇이 존재할까?

이 질문은 특히 스타트업 기업들의 경영 전략을 논의할 때 매우 중요하다. 스타트업처럼 빠르게 변화하는 기업들은 플랜으로서 경영 전략을 모호하게 책정할 수밖에 없다. 대신에 유연함과 민첩함을 발휘해 환경 변화에 순발력 있게 대처하는 기업들이 결과적으로 더 효과적인 '패턴'을 확보하는 경우가 종종 있다. 완고한 계획을 고집하다가는 실패로 이어질 위험성이 오히려 높아진다.

실제로 스타트업 기업들 가운데 연차 계획이나 중장기 경영 계획에 많은 시간을 소비하는 경우는 그리 많지 않다. 물론 예산을 책정하고 관리하는 작업은 필요하다. 그러나 그것을 실현하기 위한 경로로서 경영 전략을 설계할 때는, 산업 구조를 분석하거나 자사의 조직 구조를 이해하는 일보다 더 중요한 것이 있다. 일정한 틀인 비즈니스 모델을 결정한 뒤에는 눈앞의 상황에 그때그때 대응하며 변화를 만들어나가는 방식이 효율적이다.

계획과 결과 사이에 존재하는 이런 '창발적인 프로세스'의 중요성은 헨리 민츠버그와 알렉산드라 맥휴Alexandra McHugh가 1985년에 발표한 연구 논문에 잘 드러난다. 〈특별 임시 체제에서의 전략 형성Strategy Forma-tion in an Adhocracy〉이라는 제목의 이 논문은 캐나다 국립영화위원회의 사례를 연구한 것으로, 기존의 인식을 뛰어넘어 새로운 관점을 제시했다. 그때까지 지배적이었던 인식에 따르면 경영 전략이란 실행되기 전에 미리 계획하는 것이었지만, 사실은 실행 과정에서 점차 형태가 갖춰지는 것이기도 하다는 것을 위의 연구는 보여주었다.

때로 조직 내에서는 개개인이 현장에서 실천하는 방법론들이 쌓여서 그 조직의 행동 양식으로 정착되곤 한다. 또는 현장에서 우연히 발생한 어떤 사고방식이 인정을 받아 조직 내로 퍼져나가는 경우도 있다. 이 사고방식은 말단에서부터 조직의 각 층으로 확산되어 결과적으로는 회사 차원의 경영 전략으로 굳어진다. '창발적 전략'이라는 명칭으로 알려진 이 과정들을 위의 연구는 상세히 묘사했다.

창발적 전략은 사전에 계획된 것이 아니라 예기치 않은 요인에 의해 생겨난다. 바꿔 말하자면, 의도하지 않았던 행동들이 만들어낸 결과라고도 할 수 있다. 결과적으로 볼 때 이것이 직접적인 성공 요인으로 작용하고, 나아가 특정한 패턴으로서 관측되면서 사람들이 하나의 경영 전략으로 인식하게 되는 것이다.

유명 CEO의 경영론을 맹신해선 안 되는 이유

빠른 속도로 변화하는 환경에 놓인 경영자들은 경영 전략에 관한 책을 읽어도 그리 공감하지 못하는 경우가 많다. 아마도 그런 서적들이 경영 전략의 창발적인 측면을 이해하지 못할뿐더러 제대로 설명하지도 못하기 때문일 것이다. 조직이 성과를 올리기까지는 하루 단위로 시행과 개선을 반복하는 프로세스도, 중심이 되는 경영 전략도 모두 필요하다. 이때 경영 전략은 다양한 시행착오 끝에 도달하는 것이 보통이다.

특히 급성장하는 기업들의 경우 극적으로 변화하는 외부 환경에 맞닥 뜨리게 되며, 내부 조직 또한 그에 발맞추어 시시각각 변화를 꾀해야 한 다. 그런 상황에서는 '외부 환경과 내부 환경을 분석하고 이를 바탕으로 경영 전략을 세운다'라는 원론적인 이야기에 수긍하지 못하는 것이 어 쩌면 당연할 일이리라. 이들의 실무는 그런 식으로 돌아가지 않는다. 설 령 외부 환경과 내부 환경을 공들여 분석했다 하더라도, 분석 속도보다 훨씬 더 빠른 속도로 외부 환경과 내부 환경이 다시 변화한다.

그렇다면 경영자는 창업 전부터 최대한 정확하게 미래를 예측해 정교 한 사업계획을 만들어야 할까, 아니면 학습이나 경험을 통해 점진적으 로 사업을 창조해나가야 할까?

경영지에는 종종 특정 기업의 경영 전략이나 유명한 CEO의 경영론 이 소개되곤 한다. 이런 사례 연구나 인터뷰 기사를 모두 곧이곧대로 받 아들이면 큰 착오를 일으킬 수 있다. 그들의 경영 전략이 처음부터 의도 된 '플랜'이었던 것처럼 이야기할지라도 실상은 예기치 못한 '패턴'에 해 당할 수도 있기 때문이다. 경영자나 홍보 담당자들은 자기 회사가 얼마 나 우수하며 능력 있는지를 최대한 과시하고자 한다. 설령 그렇지 않을 지라도 '사후 해석'에는 새로운 논리가 필요하게 마련이다. 따라서 누구 든 자신에게 유리한 쪽으로 해석하는 경향이 있다.

현실의 경영에서는 의도하지 않았던 행동들의 결과가 중요한 영향을 끼친다. 현장에서 경영자도 파악하지 못한 개선 활동이 생겨나기도 하 고, 예상치 못하게 경쟁에 실패하여 긴급 대응책을 마련하기도 한다. 이 런 요인들은 처음에 의도했던 플랜과, 패턴으로 실현된 경영 전략 사이에 괴리를 만들어낸다. 실제 현장에서 발생하는 이런 괴리들, 경영 전략을 형성하는 데 어쩌면 가장 중요한 것일 수 있는 '창발적 요소'를 경영자가 말하는 경영 전략에서는 파악하기가 힘들다.

창발적 전략의 경우, 성공에 이르는 경로는 한 걸음 한 걸음 앞으로 걸어가는 가운데 보이기 시작한다. 예를 들어 스타트업 기업이 A/B 테스팅(디지털 마케팅에서 두 가지 이상의 시안 중 최적안을 선정하기 위해 시험하는 방법-옮긴이)을 통해 제품을 개발하거나, UI/UX(사용자 인터페이스/사용자 경험)를 기축으로 사업을 개발할 때는 창발적 전략에 따라 경영 전략을 구축하게 된다. 현실과 상호작용을 거듭하면서 조직의 행동 양식이 수정되고 하나의 틀이 서서히 갖추어지며 일관성이 생겨나는 것이다. 사실 스타트업뿐만 아니라 다른 많은 기업에서도 이런 과정을 통해 실질적인 경영 전략을 만들어나가곤 한다.

물론 무책이 상책이라는 뜻은 아니다. 계획과 실행 사이에 있는 창발적인 요인의 중요성을 알아야 한다는 이야기다. 플랜으로서의 경영 전략만을 파악해서는 패턴에 해당하는 경영 전략을 이해하지 못한다. 경영과 현장의 중간에서 유연하게 형성되는, '창발적 전략'이라고 부르는 이러한 전략은 점점 더 중요해지고 있다.

현장에서 살아 움직이는 '플로이'에 주목하라

분석과 논리만으로는 경쟁자를 이길 수 없다

플로이에 관해 특별히 참고할 만한 책으로 로버트 그랜트의 《현대 전략 분석》을 꼽을 수 있다. 경제학 이론을 중심으로 경영 전략을 풀어낸 이 책은 외부 요인을 다룬 3장이나 내부 요인을 다룬 5장과는 별도로 4장을 할애하여 '산업 분석과 경쟁자 분석에서 추가로 논의할 화제'를 이야기한다. 책의 설명에 따르면, 각 기업들은 시시각각 움직이는 상황에 대응하여 연쇄적으로 의사결정을 내리고 그 결과가 기업의 경영 전략에 지대한 영향을 끼치게 된다고 한다.

대표적인 사례로 과점 시장의 경우를 들 수 있다. 이를테면 펩시콜라의 전략은 자사의 내부 환경이나 청량음료 산업의 구조보다도, 가장 강력한 경쟁자인 코카콜라의 전략에 더 크게 좌우된다. 마찬가지로 로이터의 경쟁 전략은 블룸버그의 경쟁 전략에, 보잉의 경쟁 전략은 에어버스의 경쟁 전략에 민감한 영향을 받는다고 저자는 설명한다.

과점 시장에서 경쟁하는 대기업들의 경우, 산업 구조나 내부 자원보다 해당 시장에서 함께 절차탁마하는 경쟁사의 행동에 분명 더 큰 영향을 받을 수 있다. 그리고 때때로 그 영향은 비교적 단순한 요인과 셈법으로 설명할 수 있다. 예를 들어 화학약품이나 농작물 같은 원자재 상품이라면 출하 수량과 가격이 중요하다. 만약 휴대전화 사업이라면 요금제의 설계가 큰 영향을 끼칠 것이다.

전통적인 논의에서는 외부 환경을 먼저 분석한 뒤, 개별 기업의 경쟁 환경을 그 틀에 맞추어 해석했다. 그러나 '플로이'라는 관점에서 보면, 현실 속 경영 전략은 단순히 거시적인 산업 구조의 역학에 따라 결정되는 것이 아니다. 그보다는 좀 더 미시적인 상호간의 수읽기 싸움일 수도 있다는 이야기다.

현실을 들여다보면 실무자들은 경쟁사의 동향에 늘 촉각을 곤두세운다. 기존의 산업 구조를 객관적이고 포괄적으로 분석하여, 어떤 행동이 자사에 최적의 기회를 제공할지 논리적이고 냉철하게 설계하는 실무자가 과연 얼마나 될까? 그보다는 오히려 경쟁업체의 신상품에 어떤 기능이 탑재되어 있는지, 자사의 제품과 비교했을 때 사양이 어느 정도 되는지 파악하는 데 더 많은 시간을 할애하지 않을까? 사람들은 현실에서 의사결정을 내릴 때 지극히 단순한 요인에 큰 영향을 받는다. 여러 사람이 모여 의사결정을 내리는 조직 역시, 크든 작든 그런 경향이 있다.

그런 측면에서, '리얼옵션(불확실성이 높은 상황에서 하나의 대안을 선택해 투자하는 것이 아니라, 복수의 대안에 대해 소규모 투자를 하는 것을 가리키는 경제학 용어-옮긴이)' 같은 수학적 방법론에 주목할 필요가 있다. 리얼옵션이란 경쟁자와의 경쟁을 시간축 위에 존재하는 반복적인 게임으로 파악하고, 현시점에 선택할 수 있는 다양한 전략의 가치를 산출하는 연구다. 불확실성이 높아진 현대에 이러한 수학적인 방법론은 사고방식의 유용한 한 가지 축이 될 수 있다. 모호한 것을 산정 가능한 것으로 파악하고 논리적으로 논의할 수 있게 만들어주기 때문이다(물론 이 분야는 아직 발전하는 중이며, 발전 속도는 매우 빠르다).

여기에 행동경제학에서 논의하는 휴리스틱적인 요인까지 고려한다면, 실무자가 의사결정을 내리는 데 미치는 영향을 훨씬 입체적으로 파악할 수 있을 것이다. 단순히 외부 환경과 내부 환경을 분석하여 만든 경영 전략과는 질적으로 차이가 나는 한층 우수한 경영 전략을 구축하게 될지도 모른다.

휴대전화 업체는 언제 통신 요금을 인하하는가?

어쩌면 조직의 경영 전략을 다루면서 개인적인 요소를 포함하는 것이 언뜻 비합리적으로 보일지도 모르겠다. 그러나 현실의 경영 전략은 한정된 숫자의 사람들이 저마다의 개인적 판단에 따라 내리는 결정이다. 그런 의미에서 플로이란, 눈앞에 직면한 경쟁 상대와 공방을 치르는 가운데 경영 전략을 다듬어나가는 전략 책정 방법이라 할 수 있다.

가령 휴대전화 서비스업체들이 통신 요금을 인하하는 경우를 생각해 보자. 고객의 니즈나 사업의 수익성을 철저히 근거로 삼는 것이 아니라, 경쟁사의 방침에 대응하기 위해 요금 인하를 실시할 때가 많다. 슈퍼마켓이나 가전제품 유통업체의 경우도 마찬가지다. 인근의 경쟁업체끼리 서로 동향을 살피면서 상대측이 내놓는 정책에 대응하여 가격을 조정하는 일이 흔하게 벌어진다.

이러한 수읽기 게임에서는 실무자가 처한 상황이나 그때그때 발생하는 돌발적인 요인에 따라 전략의 최종적인 방향이 좌우될 때가 있다. 이는 퍼스펙티브나 포지션과는 다른, 좀 더 세밀한 개인 층위의 인식과 판단이 필요한 일이다.

민츠버그가 말하는 포지션, 퍼스펙티브, 플로이라는 이른바 경영 전략의 'How'는 각기 다르면서도 서로 겹치는 부분을 공유한다. 다시 말해 이 다양한 관점들은 다른 관점을 부정하는 배타적인 성격을 띠지 않는다. 예를 들어 마이클 포터 등이 확립한 경쟁 전략에서 강조하는 '포지션'은, 훗날 제이 바니 등이 이론화한 자원기반관점의 핵심 '퍼스펙티브'와 함께 진화해왔다. 외부 환경 분석을 근간으로 하는 포지션과 내부 환경 분석을 중심으로 하는 퍼스펙티브는 서로 양립 가능하며, 이 둘을 효과적으로 조합하면 완성도 높은 결론을 얻을 수 있다. 오늘날에는 플로이라는 개념이 점차 거대한 조류를 형성하면서 외부 요인이나 내부 요인 중 어떤 것과도 관련짓기 어려운 전략 행동까지 포괄하고 있지만, 이 또한 포지션과 퍼스펙티브를 보완하는 개념이지 부정하는 것이 아니다.

다시 말해 현대 경영 전략의 'How'에 대해 전체상을 파악하고자 한다면 포지션과 퍼스펙티브, 플로이라는 세 기둥을 전부 이해할 필요가 있다.

실무자에게 가장 필요한 것은 교과서 밖에 있다

'경영 전략이란 무엇인가?'라는 논의 속에는 경영 전략 서적이나 연구에서 충분히 다루지 않는 미개척 영역이 상당 부분 존재한다. 실무자들이 현장에서 매일같이 실행하고 실천하는 전략이 바로 그것이다. 특히 개별적이고도 구체적인 사례 속에서 어떻게 창발적인 경영 전략을 실천해

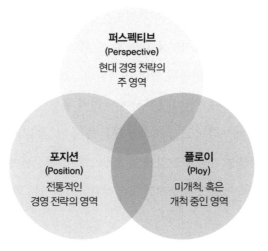

경영 전략의 'How'를 이루는 3요소

퍼스펙티브
(Perspective)
현대 경영 전략의
주 영역

포지션
(Position)
전통적인
경영 전략의 영역

플로이
(Ploy)
미개척, 혹은
개척 중인 영역

나가느냐 하는 것은 아직도 답이 보이지 않는, 연구자들의 손이 닿지 않은 영역이다.

전략을 실행할 때는 각양각색의 개별적이고 구체적인 요소가 개입된다. 그런 까닭에 어떤 산업의, 어떤 업종의, 어떤 사업의, 어떤 상품의, 어떤 측면에 관해 경영 전략을 세울 때 일반화된 이론으로 실질적인 답을 내놓기란 어렵다. 실제로 전통적인 경영 전략의 정의에서 실행은 '전술'의 범주이며 정의의 바깥쪽에 있다는 인식마저 존재한다.

경영 서적에 나열된 '경쟁우위', '수직적 통합', '다각화' 같은 용어는 대부분의 실무자들에게 너무 멀게 느껴지는 것 또한 사실이다. 물론 머리로는 이해했다고 생각할 수 있다. 때로는 사고의 재료로서 다른 경험에 대입하여 일정 부분 도움을 얻을 때도 있을 것이다. 그러나 현장에서 무엇보다 알고 싶어 하는 것은 구체적으로 어떻게 실행하느냐다.

물론 경영 전략 중에서도 플랜의 요소, 특히 예산이나 경영 계획 같은 것들은 어느 정도 일반화된 답이 존재한다. 그러나 창발적인 전략은 아직 프레임워크나 사고법이 충분히 발달하지 못했다. 현실적으로 수많은 경영 전략이 세부적이고 구체적인 부분까지 완성되지 못한 채, 모호한 상태로 의사결정 과정에 투입된다. 플랜으로서 제시된 방향성을 현실의 사업이나 상품 서비스에 구체적으로 실현하기까지는 한없이 먼 길을 걸어야 한다.

이 골을 메우는 창발적인 전략들은 그 정의부터가 유동적이며, 개별적인 학습 프로세스 속에서 독자적으로 탄생한다. 때문에 일률적인 이론으로는 그 답을 제시하기 어렵다. 그래서 실무자들은 개인적으로 사례를 공부하거나 때때로 컨설턴트의 조언에 귀를 기울이기도 하면서, 시행착오를 거치며 독자적으로 전략을 실행해나가는 실정이다. 현실이 이렇다 보니 '가설 사고', '디자인 사고', '린 스타트업(아이디어를 시제품으로 빠르게 제조한 뒤 시장의 반응을 통해 다음 제품 개선에 반영하는 전략-옮긴이)', '스토리를 통한 전략 구축' 같은 사고법들이 현장에서 높이 평가받곤 한다. 이런 사고법들은 창발적인 경영 전략으로 이어지기 때문에, 실무자들은 이론적인 검증이 불충분한 상태로 실행을 감행하곤 한다.

❖ ❖ ❖

지금까지 '경영 전략'이라는 말이 내포하는 다양한 개념에 관해 이야기했다. 그 다양성은 곧 경영 전략을 둘러싼 논의에서 괴리가 발생하는 원인이기도 하다.

가장 정통적인 경영 전략은 아무래도 사전에 책정하는 계획일 것이다. 그러나 이것은 실상 경영 전략의 골격 중 일부분에 불과하다. 그것만을 가리켜 '경영 전략 이론은 현실적으로 별 도움이 되지 않는다'라고 폄하는 것은 경솔한 일이리라.

스타트업을 포함한 수많은 기업들은 말단에서부터 전략 실천을 반복하고 이를 통해 조직의 방향성을 점차 형성해나간다. 그 결과가 곧 경영 전략이라고 불리는 조직의 경로를 형성할 때가 흔히 있다. 경영 전략을 좁은 의미로만 파악해서는 안 되는 이유다.

경영 전략은 사전에 설계하는 플랜의 형태로도 존재하지만, 과거의 행동에서 도출한 패턴으로서 존재하기도 한다. 예산 계획처럼 수치로 명확히 드러나는 분야가 있는가 하면, 말단에서부터 창발적으로 만들어지는 전략 또한 존재한다. 이런 전략들은 논리적인 이론으로는 결코 파악할 수 없다. 때문에 경영 전략을 좀 더 폭넓게 정의해서 '창발적'이라고 부르는 전략 프로세스도, '플로이'라고 부르는 전략 개념도 적극적으로 파악할 필요가 있다. 그것이 곧 과학적 지식을 실학의 실천에 활용하는 가장 이상적인 방향일 것이다.

2장

경영 전략의 시작
고대 그리스에서 모던 타임즈까지

오늘날 경영 전략은 하나의 학술 분야로서 체계를 확립했다. 그러나 먼 옛날부터 이렇게 체계화된 분야는 아니었으며, 긴 시간에 걸쳐 조금씩 깊이를 더하며 나름의 역사를 만들어왔다. 특히 영리 조직에 적용되는 경영 전략의 경우, 학술적인 의미를 지니게 된 것은 제2차 세계대전 이후였으니 겨우 반세기밖에 되지 않은 셈이다. 다만 전략이라는 개념 자체는 태곳적부터 존재했다. 조직이라는 것이 생겨나 목표를 이루기 위한 경로를 검토하기 시작했을 때 '전략'이라는 개념도 함께 탄생했다.

그렇다면 경영 전략의 기원은 어디로 거슬러 올라가며, 어떻게 진화해왔을까?

경영 전략의 첫 역사,
고대 그리스에서 시작되다

경영 전략의 기원을 밝혀줄 실마리를 찾으려면 적어도 기원전 501년의 그리스까지 거슬러 올라가서 그 어원을 살펴보아야 한다.

영어로는 전략을 'Strategy스트래터지'라고 하는데, 그 직접적인 어원은 고대 그리스어 'Strategos스트라테고스'다. 알크마이온 가문의 클레이스테네스는 참주(고대 그리스의 폴리스에서 혈통에 관계없이 독재권을 확립한 지배자를 가리킨다-옮긴이) 히피아스를 추방한 뒤, 각지의 부족에서 선출한 위원 500명으로 평의회를 구성하고 이를 통해 민주적인 개혁을 단행했다. 그리고 이와 동시에 스트라테고스라는 군사상 지도자 직책을 구성했다. 이에 따라 각 부족에서 한 명씩, 모두 열 명의 스트라테고스(복수형으로 'Strategoi스트라테고이'라고 부르기도 한다)가 1년 임기(재임 가능)로 선출되었다. 이들은 1인 1표에 해당하는 평등한 권한을 행사했으며, 다수결을 통해 아테네의 군사적 활동을 결정했다.

그러나 시간이 흐르면서 각 부족의 대표라는 스트라테고스의 성격은 점차 약해졌고, 부족과 상관없이 영향력 있는 정치가가 선출되는 일도 흔하게 일어났다. 또한 그리스가 다른 여러 나라로 지배권을 확대함에 따라 전원이 동등한 책무를 지고 있던 스트라테고스도 해외 원정이나 지역 수비 등 각각 독자적인 영역을 담당하게 되었다. 이는 현대 기업의 이사회와도 비슷한 성격이라고 할 수 있다.

다만 스트라테고스는 여전히 군사적 지도자라는 직책을 의미했기에 현대적인 의미의 '스트래터지'와는 거리가 있다. 표기상 'Strategy'에 가장 가까운 단어는 라틴어 'Strategia'로, 로마의 역사가가 만들어낸 단어다. 다만 이 단어는 스트라테고스가 선출되는 각 지역을 가리키므로, 의미상으로는 스트라테고스보다도 오히려 더 멀다.

현대의 'Strategy'와 의미가 가장 가까운 단어는 로마 제국의 섹스투스 율리우스 프론티누스가 기원전 1세기 말엽에 쓴 저서의 표제 《Strategematon스트라테게마톤》[1]이다. 이 단어는 군대의 지휘법이나 전술을 뜻하는 명사로 사용되었다. 한편 당시의 그리스인들은 군대의 지휘법이나 전술을 가리켜 'Taktiketechne'라고 표현했으며, 의미로 보자면 이쪽이 더 기원에 가깝다. 고대 그리스 시대에는 이미 전문가들이 군사적 의미의 전략을 체계화된 지식으로서 공유했다. 문명의 여명기였던 당시, 대규모 집단의 행동을 장기적으로 통솔하기 위해 방법론과 구체적인 노하우를 일찍이 연마했던 셈이다.

그렇다면 경영 전략의 골격을 '특정 조직이 어떤 목표를 달성하기 위한 경로'라는 좀 더 넓은 정의로 파악했을 때, 인류는 어느 시기부터 그것을 의식적으로 만들어내기 시작했을까? 아마도 그 기원은 유사 이전까지 거슬러 올라갈 것이다. 선사 시대부터 전략이 존재했다고 생각해도 전혀 이상하지 않다. 물론 우리가 지금 상상하는 그런 전략은 아니었을 것이다. 아마도 패턴으로서 존재하는 전략(1장 참조)의 세계였으리라.

---

1 로마 시대의 다른 책과 유사하다는 지적이 일부 있지만 《스트라테게마톤》은 구체적인 사례를 바탕으로 그리스 시대의 전략을 간명하게 정리한 책으로 현대에도 적용 가능한 측면이 있다.

기록이 거의 남아 있지 않은 태고의 인간과 그들의 삶에 관한 이야기지만, 최대한 넓은 정의로 생각한다면 그 또한 전략이라고 말할 수 있다.

자연의 전략에서 조직적인 전략으로

조직은 여러 명의 인간이 무언가에 협조하는 행동을 할 때 생겨난다. 인간에게 의식이 싹터서 어떤 목적을 갖고 타인에게 협조적인 행동을 하는 순간, 그 조직에 고유의 경로가 생겨난다고 볼 수 있다.

가령 선사 시대의 벽화에는 이미 '특정 조직이 어떤 목적을 달성하기 위한 경로'를 실행하려는 모습이 묘사되어 있다.

이 시대에 실행했던 전략은 아마도 창발적인 성격을 띠었을 것이다. 만약 사전에 어느 정도 계획을 의식했다 하더라도, 정보를 기록하거나 의사를 전달할 수단이 한정된 시대였기에 그 계획을 고도화하기는 힘들었을 것이다. 무엇보다 당시의 인류는 아직 사고하는 존재로서 그 의식이나 능력이 충분히 발달하지 않았을 시기다. 그러므로 플랜으로서 경영 전략을 상세하게 입안하기란 거의 불가능했을 것으로 보인다.

한마디로 당시의 전략은 사전 계획에 의존하기 힘들며, 기댈 만한 과거 지식도 한정적이었다. 동물적인 야성의 감각, 자연의 이치에 부응하고 어우러지고자 하는 의식이 밑바탕이 되었으리라. 여기서 반복되는 일상을 통해 조직의 학습 경험이 생겨나고, 어느덧 공동의 지식이 형성되며, 나아가 조직의 행동이 점차 일관성을 갖추게 되었을 것이다. 이 시대의 전략은 체계화된 지식은 될 수 없었다. 무의식적으로 실천하는 행동 양식만이 존재했고, 모방을 통해서만 다음 세대에 전승되었으며, 긴 시간에 걸친 자연 도태를 통해 개량되었을 것이다.

이러한 원시 시대로부터 시간이 흘러 인류의 문명이 싹트고, 특히 문자나 언어 같은 정보 전달 수단이 탄생하자 인간의 조직 활동도 조금씩 고도화되어 갔다. 이를테면 기원전 4000년경의 레반트 지방(동부 지중해 연안 지방. 현재의 이스라엘과 레바논 지역-옮긴이)에는 소규모 공장이 다수 존재했으며 분업 체제가 확립되어 있었다고 한다. 한마디로 그곳에는 이미 조직이 확립되어 영리를 목적으로 경영 활동을 했다는 뜻이다. 지금으로부터 6,000년 전에 현재의 우리가 '기업'이라고 부르는 조직의 원형이 이미 가동되었던 셈이다. 또한 기원전 2600년경부터 번성한 인더스 문명은 현대적 의미의 '상표'를 사용했던 것으로 보인다. 그들은 상품을 담는 용기로 사용하는 도기에 생산지 브랜드나 제품의 상표를 표시했다. 실제로 모헨조다로나 하라파, 로탈에서 출토된 수많은 토기에는 인도혹소나 유니콘 모양의 각인이 찍혀 있다.[2] 자기 조직의 상품을 다른 상품과 구별하는 '브랜딩'을 통해 상품을 차별화했다고 해석할 수 있다. 조직적인 생산 활동뿐만 아니라 판매 활동 역시 지금으로부터 4,000년도 더 전에 이미 시작되었던 것이다.

같은 시대에 번영을 자랑했던 이집트 문명에서는 인간의 조직적인 행동이 한층 더 큰 규모로 발달했다. 운하나 피라미드 등 거대한 건조물을

---

2 Moore·Reid , 〈The Birth of Brand: 4000 Years of Branding〉(2008)

만들 때면 수천 명이 넘는 사람들이 조직되어 협조적인 활동을 실시했다. 현대인의 시선으로 보아도 대규모 프로젝트라고 할 만하다. 무엇보다 사전 기획과 계획, 조직적인 실행 없이는 실현하기가 불가능한 규모다.

예를 들어 기원전 2560년경에 완성된 쿠푸 왕의 대(大) 피라미드Great Pyramid of Khufu는, 누적 20만 명의 인원이 30년에 걸쳐 건설한 초대형 프로젝트였다. 1978년 일본의 한 건설회사가 계산한 바에 따르면, 현대의 기술을 동원하더라도 이 피라미드를 건설하기 위해서는 약 3,500명의 인력과 공사 기간 5년, 총 공사비 1,250억 엔(약 1조 2,500억 원)이 필요하다고 한다.

현대의 기준으로 추산한 피라미드 건설 비용(1978년 6월 1일)

01	주거지 건설 공사(노동자가 거주할 마을 조성)	1,400억 원
02	전반적인 가설비 공사(전력 설비, 수리 공장, 관리 시설)	670억 원
03	경사로 구축 철거 공사(운반 경사로)	680억 원
04	본체석 적출 공사	2,040억 원
05	표면석 가공 제작 공사	390억 원
06	기초 공사(기초 지반 굴착, 초석 쌓기)	420억 원
07	본체석 운반 공사(표석 포함)	1,160억 원
08	본체석 설치 공사(표석 포함)	1,470억 원
09	현실(玄室) 축조 공사(거석 운반 설치 포함)	300억 원
10	부대설비 공사(회랑, 왕비의 방, 통기공)	100억 원
11	기계 운반비(통관료 등)	1,850억 원
12	현장 경비(현지인 인건비 포함)	700억 원
13	일반 관리비(조사 설계비 포함)	1,320억 원
계		**1조 2,500억 원**

출처: 오바야시구미 피라미드 건설 프로젝트 팀 '쿠푸 왕형 대피라미드 건설 계획'

이처럼 문명이 발달함에 따라 인간의 조직적 활동은 그 규모가 비약적으로 확대되었다. 하지만 아직까지는 현대적 의미의 경영 전략이 체계적인 지식으로서 정비된 것은 아니었다. 대규모 사업의 주체는 국가 등의 특수한 거대 조직으로 한정되었으며, 경제의 주체는 지극히 작은 규모의 원시적인 가족 사업이 담당하고 있었다. 생산 영역뿐만이 아니라 경영의 세계도 마찬가지였다. 경영의 노하우를 축적하기 위한 주요 수단은, 도제 제도를 통해 계승하는 것이었다.

천운보다 전략! 전략이 담긴 최초의 책

프론티누스가 쓴 《스트라테게마톤》은 기원전 1세기 말엽의 책으로 알려져 있다. 그런데 전략에 관해 논의한 책으로, 그보다 더 오래된 것이 존재한다. 전략이라는 말을 직접 사용하지는 않았지만 '특정 조직이 어떤 목적을 달성하기 위한 경로'를 어떻게 설정해야 할지 체계적으로 논의한 더 오래된 책이 있으니 바로 '손자병법'이라는 이름으로 오늘날까지 전해지는 병법 체계다.

이 책은 기원전 500년경부터 원저자인 손무孫武(존칭은 손자) 외에도 그 후계자, 지지자들이 동참하여 서서히 완성해나갔다. 가령 삼국지에 등장하는 위魏의 조조曹魏는 오늘날 남아 있는 손자병법의 원본인 《위무제주 손자魏武帝註孫子》를 편찬했다. 이처럼 긴 시간에 걸쳐 수많은 경험을 반영하며 진화한 결과 손자병법은 다면적인 시점에서 군사 전략을 논하는 책으로 완성되었다.

많은 사람들이 이 책을 전략론의 원점이라고 평하는데, 적어도 군사 전략의 체계화라는 측면에서는 맞는 이야기일 것이다. 손자 이전에는 전쟁을 할 때 천운에 의지하는 측면이 강했다고 한다. 몸을 정결하게 하고 신에게 제물을 바치며 승리를 기도하는 것이 곧 승리를 확보하는 최선의 방법이었다. 그런 시대에 손자병법은 인간의 지식과 행동이 싸움의 승패를 좌우할 수 있음을 분명히 제시하고, 그 방법론을 일련의 이론 체계에 따라 13편으로 구성하여 정리했다.

손자의 이론이 그의 뜻을 이어받은 이들을 통해 체계화될 수 있었던 데는 정보를 기록하고 전달하는 수단이 보급된 것도 한몫했다. 종이가 발달하기 이전인 당시, 중국에서는 대쪽이나 얇은 나무쪽을 연결해서 서간으로 엮은 간독簡牘이라는 수단을 사용했다. 이로써 구두 전승의 한계를 극복하고 지역과 세대를 초월해 정보를 전파할 수 있게 되었다. 수많은 실무자와 당대 지식인의 식견을 조합하는 일이 가능해졌고, 그 결과 전략의 체계화를 이뤄낼 수 있었던 것이다.

《손자병법》이 시대를 초월한 가치를 지니는 이유는 단순한 전술서가 아니라 전쟁이라는 행위에 대한 철학적인 고찰이 담겨 있기 때문이다. 손자는 전쟁을 국가 운영의 한 가지 수단으로 파악하고 전투 행위뿐만 아니라 보급 문제나 정보전까지 언급했다. 때로는 싸우지 않을 것을 주장하며, 패하는 방법에 관해서도 다뤘다는 점도 주목할 만하다.

그 후 근대에 이르기까지 수많은 병법서가 나왔지만 왜 유독《손자병법》이 시대를 초월해 현재까지도 꾸준히 주목을 받고 있을까? 그 이유를 이해하려면 시계 바늘을 빠르게 돌려 근대 군사 전략론이 발달한 시점으로 가보아야 한다.

전쟁과 전략의 화학 작용, 세계를 휩쓸다

두 가지 혁명으로 전쟁의 형태가 달라지다

산업혁명과 프랑스 혁명. 18세기 후반에 일어난 이 두 가지 혁명으로 19세기 전쟁의 모습은 완전히 달라졌다. 이 두 혁명을 계기로 특히 유럽에서 전쟁이 대규모화되었고, 총기로 무장한 보병 부대가 주역이 되었으며, 그 보병 부대의 치밀한 운용이 승패를 좌우하게 되었다. 그 전까지는 전투에 동원할 수 있는 인원에 한계가 있었다. 국방의 책임을 지는 귀족과 기사 등 인구의 극히 일부분만이 전투에 참여했고, 용병을 고용하는 데도 거액의 비용이 발생했기 때문에 대규모 병력 동원이 어려웠다. 무기와 탄약, 식량 같은 전쟁 물자를 생산하고 수송하는 능력 또한 열악한 수준이어서 많은 인원을 오랜 기간 동원하는 데 장벽으로 작용했다.

그러나 중앙집권적인 국민국가가 형성되면서 병력을 확대하고 보충하는 일이 한층 용이해졌다. 이제 모든 국민은 권리의 대가로 국방의 의무를 지게 되었고, 이에 따라 국가는 대규모 인원을 병력으로 소집할 수 있는 체제를 갖췄다.

여기에 산업혁명이 근대 국가의 급속한 공업화를 촉진했다. 전쟁에 사용하는 병기의 성능이 비약적으로 향상되었을 뿐만 아니라 식량 및 다른 전쟁 물자의 생산, 수송, 저장 기술이 급속히 진화했다. 산업 발달과 더불어 경제 확대, 제철 기술의 진화, 동력 기술 발명, 이동 수단의 고도화, 나아가 통신 수단의 발달 등 폭넓은 기술 발전이 이루어졌고 이로써 근대 국가가 실행할 수 있는 전쟁의 형태는 크게 확장되었다. 이러한 변화는 19세기 후반까지 주요 선진국에 널리 보급되었다.

20세기를 피로 물들인 파멸의 전략론

이와 같은 변화의 조짐을 감지하고 근대 전쟁의 형태를 바꿔 놓은 인물이 바로 나폴레옹 보나파르트Napoléon Bonaparte다. 그는 총기와 화포 등의 기술을 합리적으로 활용하고, 병력을 총동원해 섬멸전을 전개하는 전쟁 방식으로 유럽을 석권했다. 그리고 그의 혁명적인 전쟁 전략을 되돌아보는 과정이 곧 군사 전략론의 중요한 변화로 이어졌다.

이러한 시대 배경 속에서 탄생한 인물이자, 전략론의 계보를 이야기할 때 반드시 소개되는 두 사람이 있다. 한 사람은 《전쟁론Vom Kriege》을 남긴 카를 폰 클라우제비츠Carl Von Clausewitz이고 다른 한 사람은 《전쟁술Précis de l'art de la guerre》의 저자 앙투안 앙리 조미니Antoine-Henri Jomini다. 클라우제비츠는 전쟁을 국가 간의 결투가 확대된 것으로 보고, 적을 완전 타도하는 것을 목표로 하는 전략을 제시했다. 그의 전략론은 나폴레옹 전쟁을 연구하여 논리적으로 도출했다고 알려졌으며, 전쟁에서 실행의 측면을 중시한 것이 특징이다. 조미니 역시 나폴레옹 전쟁 이후의 사단 편제를 참고하여 《전쟁술》을 저술했다. 이 책은 기동과 병력에 집중한 공격을 원칙으로 삼으면서도 전략 계획의 중요성을 강조했는데, 이 전략 계획은 사전 계획과 준비 과정이 핵심이었다. 두 사람의 이론은 모두 자원을 대규모로 동원해 조직적으로 행동하는 방법론을 제시했다는 점에서 기업의 경영에도 참고가 될 만하다.

세심한 준비 후 국가의 역량을 총동원해 섬멸전을 전개하고, 적의 행동에 민첩하게 대응하면서 전투를 이끈다는 방법론은 이후 이어진 기술 진보와 화학 작용을 일으켰다. 그 결과 20세기에 벌어진 두 차례의 세계대전에서 1,500만~2,000만 명(제1차 세계대전)과 5,000만~8,000만 명(제2차 세계대전)이라는 대량의 희생자가 발생하는 참극이 벌어졌다.

국민국가는 전투 행위를 더욱 광범위한 일반 국민에게 강요했고 여기에 과학, 생산, 조직 운영 기술이 축적되었다. 이 시대를 거치며 조직을 운영하는 방법론과 과학 기술이 배양되었으며, 이는 제2차 세계대전 이후의 경제 성장에 초석이 되었다. 한편으로 이러한 시대의 발전이 역사상 유례를 찾기 힘들 정도로 극단적인 상호 학살을 낳은 것 또한 사실이다.

이런 파멸적인 전쟁 형태를 재고하는 과정에서 또다시 새로운 이론이 탄생했는데, 대표적인 인물로 바실 헨리 리델 하트Basil Henry Liddell-Hart를 꼽을 수 있다. 그는 두 차례의 세계대전을 상세히 분석한 뒤 큰 효과를 발휘한 전략을 선별하여 이론화했다. 예를 들면 U보트를 이용해 경제 봉쇄와 무역 파괴를 야기함으로써 적국의 경제를 무력화시키고자 했던 독일의 전략을 '간접 접근 전략'이라는 명칭으로 해설했으며,[3] 그것을 근거로 국가 총력전을 조장한 클라우제비츠의 전략론을 비판했다.

---

3 Liddell—Hart, 〈Strategy: The Indirect Approach〉(1967)

리델 하트는 직접적인 전투 행위 이외의 전쟁 형태를 논의하는 과정에서 손자병법을 재발견하고 그 개념을 전 세계에 확산시키는 데 공헌했다. 섬멸전에 대한 안티테제, 즉 '싸우지 않고 이긴다'라는 손자의 유명한 구절을 동양뿐만이 아니라 서구 사회에까지 널리 알린 것이다.

그 후에도 군사 전략 연구는 계속되었다. 핵무기의 등장이나 동서 냉전, 우주 개발 등 시대의 변화에 맞추어 새로운 개념이 등장했다. 개중에는 프레데릭 란체스터Frederick W. Lanchester처럼 세계대전 결과를 분석하여 수리 원칙과 개념을 고안한 이들도 나타났고 이 개념을 경영 전략에 응용하려는 움직임도 있었다. 그러나 군사 전략의 개념을 경영에 응용하려는 시도는 이 시기 이후 점차 감소한다.

한편으로 '영리 기업이 어떤 목적을 달성하기 위한 경로'에 관한 논의는 20세기 이후 독자적인 발전을 거듭해 군사 전략과는 다른 계보로서 진화를 이룬다. 국가 총력전이라는 개념과 밀접하게 얽힌 대량 생산, 대량 소비 시대의 막이 올랐고, 이는 곧 현대 경영 전략의 직접적인 기원으로 연결되었다.

'보이는 손'과 록펠러, 경영 전략의 시대가 도래하다

'보이는 손'과 '보이지 않는 손'의 바통 터치

19세기 전후로, 알프레드 챈들러Alfred D. Chandler가 묘사한《보이는 손

The Visible Hand》의 시대가 시작되었다. 이 시기에 미국을 필두로 하여 영리 조직의 모습에는 큰 변화가 일어났다(알프레드 챈들러는 애덤 스미스가 '보이지 않는 손'이라고 지칭하던 시장의 힘을 경영이라는 '보이는 손'이 대체함으로써 근대적 대기업이 형성되었다고 역설했다-옮긴이). 경영학이 사회과학으로서 발전하고 경영 전략이라는 학술 분야가 체계를 갖추기 시작한 것도 이 무렵이다.

1840년대까지 미국은 여전히 전통적인 소규모 기업이 각지에 흩어진 채 무역상이 이들을 연결하는 산업 형태가 유지되었다. 그런데 1850~1860년대에 들어서 수운(하천이나 강의 물길을 따라 여객이나 화물을 실어나르는 일-옮긴이)과 철도, 전신이 발달하자 점차 지역의 울타리를 뛰어넘어 먼 곳에서 상품을 사들이거나 판매하는 기업이 성장하기 시작했다. 그리고 19세기 후반에는 이른바 근대적인 대기업이 지리적으로 먼 거리를 연결해 대규모 조직을 운영하게 된다. 1870~1880년에는 통신 판매, 체인스토어, 대규모 소매점이 대두해 전국 규모로 운영되기 시작했다. 이에 따라 그 전까지 국가나 대상인만 보유할 수 있었던 거대 조직이 시장에서 당당히 활약하게 된다.

유통 혁명에서 시작된 상업의 변혁이 이윽고 생산 공정에까지 파급되면서 경영자의 시대가 찾아왔다. 애덤 스미스의 '보이지 않는 손'이 지배하던 상거래 시대, 즉 소규모 시장 참가자들이 서로 거래를 거듭하는 가운데 시장 가격과 거래 관습을 점차 확립하고 이들의 상호 경쟁이 상품의 자연 도태를 연출하던 시대는 서서히 저물기 시작했다. 그 대신 챈들러의 '보이는 손'이 지배하는 상거래 시대가 가속화되었다. 이제는 관료적이고 규모가 큰 조직이 그 지휘명령 계통을 이용해 구성원 사이의 거래 형태를 결정했으며, 타인에게 제공하는 상품의 가격과 특성도 여기에 좌우되었다.

이전 시대에 소규모 공장과 소규모 상점을 연결했던 것은 조직이 아니라 시장이었다. 그런 까닭에 어떻게 거래를 할지, 시장에서 거래가 어떻게 연쇄적으로 기능할지에 간섭하는 것은 정부 같은 한정된 숫자의 특수한 시장 참가자들뿐이었다. 그 밖에 일개 기업들은 어떻게 해도 시장에 영향을 끼칠 수 없다는 생각이 지배적이었다. 말하자면 시장이 시장 참가자에 대해 일방적으로 영향력을 행사하는 형태였던 셈이다. 따라서 모든 논의는 시장을 중심으로 이루어졌다. 예를 들어 시장 구조가 실패할 때 독점이나 과점이 형성되고 그 결과 초과 이윤이 만들어진다는 논리였다. 기업들의 행동은 어디까지나 경제와 시장의 시스템을 논의하는 속에서만 다루어졌다.

대기업의 등장, 본격적인 전략의 시대가 도래하다

이와 같은 경제학 논의가 진화하여 19세기 후반 스탠더드오일(록펠러가 설립한 미국의 석유회사-옮긴이)의 독점과 과점 전략으로 이어졌으며 록펠러John D. Rockefeller에게 거액의 부를 안겨주었다. 비단 록펠러만이 아니라 많은 기업들이 적극적인 확대 정책을 통해 시장을 독점할 기회를 거머쥐었다. 그러나 이런 경우는 여전히 강자에게만 허용된 전략이었을 뿐, 많은 기업들이 널리 참고할 수 있는 발상은 아니었다.

그런데 '시장 중심'의 시대에서 '조직 중심'의 시대로 전환된 것을 계기로 또 다른 변화들이 찾아왔다. 군사 및 국가 운영을 통해 배양된 조직 관리, 예산 관리 기법이 경영 조직에도 운용되기 시작한 것이다. 이에 따라 각 기업의 형태에 맞춰 개별적인 경영의 방법론이 빠른 속도로 체계화되었다. 특히 거대한 조직의 인력과 예산을 계획하는 데는 군대와 국가의 방식이 아무래도 한 수 위였다. 그런 까닭에 새로 등장한 거대 기업군은 먼저 이것을 모방하고 실천함으로써 조직의 급성장을 이뤄냈다.

점차 거대해지는 조직을 경영하기란 결코 쉬운 일이 아니다. 군사나 국가 운영에서 노하우를 빌리는 것도 적용 가능한 산업이 있는가 하면 그렇지 않은 산업 영역도 있었다. 실무자들은 다양한 상황을 겪어나가며 경영의 실무에 관한 방법론을 연마할 필요성을 절감했다.

그 전까지 인류가 경험했던 대규모의 조직적 활동은 전쟁, 혹은 극히 한정된 거대 상인들의 활동(특히 국가의 위신이 걸린 공공사업)으로 한정되어 있었다. 공장이나 상점 같은 일반적인 영리 기업을 어떻게 운영하느냐는 부모로부터 자식에게로 전승되는 문제였다. 가업을 이은 이들은 독립을 목표로 일하면서 스스로 배우고 노하우를 몸에 익혔다. 그러나 시장 구조가 급속히 변화함에 따라 이런 전통적인 상업 방식으로는 극복할 수 없는 문제들이 불거지기 시작했다.

이렇게 19세기 들어 영리 조직이 대규모로 성장하고 그 구조가 복잡해진 결과, 경영자의 감과 경험에만 의지할 수 없는 시대가 도래했다. 근대적 대기업이 세상에 등장함에 따라 과학으로서의 경영 전략, 그 원형이 급속하게 성장하고 체계화되기 시작한 것이다.

조직에 스며든 과학적 관리법

뛰어난 장인에게 의존하지 말라

'경영이라는 분야에 과학적으로 접근한다. 그리고 이를 통해 경쟁자보다 유리한 위치에 선다.'

이런 발상을 처음으로 세상에 제시한 인물은 프레데릭 테일러Frederick Winslow Taylor일 것이다. 그의 업적을 집대성한 1911년의 저서 《과학적 관리법The Principles of Scientific Management》에는 광산에서 슈퍼마켓에 이르기까지 광범위한 조직의 경영 생산성을 끌어올린 혁신적인 발상들이 소개되어 있다. 이 책은 이후 이어지는 대량 생산, 대량 소비 시대의 실현을 크게 뒷받침했다.

테일러가 보기에 '특정 조직이 어떤 목적을 달성하기 위한 경로'란, 과학적 관리법을 통해 생산성을 개선하는 과정이었다. 당시의 생산 현장은 장인의 경험과 기량에 의존하는 측면이 매우 강했다. 그러나 테일러는 개인의 기량에 좌우되지 않는 생산 공정을 구축해야 한다고 생각했다. 이를 위해 필요하다면 개인의 기량은 억제해야 한다는 것이다. 전체의 최적화를 목표로, 정확한 수치에 입각한 공정을 따라야 한다는 것이 그의 주장이었다.

가령 광산에서 원자재를 채굴한다면, 인부들이 사용하는 삽이나 조립 공정에 필요한 공구의 최적화된 모양과 무게, 사용 방법을 분석했다. 공정을 세심하게 관찰하고 여기에서 얻은 수치 데이터를 토대로 삼는 것이다. 그 전까지 장인의 기술에 의존했던 작업이나 공정을, 이제는 누가 담당해도 일정한 생산성을 발휘할 수 있도록 표준화했다. 한 사람 한 사람의 기량이 아니라 작업이나 공정 전체의 완성도를 높임으로써 생산 프로세스 전체의 최적화를 추진하고, 이를 통해 생산성을 끌어올린다는 논리였다.

'생각을 빼앗는 노동 환경'과 '생각하는 노동자들'

'초시계와 공책을 들고 노동자의 행동을 관찰한다. 그 결과를 과학적으로 검토해 표준화함으로써 작업 효율을 끌어올린다.'

헨리 포드Henry Ford는 1908년에 선보인 T형 포드의 생산라인에서 이 시스템을 완성해냈다. 부품을 규격화하고, 제품을 표준화하며, 제조 공정을 세분화하여, 라인생산 방식으로 관리한다. 포드는 이런 방식으로 대량 생산에 따른 규모의 경제를 극대화함으로써, 저렴한 가격으로 시장의 독점을 노렸다.

이 방법론은 자동차 산업 이외의 분야로도 확장되면서 하나의 새로운 시대를 형성했다. 광범위한 산업 영역에서 다종다양한 공업 제품이 과학적으로 설계되었고, 그 생산성을 정량적으로 측정하는 대규모 제조 공정이 확립되었다. 세계는 대량 생산, 대량 소비 시대의 여명기를 맞이했다.

경영을 과학적으로 관리한다는 테일러의 발상은 생산 공정뿐만 아니라 조직 전체에도 응용할 수 있었다. 가령 1916년《앙리 파욜의 경영 관리론Administration Industrielle et Générale》에서 앙리 파욜Henri Fayol은 설명하기를, 경영의 요점은 '프로세스 관리'라고 했다. 그에 따르면 경영 관리란 계획, 조직화, 지휘, 조정, 통제라는 일련의 프로세스가 연결된 하나의 집합체였다. 테일러가 생산 관리에 주안점을 두었다면 파욜은 기업을 기술, 상업, 재무, 보전(안전), 회계, 관리의 여섯 가지 부문으로 분류하고 영리 조직에 필요한 경영 기능의 전체상을 고찰했다.

파욜의 이론은 많은 경영자들에게 반향을 일으켰다. 조직이 급속히 확대되는 가운데 고군분투하던 경영자들에게는 새로운 대안이 필요했다. 그 전까지 경영자 개인의 감성이나 경험에 과도하게 의존했던 조직 운영 방식은 한계에 다다랐다. 조직의 규모가 확대되고 변화 속도도 빨라짐에 따라 사람에 좌우되는 직관적인 관리가 아닌, 수치로 확인할 수 있는 조직적인 관리가 필요해졌다. 조직의 성장 속도와 규모는 개인의 인지 한계를 이미 초월했다. 이제 과학적인 방법론 없이는 경영이 곤란한 상황이었다. '과학적 관리'의 조류는 생산 관리에서 탄생하여 위와 같은 시대를 배경으로 발전하였으며, 경영 조직 전체의 운영으로까지 그 범위를 확대했다.

다만 파욜이 생각하는 '경영자'의 개념은 인간성을 배제한다는 점에서 우려를 샀다. 테일러도 마찬가지였지만 파욜이 생각하는 경영자란, 노동자보다 더 높은 지위에 있는 존재, 감독자와도 같은 존재였다. 실제로 과학적 관리법의 일인자인 테일러는 노동자의 자질과 성장 가능성을 과소평가했던 것으로 알려진다. 그는 어리석고 우둔하다는 뜻인 'stupid'라는 표현을 자주 사용했으며, 노동자는 학습 능력에 한계가 있어서 누군가의 관리를 받는 단순 작업에 종사하는 것이 적합하다고 생각했다. 공정의 분석과 설계, 계획을 담당하는 역할은 능력 있는 관리직에게 맡기고, 노동자들에게는 그저 그 계획을 분담해서 실행하는 충실하고 정확한 부품의 역할을 요구했다.

테일러가 활약한 20세기 초엽, 미국은 가난한 이민 노동자들이 생산 활동의 중심을 이루고 있었다. 그들은 초등 교육도 제대로 받지 못한 경우가 많았으며 실제로 단순 작업을 반복하는 노동에 투입되었다. 이들 노동자에게 장인적인 기술이나 고도의 지성과 이해 능력을 기대하기란 실제로 힘든 일이었을지 모른다. 이런 시대에 최적의 경영 전략은, 일부 관리직이 관리 감독을 통해 생산성을 추구하고 노동자들은 이에 복종하는 방식이라고 많은 이들이 믿었다.

그러나 경제가 풍요로워지고 대중의 마음에도 여유와 교양이 생겨나자 그와 같은 비인간성을 허용하는 사회 관습에 의문을 던지기 시작했다. 찰리 채플린Charlie Chaplin의 영화 〈모던 타임스Modern Times〉(1936년)에서 표현한 것처럼, 스스로 생각하는 존재인 노동자들은 비인간적인 생산 환경과 대립각을 세우기 시작했다. 이에 따라 조직과 경영의 바람직한 형태가 무엇인가에 관해 새로운 생각들이 뒤를 잇게 되었다.

경영의 방향에 인간성이 더해지다

'인간은 정말 부품에 불과한가?'라는 질문

엘튼 메이오Elton Mayo는 《산업 문명에서의 인간 문제The Human Problems of an Industrial Civilization》에서 '호손 실험'이라 부르는 일련의 연구 성과를

소개했다. 호손 실험은 시카고 호손Hawthorne 지역에 위치한, 웨스턴일렉트릭 공장에서 1924년부터 1932년까지 실시한 실험이다. 원래 이 실험의 목적은 노동자가 작업하는 환경과 작업 효율 사이의 상관관계를 이해하는 것이었다. 그러나 조사가 진행됨에 따라 물리적인 작업 환경이 아닌 또 다른 요인이 작업 효율에 지대한 영향을 끼칠 수 있다는 사실이 부각되었다. 메이오는 이 연구를 통해 노동자의 생산성은 사회적 욕구나 감정에 좌우된다는 가설을 제시하고, 비공식적인 조직이나 인간관계가 생산성 향상에 중요한 역할을 한다고 주장했다.

이 실험의 분석 및 검증 방법에 일부 논란이 있긴 했지만, 호손 실험은 과학적 관리법에 대항할 만한 새로운 논리를 제시했다. 이 실험에 따르면, 조명을 밝게 했을 때나 어둡게 했을 때 작업 효율에는 변화가 없었다. 냉난방을 조절하거나 임금과 노동 시간에 변화를 주어도 마찬가지였다. 환경에 어떤 변화를 주었을 때 상승한 작업 효율은 반대의 변화를 주어도 그대로 유지되었다. 한편, 연구원이 조사 목적으로 면담을 실시하자 면담을 했다는 사실만으로 그 노동자의 생산성이 향상되었다., 테일러가 주장한 과학적 관리법으로는 설명하기 어려운 일이다.

이 실험에서 밝혀낸 '호손 효과'는 타인이 관찰하거나, 누군가의 관심을 받고 있을 때 사람의 행동에 긍정적인 변화가 일어나는 현상을 말한다. 노동 환경이나 노동 조건이 아닌, 인간적인 요인이 공장의 생산성에 중요한 영향을 끼친다는 가설이 이 실험 결과를 바탕으로 도출되었다. 피실험자들은 본인이 선택을 받아 실험에 참가했다는 사실, 경영자나 연구자가 자신들의 일에 흥미를 보인다는 사실에 자긍심을 느끼고 고취

되었다. 또한 주위 사람들과 대화를 나누고 인간관계를 맺는 것이 긍정적인 자극으로 작용했다.

초기 미국의 경영학자 메리 파커 폴릿Mary Parker Follett은, 조직 구성원 개개인이 리더십을 가져야 한다는 주장을 펼쳤는데 호손 실험이 말하는 조직의 이상적인 형태 또한 그와 일치했다. 현대의 시선으로 볼 때는 지극히 당연한 발견이지만, 100년 전인 당시에는 전혀 그렇지 못한 이야기였다. 과학적 관리법을 추진하는 컨설턴트나 연구자들은 호손 실험 결과를 놓고 단순히 실패한 실험일 뿐이며 자의적인 해석이라고 비판했다. 그러나 인간을 부품으로 여기고 냉철하게 관리하는 조직 운영법은 이미 한계를 드러내고 있었다. 호손 실험이 끌어낸 발견은 새로운 진화의 방향성을 제시했다.

드러커와 바너드, 경영자의 새로운 역할을 말하다

인간성이라는 요소를 포함한 경영의 새로운 방향은 기존의 경영자, 즉 과학적 이론을 실천하는 감독자로서의 모습에 의문을 제기했다. 이러한 조류 속에서 실업계에 특히 지대한 영향을 미친 인물로 체스터 바너드Chester Barnard를 꼽을 수 있다. 록펠러 재단의 이사장이기도 했던 그는 1938년 《경영자의 역할The Functions of the Executive》이라는 책에서 경영 조직을 가리켜 '두 명 이상의 인간이 의식적으로 조정하는 활동과 힘의 시스템'으로 정의했다. 그리고 경영자의 역할은, 그 사회적인 협동 시스템에 공통의 목적을 부여하고 참가자들의 공헌 의욕을 높이며, 상호 간의 커뮤니케이션을 활성화하는 데 있다고 말했다.

그는 '조직은 어떠해야 하는가'라는 조직론과 '경영자는 어떠해야 하는가'라는 경영자론을 하나의 맥락에서 논했으며, 경영자는 관리 능력뿐만 아니라 높은 규범의식을 갖추어야 한다고 강조했다. 이처럼 사회에 강렬한 메시지를 던졌을 뿐 아니라 경영자로서도 주목할 만한 성과를 보여준 그는, '과학적 관리법'을 주창한 프레더릭 테일러에 이어 새로운 이론가로서 한 시대를 구축했다.

바너드가 제시한 협동 시스템 형태의 경영 조직은 이후 허버트 사이먼Herbert A. Simon의 《관리행동론Administrative Behavior》을 통해 이론화된다. 사이먼은 경영 조직을 정의하면서, 인간의 합리성에 한계가 있으며 정보가 불완전함을 전제로 했다. 이 전제를 바탕으로, 한정된 범위 내에서 객관적인 합리성을 갖춘 판단을 할 수 있도록 지원하는 장치가 바로 경영 조직이라는 이론을 내세웠다. 그는 의사결정의 본질을 단순한 원리 원칙의 집합으로 이해했다. 더불어 그것을 통괄하는 존재로서 경영의 형태를 제시함으로써, 한층 깊은 과학적 이해를 끌어냈다.

같은 시기에 두각을 나타낸 인물로, 20세기를 대표하는 경영 철학자 피터 드러커Peter Drucker를 빼놓을 수 없다. 드러커는 1946년 《기업의 개념Concept of the Corporation》과 1954년의 저서 《경영의 실제The Practice of Management》를 통해 서로 다른 각도에서 바너드의 경영 철학을 재정의했다. 《기업의 개념》에서는 제너럴모터스의 사업부제가 가져온 빛과 그림자를 분석하고 그 내용을 바탕으로, 조직 활동을 향상시키기 위해서는 분권화를 진행해야 한다고 이야기했다. 또한 실무자들에게 권한을 이양하고 스스로 관리하도록 지원할 것, 근로자를 관리해야 할 비용으로 볼 것이 아니라 활용할 경영 자원으로 파악할 것을 주장했다. 나아가 《경영의 실제》에서는 사회적 존재로서 기업의 의미를 한층 깊이 고찰했으며, 최종적으로는 고객과 시장이 기업의 존재 가치를 결정한다는 개념을 제시함으로써 '매니지먼트'의 바람직한 모습은 어떠해야 하는가를 세상에 알렸다.

이 시점에서 경영자, 경영 조직, 노동자의 이상적인 모습에 대해 누구나 수긍할 만한 일정한 형태가 완성되었다. 여전히 기업 경영의 맥락에서 '경영 전략'이라는 말이 일반적으로 쓰이는 것은 아니었지만, 필요한 요소는 갖춰진 것이다.

2장에서는 선사 시대까지 거슬러 올라가 경영 전략의 기원부터 그 여명기까지 빠르게 살펴보았다. 경영 전략이 본격적으로 진화하기 이전부터 그에 필요한 소재 하나하나는 대부분 논의되었음을 알 수 있었다.

실제로 이 장에서 소개한 수많은 고전은 현대의 경영 전략을 다루는 데도 활발하게 논의되고 있다. 물론 이 장에서 소개한 내용을 현대에 활용하기 위해서는 몇 가지를 주의해야 한다. 무엇보다 각 이론이 탄생한 시대 배경과 본래의 목적을 먼저 이해해야 한다. 어디까지나 군사적인 활용이 목적이었거나, 혹은 생산 관리에 중점을 두었거나, 그 시대 경영자들의 바람직한 모습을 논한 것이기 때문에 이를 현대의 경영 전략에 그대로 활용하고자 하면 어색한 지점이 생길 수밖에 없다. 과거의 소재를 현대의 경영 전략에 응용하기 위해서는 재해석이 반드시 필요하다는 뜻이다.

다음 장에서는 드디어 경영 전략의 정사正史를 다룬다. 시대는 1960년대 무렵으로, 1980년대에 마이클 포터가 등장하기 이전까지의 발전사에 해당한다. 이를 통해 현대의 경영 전략론으로 직결되는 연결고리를 추적해보려 한다.

경영 전략, 기억해야 할 역사의 페이지

- 경영 전략의 핵심은 '특정 조직이 어떤 목표를 달성하기 위한 경로'라 할 수 있다.
- 이것을 만들어내기 위한 'How'는 외부 환경 분석과 내부 환경 분석이라는 두 가지 기둥에 해당한다.
- 경영 전략이란 사전에 설계하는 '플랜'이 될 수도 있고, 과거 행동에서 도출한 '패턴'이 될 수도 있다.
- 경영 전략의 본질에 다가서기 위해서는 논리적인 이론만이 아니라, 개별적이고도 구체적인 전략인 '플로이'에 관해서도 이해해야 한다.
- 전략의 기원을 거슬러 올라가면 고대 그리스를 거쳐 선사 시대에 이른다.
- 인간의 활동을 조직화하는 방법은 국가 권력과 전쟁을 통해 발전했다.
- 손자부터 리델 하트까지, 군사 전략은 경영 전략에도 폭넓게 활용되었다.
- 근대적인 대기업이 출현하면서 과학적 경영 전략이 중요해졌다.
- 관리 감독을 통해 높은 생산성을 끌어내려는 시도는 오히려 인간성의 발견으로 이어졌다.
- 이상적인 경영자는 단순한 감독자를 넘어 높은 규범을 실천해야 한다는 새로운 시대의 경영자론이 대두했다.

제 2 부

—

경영 전략 이론의 완성

1960년대부터 2000년대까지

HISTORY
— OF —
BUSINESS
STRATEGY

비즈니스는 자동차와 닮았다.
내리막길이 아닌 곳에서는
스스로 움직이지 못한다.

Business is like a car.
It will not run by itself except downhill.

−미국의 격언

경영 전략의 여명기는 20세기 중엽이었다. 조직이 대규모화함에 따라 이를 효율적으로 운영하기 위해서는 예산 관리를 비롯한 경영 관리의 중요성이 커졌다. 또한 경제가 불확실하게 변동하고 사업이 한층 복잡해지는 가운데, 조직 운영에서 전략 계획이 중요하다는 인식도 강해지기 시작했다.

이 책의 2부에서는 경영 전략이 하나의 연구 분야로 확립되기 이전에 각각의 시대를 풍미한 개념들을 살펴본다. 포터와 바니 등이 대표하는 개념들이 어떻게 서로 연결되어 이론적 발전을 이루었는지 쉽게 확인할 수 있을 것이다.

3장

경영 전략의 전문가 시대

전략가는 어떻게 생각하는가?

❧

앞 장에서는 '경영 전략'이라는 말이 일반적으로 통용되기 이전의 역사를 살펴봤다. 프레데릭 테일러로 대표되는 과학적 관리법은 영리 조직의 경영에 초점을 맞춘 도구다. 수치와 분석을 폭넓게 응용한 과학적 기법을 통해서 기업의 모습은 크게 바뀌었다.

한편 엘튼 메이오의 '호손 실험'은 '인간성'이라는 요인이 생산성에 큰 영향을 끼칠 수 있음을 발견했다. 이 실험 이후 경영을 논의할 때 근로자의 인간성을 이해하는 일이 중요하게 부각되었으며, 구성원들의 심리적인 요소를 다루는 시대적 조류가 강력하게 형성되어 경영의 진화에 한층 속도를 더했다. 이 사상은 수많은 실무자와 경영 사상가의 손을 거쳐 다듬어지면서 20세기 중반 무렵에는 실업계에 널리 침투하게 된다.

여기까지를 경영 전략의 '전사前史'라고 본다면 20세기 중반 이후는 경영 전략의 '정사'라고 할 수 있다. 이 시기를 기점으로 경영학 연구자들은 경영 전략을 독립된 연구 영역으로 다루기 시작했으며, 실무자들 또한 '경영 전략을 숙고하는 행위'를 다른 의사결정과 구별하여 이해하고 실천하기 시작했다.

왜 이 시기에 '경영 전략'이라는 개념은 급속히 확산되었을까? 그 이유를 알아보기 위해, 경영 전략의 정사가 시작된 시기인 1950년대부터 1960년대 말까지의 역사를 살펴보려 한다.

전략의 전문가가 필요한 시대가 찾아오다

전쟁의 폐허 속에서 황금시대를 맞이한 미국

경영학에서 '전략'이라는 개념이 언제부터 적극적으로 사용되었는가를 이야기하려면 먼저 제2차 세계대전을 계기로 찾아온 경영 환경의 커다란 변화를 알아야 한다.

19세기 후반부터 20세기 초엽에 걸쳐 영리 조직의 활동을 과학적으로 검증하고 개선하는 방법이 널리 보급된 결과, 생산 활동의 효율성은 비약적으로 향상되었다. 조직을 한층 효율적으로 운영하게 되면서 재화를 저렴한 가격에 대량으로 생산하기가 용이해졌다. 대량으로 제공된 저렴한 재화는 대량 소비를 불러 일으켰으며, 그 소비가 또다시 대량 생산을 부르는 선순환이 일어났다. 경제 발전과 더불어 국제 교역 또한 급성장했고 순조로운 동반 성장이 지속되었다.

그러나 제1차 세계대전 이후 상황은 급변했다. 전쟁이 불러온 혼란과 대공황에 대항하기 위해 열강 각국은 배타적인 블록 경제를 실시했고, 이는 세계를 또다시 단절의 시대로 몰아넣었다. 게다가 그 결과로 탄생한 파시즘과 군비 확장의 소용돌이는 제2차 세계대전이라는 더 큰 비극을 유발해 전 세계에 광대한 폐허와 셀 수 없는 전사자를 남겼다.

그런데 이 와중에 경제적 타격을 거의 입지 않은 채 제2차 세계대전을 빠져나온 국가가 존재했다. 바로 미국이다. 유럽이 황폐화되고 아시아가 혼란에 빠진 가운데 미국은 초강대국으로서 부동의 지위를 구축하고 전후 부흥의 중심적 역할을 맡게 된다. 그리고 제2차 세계대전을 승리로 이끈 대량 생산 방식을 적극 활용하여 대중 소비 사회가 발달하는 데 기여했다. 동서 냉전 구도가 형성되면서 세계 경제에 먹구름이 드리워졌지만, 미국은 '황금시대'라 불리는 경제 성장을 구가했다. 이로써 미국이 소비 사회의 새로운 발전을 견인하는 시대가 시작됐다. 이를 계기로 경영에 관한 논의도 미국 기업을 주된 연구 대상으로 삼아 발전해나갔다.

제2차 세계대전 이후 미국을 중심으로 한 기업들은, 하나의 영역에서 도출한 성공 방정식을 다른 관련 산업에도 적용하며 적극적으로 사업의 다각화를 꾀했다. 이에 따라 어떻게 해야 다수의 사업 영역에 효과적으로 뛰어들 수 있는지, 어떻게 조직 내에서 경영 자원을 융통해 각 사업 영역에 활용할 것인지, 이를 통해 실제로 다른 회사보다 우위를 점할 수 있을 것인지 검토하는 일이 매우 중요해졌다. 하나의 조직 내에서도 사업군이 달라지면 사업의 유통기한과 라이프사이클이 달라진다. 이를 단일 영리 조직이 전체적으로 운영할 경우, 쇠퇴하는 사업 영역에서 성장하는 사업 영역으로 자원을 이동함으로써 조직이 장기적으로 지속될 수 있었다. 이러한 새로운 방법론이 미국을 시작으로 보급되었으며, 그 흐름은 뒤늦게 경제 성장을 이룬 독일과 일본 같은 나라에도 파급되었다.

경영자를 돕는 전문가들의 등장

제아무리 우수한 경영자일지라도 수많은 사업들을 파악하고 각각의 사업에 적절한 방침을 제시하며, 나아가 그 사업군의 전체적인 방향성을 검토한다는 것은 지극히 어려운 일이다. 무한정으로 생성되는 정보를 경영자 한 사람이 빠른 속도로 처리하면서 의사결정을 해나가는 데는 당연히 한계가 있었다.

다각화가 급속히 진전되고 조직이 비대해지자, 경영자조차 무수히 출시되는 자사 제품이나 서비스의 특징을 충분히 이해하지 못하는 상황이 벌어졌다. 경영자의 의사결정을 도울 특별한 존재가 필요한 시점이었다. 기업 내의 경영기획부는 그 역할을 위해 만들어진 부서였다. 경영기획부는 조직의 일상 업무와는 분리되어 중장기적인 자원 배분을 검토하고 필요한 정보를 수집하는 부서다. 경영자 개인의 경험이나 감을 바탕으로 판단하는 것이 아니라, 전문성을 갖춘 조직이 확립된 프로세스에 따라 각종 경영 수치를 수집하고 분석, 가공해 제공함으로써 경영진의 의사결정을 지원하는 구조가 확립되었다.

이에 따라 기업들은 더 많은 경영 인재를 요구하게 되었다. 한편으로는 조직의 외부에서 경영에 관해 조언하는 경영 컨설턴트라는 전문직이 존재감을 키워나갔다. 생산이나 회계, 재무 현장뿐만 아니라 각각의 사업 기능에서도 이들의 영향력은 점차 커졌다.

물론 아직도 각 사업의 기능별 현장에서 맥맥이 계승되어 온 장인적인 기술의 세계는 건재했다. 시간의 흐름을 통해 축적되는 경험치, 개인의 능력에 좌우되는 직감 또한 여전히 중요했다. 그러나 어떻게 해야 조직이 중장기적으로 존속할 수 있을지 논의하는 전문적인 전략가와 그들의 사고를 돕는 도구, 또한 그것을 활용하기 위한 통찰력이 한층 절실히 필요한 시대가 되었다.

경영 전략의 시조, 챈들러와 앤소프

경영학 선구자 챈들러의 결론, '조직은 전략을 따른다'

'전략'이라는 용어를 경영학의 문맥에서 처음으로 거론한 사람은 경영 사상가 알프레드 챈들러로 알려져 있다.[1] 그는 1962년《전략과 구조 Strategy and Structure》라는 책에서 미국의 거대 기업들이 사업 환경에 조직적으로 대응해나가는 과정을 상세히 묘사했다.

기업들은 조직에 가장 적합한 기본적 장기 목표를 결정하고 그 목표에 입각한 행동 지침을 세우며, 그 지침을 실현하기 위해 자원을 할당하고 조직 체제를 정비해나간다고 챈들러는 설명했다. 또한 책에서는 실

---

1 참고로, 챈들러는 조직이 무조건 전략을 따른다고 말하지 않았다. 전략상의 변화가 조직상의 변화보다 앞선다고 말했지만, 이것은 조직 구조가 전략 형성에 아무런 영향을 끼치지 못한다는 의미가 아니다. 전략을 밑바탕으로 조직을 변화시키는 것이 이상적일 테지만, 경영 현장에서 전략을 응용할 때는 개별적이고 특수한 상황에 영향을 받는다.

제 기업 조직을 분석하여, 환경의 변화와 전략 변화 사이에 어떤 상호작용이 일어나는지 고찰했다. 조직 변화의 대표적인 경우는, 직능에 따라 부문별로 구분되던 조직이 현대적인 분권형 사업부제 조직으로 이행하는 것이었다. 이를테면 듀폰DuPont은 수요 변동으로 경영 위기에 직면하자 사업부제라는 대응책을 실천하여 사업의 다각화를 꾀했다. 챈들러가 소개한 이런 사례들은, 환경의 변화가 전략의 변화를 부르고 이것이 조직의 변화를 이끈다는 사실을 보여주었다. 그는 책 곳곳에서 "조직은 전략을 따른다"라는 표현으로 조직의 변화를 설명했다.

이 책은, 미국 기업들이 다각화를 추진하면서 분권화와 사업부제를 도입한 역사를 치밀하게 분석해냈다. 다만, 거기에서 한걸음 더 나아가 경영 전략을 체계적으로 정리하는 시도까지는 이르지 못했다.

누가 더 많이 공급하고 더 많이 가져갈 것인가

영리 조직의 경영 전략을 체계적으로 분석한 최초의 책은 '경영 전략의 아버지'로 불리는 이고르 앤소프Igor Ansoff가 쓴 《기업 전략Corporate Strategy》(1965년)이다. 앤소프는 이 책에서 주장하기를, 조직은 먼저 사업 환경을 분석하여 자사의 방향성에 관해 전략적 의사결정을 실시한 다음 그것을 토대로 예산을 비롯한 행동 계획을 마련해야 한다고 했다.

앤소프 이전에도 목표 수치를 달성하기 위해 경영 자원을 배분하고 상황을 모니터링하는 시스템은 일부 확립되어 있었다. 이러한 경영 프로세스는 19세기에 등장한 근대적 대기업을 운영하는 과정에서 이미 다듬어졌으며, 미국 비즈니스스쿨에서도 '비즈니스 폴리시Business Policy'

라는 명칭으로 경영자가 숙지해야 할 각종 의사결정 기법에 관해 강의를 실시하고 있었다.

그러나 앤소프 이전의 기업 경영은 각 부서가 달성해야 할 수치를 토대로 사업 계획을 입안한 뒤, 그 수치를 실현하는 절차는 각 부서의 자율적인 활동에 맡기는 방식이었다. 한마디로 당시의 경영 관리란, 먼저 수치를 기반으로 거대 조직을 운영하기 위한 계획을 세운 다음 그 계획을 착실히 실행하는 과정이었다. 그리고 여기서 골격이 되는, 기업의 방향성을 결정하고 전략을 세우는 일은 경영자 개인의 재능에 의지하는 측면이 컸다. 전략적인 의사결정으로 어떻게 거대 조직을 움직일 것인가 하는 논의는 아직 명확하게 형태를 갖추지 못했다.

여기에는 나름대로 합리적인 이유가 있었다. 제2차 세계대전 이후부터 1960년대 중반까지 미국 경제는 오랜 기간에 걸쳐 안정된 성장을 실현하고 있었다. 냉전 구도 속에서 군사비가 증대했고, 더불어 도시 지역 인구가 증가했다. 한편으로는 기술 혁신으로 대중 소비 사회가 크게 성장했다. 이런 환경에서 성장과 번영을 이루는 최선의 방법은, 안정적으로 확장되는 경제에 충분한 상품을 계획적으로 더 많이 공급하는 것이었다. 모든 시장 참가자가 그 과실을 누릴 수 있는 풍족하고 안정된 환경에서는 예산을 짜고 달성하기가 상대적으로 용이하며, 때로는 이것이 가장 효과적인 성장 방법이 된다. 시장이 어느 정도 규모로 성장할 것인지 예측하고, 이를 바탕으로 자사가 달성해야 할 목표를 설정한 후 그 목표를 실현하기 위한 계획을 세우고 실행하는 것은 불가능한 일이 아니었다. 오히려 견실하고도 현실적인 방식이라 할 수 있었다.

당시 시장은 불확실성이 낮아서 예측하기가 상대적으로 쉬웠다. 또한 급격하게 성장하는 상태라 사업자끼리 경쟁할 일도 드물었다. 그러니 수치 목표만 정해지면 이후의 사업 계획 수립은 거의 자동으로 진행되는 경우도 있었을 것이다. 예측이 조금 빗나가더라도 예산을 수정하여 책정하면 대부분은 충분히 대응할 수 있었다.

시장이 예상을 벗어날 때 경영자에게 필요한 것

그러나 1960년대 후반에 접어들면서 상황이 달라지기 시작했다. 안정적인 성장을 구가하던 황금시대에도 서서히 그늘이 드리우고 있었다. 경영자들은 점차 경영 환경을 둘러싼 불확실성에 골머리를 앓게 되었다. 앤소프의 주장이 널리 주목받은 데는 이런 시대 배경이 중요한 원인이 되었다.

예상을 벗어난 사태가 벌어질 때 필요한 것은 단순한 수치 계획이 아니다. 전략적인 계획, 즉 조직의 중장기적인 방향성이며 수치의 배경이 되는 사상과 철학이다. 조직의 그런 방향성에 가장 중요한 영향을 미치는 것이, 바로 경영자의 전략적인 의사결정이었다. 경영자가 최적의 의사결정을 내리려면 체계적인 사고방식과 정리된 정보, 적절한 분석이 뒷받침되어야만 했다.

앤소프가 사업의 다각화에 초점을 맞춘 것 또한, 시대의 흐름에 올라탈 수 있었던 한 가지 요인이다. 다각화 역시 당시의 미국 기업이 안고 있던 핵심적인 경영 과제였다. 장기적 성장을 실현하기 위해서나, 또 다가올 경기 감속과 산업 구조의 변화에 대비하기 위해서도 경영자들은 사업의 새로운 기둥을 준비할 필요를 절실히 느끼고 있었다. 사업의 성격이나 고객층이 전혀 다른 미지의 영역으로 다각화를 펼치려면, 경영자의 과거 경험이나 직감을 활용하기 힘들 터였다. 그만큼 까다롭고 난이도가 높은 의사결정이기에, 더 많은 고민이 필요하며 때로는 타인의 도움을 받는 것이 자연스러웠다.

같은 시기에 등장한 챈들러와 앤소프는 모두 조직의 방향성을 결정짓는 수단으로서 '경영 전략'의 분명한 역할을 제시했다. 챈들러가 구체적인 사례를 바탕으로 기업의 분권화와 조직 변화를 상세히 해설했다면, 앤소프는 경영 전략이라는 개념을 분석적이고 체계적으로 정리해 경영 전략의 방법론과 그 연구 분야가 확립되는 데 크게 공헌했다.

전략 없이는 무너지는, 불확실성의 시대

앤소프를 '경영 전략의 아버지'로 만든 핵심 주제

경영 전략의 계보에서 앤소프의 주장은 새로운 기원을 열었다고 평가받는다. 그렇다면 앤소프는 구체적으로 어떤 주장을 펼쳤을까?

그는 조직의 의사결정을 '전략적 의사결정', '관리적 의사결정', '업무적 의사결정'의 세 가지로 분류하고 그중에서도 전략적 의사결정이 특히 중요하다고 설명했다. 그의 책《기업 전략》이 경영 전략 '정사'의 시작으로 꼽히는 이유는, 바로 이 전략적 의사결정을 중심 주제로 다뤘기 때문일 것이다.

여기서 전략적 의사결정이란 불확실성이 높은 환경 속에서 기업의 경영 자원을 어떻게 활용할지 결정하는 행위를 가리킨다. 이에 비해 관리적 의사결정은, 경영 자원을 부가가치로 환원하기 위한 구체적인 프로세스를 검토하는 일이다. 마지막으로 업무적 의사결정은 그 실제 운용을 검토하는 과정을 뜻한다. 이제 각각을 자세히 살펴보자.

업무적 의사결정은 실무에 가장 가까운, 일상 업무를 통해 실시하는 판단 하나하나에 해당한다. 가령 레스토랑의 종업원은 손님을 어떤 테이블로 안내할지, 서빙과 식대 계산 중 어느 쪽을 우선할지 같은 작은 의사결정을 반복해서 실시한다. 이렇게 기업이 매일의 업무를 수행하는 데 필요하며, 현장에서 일상적으로 반복되는 정례적인 의사결정을 업무적 의사결정으로 분류한다.

관리적 의사결정은 조직이 결정한 방침을 실현할 구체적인 방안을 선택하는 일이다. 가령 어떤 기업이 제품 가격을 20퍼센트 인하한다는 전략적 의사결정을 내렸다고 해보자. 이를 실현하기 위해 조달처나 생산 공정을 어떻게 조정할지, 어느 정도의 판매 수량을 목표로 삼고 그 목표를 달성하기 위해 어떤 자원을 투입할지 결정하게 되는데, 이는 관리적 의사결정으로 분류할 수 있다.

전략적 의사결정은 '기업 전략'의 근간으로, 경영 환경의 특성과 그 변화에 대응하기 위해 조직이 어떻게 행동할지 검토하는 것이다. 가령 자동차 회사가 산업 전반에 형성된 전동화와 지능화라는 조류를 어떻게 파악하고 어떤 기술적 요소를 채용할지 판단하는 것은 전략적 의사결정이다. 자동차의 주동력기관이 내연기관에서 전기 모터로 이행하면, 달리고 선회하고 멈추는 기계로서의 부가가치는 상대적으로 덜 중요해진다. 대신에 자동 운전, 네트워크 접속, 엔터테인먼트 기능 같은 정보처리 단말로서의 부가가치가 부각될 것이다. 이렇게 부가가치의 중점이 변동할 것을 적절히 파악하고 그에 대응하기 위해 장기적인 시점에서 조직의 형태를 변화시키고 경영 자원을 재구성하며, 상품과 서비스의 라인업을 바꾸는 작업이 모두 전략적 의사결정에 포함된다.

철강 제조사를 예로 들자면, 업계 전체의 이해관계를 세밀히 파악하고 어떤 자본 정책을 수립할지 판단해야 할 경우가 있을 것이다. 철강 전체에 대한 세계의 수요 추이를 관측할 뿐만 아니라, 알루미늄이나 카본 등 철강을 대체할 수 있는 자재의 성능이나 가격이 어떻게 변화할지를 최대한 정확히 예측하고 경쟁자가 어떤 기술을 만들어낼지, 어떤 생산 계획을 세울지 치밀하게 검토할 필요가 있다.

불확실성을 허용하되, 전략으로 뒷받침하라

이와 같이 기업의 장기적인 생존을 좌우하는 전략적 의사결정은 한편으로는 불확실한 요소가 큰 의사결정이다. 바꿔 말하면 전략적 의사결정은 관리적 의사결정이나 업무적 의사결정에 비해 불확실성을 좀 더 허용한다. 이런 의사결정을 할 때 경영자는 불확실한 요소를 끌어안은 채, 부분적으로는 묵인한 상태로 임해야 한다. 그런 까닭에 앤소프는 그 불확실성을 전제로 한, 체계적이고 전략적인 계획이 필요하다고 주장했다.

물론 앤소프 혼자서 고군분투했던 것은 아니다. 같은 시기에 활약한 캘리포니아대학교의 조지 스테이너George A. Steiner를 비롯한 전략 계획의 전도사들은, 전략적 의사결정을 돕는 여러 가지 지침을 제시했다. 조직이 거대할수록 전략적 의사결정이 어려워지기 때문에 이들이 참고할 명확한 프로세스를 도입한 것이다. 이렇게 경영 전략의 핵심은 '예산 우선'에서 '전략 우선'으로 이동했다. 이것은 시대가 원한 조류였다.

이 프로세스의 근본은 첫째가 전략을 책정하고 시행하는 프로세스를 명확히 하는 것이고, 둘째가 기업과 기업을 둘러싼 환경을 이해하는 것이며, 셋째는 그것을 바탕으로 성장 방안을 고안하는 것이다.

예를 들면 먼저 경제나 산업 전체의 미래를 예측하고, 그 예측을 바탕으로 조직의 매출이나 이익 등의 목표를 설정한다. 다음에는 그 목표를 달성하기 위해 전략적 의사결정을 실시해 우선적인 사항을 선별하고 경제 자원을 배분한 뒤 그것을 착오 없이 실행한다. 그리고 계획의 성과를 끊임없이 모니터링하며 그 진척 상황을 다음의 전략적 의사결정에 반영한다.

당시는 전략을 책정하고 실행하는 프로세스[2]가 정비되지 않은 조직이 대부분이었다. 그런 까닭에 전략적 의사결정은 경영자나 경영 팀 구성원들의 자질과 소양에 크게 의존했다. 그러나 이제 안정적인 성장의 시

---

2 가령 스테이너는 1969년에 출간한 책 《Top Management Planning》에서 이것을 '전제 조건의 정리 (Premises)', '계획의 입안(Planning)', '실행과 평가(Implement and Review)'라는 3단계로 분류했다.

대가 저물고 불확실성의 시대가 다가왔다. 예산을 세우고 동원하는 계획 배후에는 전략적 의사결정이 반드시 뒷받침되어야 했다. 앤소프를 '경영 전략의 아버지'라고 부르는 이유는, 그 중요성을 전면에 내세우며 기존의 경영 관리 기법에 정면으로 도전한 선구자이기 때문이다.

기업이 나아갈 방향,
어떻게 선택할 것인가

앤소프 매트릭스, 기업의 성장 방향을 탐색하다

앤소프가 체계화한 경영 전략은 이후의 수많은 연구에 뿌리가 되었다. 특히 그가 정리한 전략적 의사결정의 네 가지 요소는 현대에도 중요한 힌트를 준다.

① 제품-시장 영역(어떤 시장을 사업 영역으로 삼을 것인가?)
② 성장 벡터(기업의 성장을 위해 어떻게 행동할 것인가?)
③ 경쟁우위(무엇을 경쟁우위의 원천으로 삼을 것인가?)
④ 시너지(기업의 사업 영역 사이에 상승효과를 어떻게 만들어낼 것인가?)

이것을 보면 앤소프가 이미 경영 전략의 논의에서 기본적인 요소들을 모두 다루었음을 알 수 있다. 첫 번째 요소인 '제품-시장 영역'은 훗날의 포지셔닝 개념과 일맥상통한다. 두 번째 '성장 벡터'는 조직이 성장을 위해 나아갈 수 있는 방향을 두루 살펴본다. 셋째 '경쟁우위'는 자원기반관점이나 여기에서 파생된 핵심 역량의 논의로 이어진다. 넷째 '시너지'는 다각화한 조직의 경영에 없어서는 안 되는 기본 요소다.

그중에서도 특히 주목할 만한 앤소프의 공적은 성장 벡터에 관한 이론일 것이다. 《기업 전략》을 펴내기 이전인 1957년, 그는 조직의 성장을 주제로 한 논문에서 네 가지 성장 벡터를 모두 해설했다. 이것이 현대의 경영 전략 교과서에도 종종 소개되는 '앤소프 매트릭스'다. 이 개념은 군사 전략에 원점을 둔 기존의 발상과, 경영 전략을 원점으로 삼는 이후의 이론을 가르는 분수령이기도 하다.

앤소프 매트릭스는 '시장Market(시장에 존재하는 고객 니즈)'을 가로축, '제품 라인Product Line(자사가 제공하는 상품 특성)'을 세로축에 놓고 성장 벡터를 '시장 침투Market Penetration', '제품 개발Product Development', '시장 개척Market Development', '다각화Diversification'의 네 가지로 단위로 나눈다.[3]

이 중 가장 일반적인 개념이 '시장 침투'로, 쉽게 말해 기존의 상품 특성을 기존의 고객 니즈에 더 깊게 침투시키는 것이다. 가령 음료수 같은 소비재라면, 소비자가 그 음료수를 더 많이 소비하도록 만든다. 시장 침투는 정확도가 높은 반면에 성공으로 얻을 수 있는 성과가 한정적인 방법이다. 더 적극적인 성장을 바란다면 시장의 니즈나 제품 특성을 새로 만들어내는 '시장 개척' 또는 '제품 개발'에 나서야 한다.

시장 개척에는 해외 진출 등 지리적인 확대뿐 아니라, 판매망을 백화

---

3 제3의 축으로 '지역(기존 · 신규)'을 추가한 발전형도 존재한다.

앤소프 매트릭스의 원형

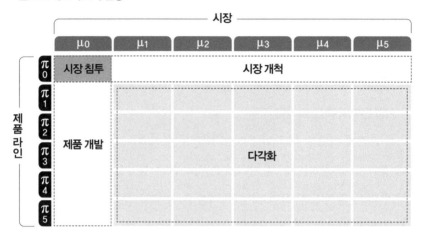

점에서 편의점 등으로 넓히는 식의 판매 채널 확대도 포함된다. 또한 새로운 기능을 추가하거나, 사양을 개선하거나, 신제품을 개발하는 것도 성장 벡터를 확장하는 유용한 방법이다.

'다각화'는 기존의 사업 영역이 성장의 한계에 부딪혀 쇠퇴기에 접어들기 전에 새로운 고객 니즈를 발굴하고 새로운 제품 특성을 투입하는 방법이다. 앤소프의 논문 제목이 〈다각화 전략Strategies for Diversification〉인 점에서도 알 수 있듯이, 이 논문의 초점은 사업 전략에서 다각화의 위치를 명확히 하는 것이었다.

다각화는 다른 세 가지(시장 침투, 시장 개척, 제품 개발)에 비해 훨씬 자유롭고 잠재력이 광범위하지만, 한편으로는 완전히 새로운 제품과 서비스를 제공해야 한다는 어려움을 안고 있다. 다각화를 실시하려면 기업이 이미 이해하고 있는 고객 니즈나, 이미 제공하고 있는 상품 특성에서 벗어나야 한다. 기존 사업의 경험이나 그 경험을 바탕으로 형성된 조직 및 사업 구조를 새롭게 전환해야 하는, 고도의 전략적 의사결정이다. 그런 까닭에 앤소프는 이것을 기업 전략의 핵심에 위치시켰다.

기업 전략의 핵심, 다각화

앤소프에 따르면 다각화에는 '수평형', '수직형', '집중형', '복합형'의 네 종류가 있다. 기업이 장기적이고 지속적인 성장을 이루기 위해서는 각기 다른 방향성을 지닌 이 선택지들을 충분히 검토하고 전략적으로 실행해야 한다.

수평형은 가까운 사업 영역에 다른 제품군을 투입하는 것으로, 이를테면 자동차 회사가 오토바이 사업에 뛰어드는 경우를 예로 들 수 있다. 수직형은 자사의 조달처나 판매처의 사업에 진출하는 것으로, 의류업체가 자사의 스파SPA(제조·유통 일괄형 브랜드) 브랜드를 런칭하거나 커피 회사가 커피 재배에 뛰어드는 경우가 여기에 해당한다.

집중형은 자사 제품과 가까운 제품군으로 다각화하는 것으로, 이해하기 쉬운 예로는 청소기 제조사인 다이슨이 모터를 기축으로 헤어드라이어와 가습 선풍기 시장에 뛰어든 사례가 있다. 마지막으로 복합형은 핵심 사업의 경쟁력을 이용하여 언뜻 관계가 없어 보이는 사업에 진출하는 것이다. 예를 들어 일본 유통그룹 '이온'이 인터넷은행 '이온뱅크'를 출범한 경우를 복합형 다각화라 할 수 있다.

이처럼 다각화는 기존 사업이나 기존 조직과는 다른 형태의, 독립된 방향성을 검토해야 하는 복잡하고 불확실성이 높은 작업이다. 전략적 의사결정이 기업 전략의 대명사로서 오랜 기간 핵심적인 개념으로 자리매김한 데는 충분한 이유가 있는 셈이다.

성장의 만능 열쇠였던 다각화, 중대한 과제를 던지다

50년도 더 전에 성장 전략의 방향성을 포괄적으로 논의했다는 점은 주목할 만하지만, 사실 현대의 시점에서 보면 기업의 네 가지 성장 벡터나 다각화의 네 가지 방향성에 관한 이야기는 지극히 당연한 소리로 들릴지도 모른다.

그런데 실상을 들여다보면 아직도 기업들이 전략적 의사결정을 내릴 때 경영자의 개인적인 재능에 의존하는 경우가 흔하다. 머리로는 당연하다고 이해하는 것을 실천하려는 순간 어려움에 직면하기 때문이다. 그래서 여전히 경영 전략에서 연차별 예산을 가장 중시하고, 그것과는 거의 관계가 없는 '프레젠테이션용 배치도'가 주역을 차지하는 상황이 벌어진다. 형식적인 수치에 이름만 거창한, 모호한 경영 비전이 구색 맞추기용으로 첨부되는 모습도 여기저기서 보인다. 은행에서 돈을 빌릴 때 참고가 될지는 모르겠지만, 정작 직원들의 기억에는 남지 않는다. 매년 시무식 때면 경영진은 아름다운 미래 비전을 이야기하지만, 그 비전이 일상의 업무에 구체적으로 스며드는 경우는 드물다.

앤소프의 시대, 즉 지금으로부터 50년 전의 상식에 머문 채로 경영 전략을 검토하는 기업들이 아직도 많다. 전사적인 전략적 의사결정은 실종되고, 관리적 의사결정과 업무적 의사결정들만이 기계적으로 축적되어 회사 전체의 방향을 좌우한다. 그러나 산업 차원의 거대한 변화가 찾아오면 그때까지 오랫동안 기능해왔던 성공 방정식도 약점을 드러내기 마련이다.

실제로 1960년대 후반부터 1970년대에 걸쳐 미국의 많은 기업들은 위의 이유로 곤혹을 겪었다. 1960년대 말까지는 다각화를 통해 경영 자원을 효과적으로 활용하는 것이 기업 성장의 열쇠라는 인식이 계몽사상처럼 확산되었다. 그러나 다각화가 진전되어 경영 자원이 무작위로 분산되자 경영진조차 파악하지 못할 만큼 사업 포트폴리오가 복잡해졌다. 자회사나 사업의 숫자가 수백 개에 이르러, 그 이름을 기억하는 것조차 쉽지 않다는 부작용이 나타났다.

다수의 사업이 병존하는 가운데 어떤 사업에 추가로 투자하고 어떤 사업을 축소해야 할까? 이것을 생각할 때 이익률을 기준으로 삼아야 할까, 매출액을 기준으로 삼아야 할까, 아니면 다른 지표를 기준으로 해야 할까? 즉, 다수의 사업을 전개했을 때 어떤 방법으로 그 사업들 사이의 우선순위를 판단해야 할까? 1960년대의 경제 성장기에는 보이지 않았던 이런 과제들이 1970년대 초엽부터 새로운 경영 과제로 떠올랐다. 단순히 경제 성장의 속도에 맞춰서 사업 계획을 세우고 그것을 착실히 실행하며, 중심 사업의 주변 영역으로 신규 사업을 전개해나가는 것이 통하던 시대는 막을 내렸다.

이제 사업 환경은 '경제 정체'라는 새로운 국면을 맞았다. 지나치게 길어진 병참선을 정리하고 사업의 형태를 재고해야 할 때였다. 일부 기업들은 실적이 빠르게 악화되어 과제 해결을 더 이상 미룰 수 없는 상황에 처했다. 이에 따라 경영 전략에 기여할 새로운 파트너로서, 실무자나 연구자들과 어깨를 나란히 하는 경영컨설팅 회사가 부상했다.

경제 혼란기에 구원투수로 등판한 컨설팅 회사들

포천 500대 기업을 휩쓴 새로운 방법론

이 시기에 전략컨설팅 회사의 존재를 단숨에 유명하게 만든 것은 'BCG매트릭스' 또는 '성장-점유율 매트릭스'로 불리는 방법론이다.[4] 이 방법론은 '병존하는 다수의 사업 중에서 어떤 사업에 추가로 투자하고 어떤 사업을 축소해야 하는가?'라는 과제에 명확한 답을 제시함으로써 주목을 받게 된다.

한 통계[5]에 따르면 1970년대 말부터 1980년대 초에는 미국의 매출액 상위 500개 기업(포천 500) 중 절반 이상이 이 방법론을 채용하기에 이르렀다고 한다. 이런 변화가 시작된 중요한 계기는 1973년의 제1차 오일 쇼크였다. 1970년대 초엽까지 다각화를 추진하던 미국 기업들은

---

4 BCG매트릭스와 경험곡선이 탄생한 경위는 Kiechel, 《The Lords of Strategy》(2010)에 자세히 나온다.
5 Haspeslagh, 〈Portfolio Planning: Uses and Limits〉(1982)

갑작스러운 경제 혼란과 정체에 맞닥뜨렸다. 기업들은 여기에 대응해 사업을 조속히 재검토, 재정비할 필요를 절감했다. 그 유용한 수단으로 부상한 것이 바로 BCG매트릭스였다. 이 기법은 미국 기업을 중심으로 빠르게 도입되어 나갔다.

BCG매트릭스라는 명칭에서도 알 수 있듯이 이 매트릭스를 세상에 퍼뜨린 곳은 보스턴컨설팅그룹BCG이다. 그렇다면 당시에 전략컨설팅 회사가 급부상하고 그들의 식견이 업계에 급속히 침투한 이유는 무엇일까? BCG매트릭스에 관해 이야기하기 전에 그때까지의 흐름을 간단히 짚어보는 것이 순서일 듯하다.

'젊은 피' 맥킨지, 매트릭스로 무장한 BCG

컨설팅 회사는 다각화 시대 이전부터 외부 전문가로서 상당한 성과를 올리고 있었다. 가령 2장에서 소개했던 프레데릭 테일러는 생산 공정 전문가로서 많은 기업의 경영을 지원했다. 그 외에도 재무회계나 관리회계, 노무관리나 생산관리 등 높은 전문성이 요구되는 많은 분야에서 컨설턴트들은 전문성을 발휘하며 활약하고 있었다. 여기에 앤소프가 전략적 의사결정의 중요성을 널리 알리고 기업들이 그것을 조직적, 과학적으로 실천하면서 경영의 의사결정 과정은 더욱 복잡해졌다. 자연히 여기에 관여하는 전문가 집단의 수요는 한층 증가했다. 이렇게 해서 실무자도 연구자도 아닌 제3의 존재인 컨설팅 회사에 지원을 바라는 목소리는 점차 커졌다.

그 요청에 누구보다 먼저 부응한 곳은 맥킨지앤드컴퍼니였다. 제2차 세계대전 이전부터 사업을 시작해 전략 컨설턴트라는 직업과 그 직업윤리를 확립한 맥킨지는 업계에 새로운 기류를 일으켰다. 이전의 전략컨설팅은 '그레이헤어 컨설턴트'로 불리는, 풍부한 경험과 식견을 보유한 연장자에게 의존하는 경향이 강했다. 그런데 맥킨지는 전략컨설팅 업무를 공식화하여 비즈니스스쿨 졸업생 등의 젊은 층도 실행할 수 있도록 고안하고, 이를 통해 적극적인 사업 확대를 실현했다. 경영 진단을 공식화하고, 수치와 분석을 중심으로 논리적인 전략 검토를 실시하며, 젊은 인재를 대거 채용하는 등 맥킨지의 새로운 시도는 그대로 적중했다. 그동안 노련한 베테랑 컨설턴트의 기량에 의존한 탓에 몸집을 키우기 힘들었던 전략컨설팅 사업 영역에서 급성장을 이뤄낸 것이다.

맥킨지는 다각화에 따른 사업부제 도입을 지원함으로써 사업의 내용을 더욱 확대했다. 또한 전략컨설팅이라는 새로운 사업 영역을 통해 확고한 기반을 구축했다. 그러나 다각화가 과도하게 진행된 기업군의 사업을 재편하는 데, 분권화를 추진하는 맥킨지식 방법론은 효과적이지 못했다. 오히려 사업부제 도입에 계속 힘을 쏟은 결과, 기업이 정작 필요로 하는 것을 외면하는 상황을 낳고 말았다. 대대적인 방향 전환이 필요한 시점이 되자, 맥킨지는 고객이 원하는 최적의 조언을 제공할 수 없게 되었다. 클라이언트 기업들에게 맥킨지는 더 이상 적임자가 아니었다.

그런 맥킨지를 대신해서 떠오른 곳이 BCG였다. 이 회사가 세상에 내놓은 BCG매트릭스는 사업 포트폴리오의 특성을 한눈에 볼 수 있다는 점에서 아주 편리했다. 현금을 만들어내는 사업과 현금 투입이 필요한 사업의 균형도 BCG매트릭스를 통해 알 수 있었다. 기업들은 BCG매트릭스를 참고해 각 사업에 투자 여부를 결정하고, 사업 포트폴리오를 어떻게 재편성할지 검토했으며, 특히 캐시 플로(일정한 기간 동안에 기업에 유출·유입되는 자금액-옮긴이)를 배분할 때 투명한 논의를 실현할 수 있었다.

이렇게 해서 BCG는 BCG매트릭스, 그리고 같은 시기에 개발한 '경험곡선효과(사업의 규모나 커지거나 생산량이 많아지거나 경험이 쌓여서 '단위 원가'가 하락하는 효과-옮긴이)'를 무기 삼아 전략컨설팅 회사로서 지명도를 비약적으로 끌어올렸다.

경영 인재를 초고속으로 배출하는
꿈의 학교, 비즈니스스쿨

컨설팅 회사와 비즈니스스쿨, 환상의 파트너가 되다

이 시대에 전략컨설팅 회사와 더불어 급속한 성장을 이룬 곳이 또 하나 있었으니 바로 경영관리 전문가를 양성하는 대학원, 비즈니스스쿨이었다. 이 두 업계는 서로 떼어서 생각할 수 없는 관계 속에서 동반 성장을 이뤘다. 앞에서 이야기했듯이, 유력한 컨설팅 회사가 요구하는 인재는 더 이상 백발을 자랑하는 경험 풍부한 실무자 '그레이헤어 컨설턴트'가 아니었다. 의욕이 넘치고 지적 수용력이 풍부하며, 정열적으로 문제 해결에 몰두할 수 있는 젊은 인재였다.

대표적인 전략컨설팅 회사들은 비즈니스스쿨을 졸업한 젊은 인재를 적극적으로 모집했다. 맥킨지의 실질적인 창업자 마빈 바우어Marvin

Bower가 쓴 《맥킨지의 관점Perspective on McKinsey》[6]에 따르면, 맥킨지는 먼저 하버드 비즈니스스쿨에 초점을 맞추고 매력적인 조건을 제시하며 적극적으로 구인 활동을 펼쳤다고 한다. BCG 또한 맥킨지 못지않은 조건을 제안하면서 우수한 젊은 인재 확보에 나섰다.

컨설팅 회사를 통해 전략 컨설턴트로 활약하던 인재들이 클라이언트 기업에 영입되는 경우도 생겨났다. 이런 경영 인재들은 '전략컨설팅 접근법'의 전도사였다. 전략컨설팅 회사 출신의 실무자들은 경영 과제를 구조화하고, 우선순위를 선정하고, 현장의 정보를 꼼꼼하게 수집한 뒤 치밀하게 분석해 전략 옵션을 구상하는 경영 사고의 틀을 공유했다. 이직한 회사에서 경영 간부로 발탁된 전직 전략 컨설턴트들은, 단기적이고 확실한 실적을 먼저 만들어내기 위해 친정의 프로젝트 팀과 계약하는 경우도 흔했다. 이런 관행은 전략컨설팅 회사가 사업을 확대하는 중요한 경로로 다시 작용했다.

각지를 누비는 경영 전략의 전도사들

전략컨설팅 회사의 사업이 확대되면 비즈니스스쿨에서 더 많은 인재를 구하게 된다. 비즈니스스쿨을 졸업하고 전략컨설팅 회사에 들어간 젊은 인재는 경험을 쌓은 뒤 최단 경로로 경영 간부 자리에 오른다. 이런 성공 스토리가 축적됨에 따라 비즈니스스쿨 지망자도 급증했다. 그리고 이런 왕성한 수요를 배경으로 각지에 새로운 비즈니스스쿨이 탄생하는

---

6 Bower, 〈Perspectives on McKinsey〉(1979)

선순환이 일어났다. MBA(경영학 석사과정)가 젊은 경영 인재의 등용문으로 브랜드를 확립한 시기가 바로 이때다.

이렇게 해서 비즈니스스쿨의 졸업생들은 한층 복잡해진 영리 조직의 경영을 담당하는 경영 인재로서, 또 새로운 경영 개념의 전도사로서 경영 전략의 여명기를 빛내는 중요한 존재가 되었다. 물론 비즈니스스쿨 자체도 지식을 낳는 연구교육기관으로 중요성이 부각되었고, 사회과학으로서 경영학 또한 크게 발전했다. 이런 선순환의 여파는 졸업생들 뒤편에 있는, 유명 비즈니스스쿨의 간판 교수들에게도 돌아갔다. 교수들은 저작으로 주목받았을 뿐 아니라, 제자들을 통해 실업계에 지대한 영향력을 발휘했다.

그중에서도 대표적인 인물로 하버드 비즈니스스쿨의 케네스 앤드루스Kenneth Andrews를 꼽을 수 있다.[7] 앤소프가 앞서, 시장 환경이 변화하는 가운데 어떻게 전략적 의사결정을 실행할 것인가에 주력했다면 케네스는 기업의 사회적인 책임, 관리자 개인의 가치관이나 사고방식, 목적 달성을 위해 필요한 시스템, 그리고 리더십의 역할까지 폭넓게 다뤘다.[8]

경영 전략이 보급된 배경 가운데 이런 전도사들의 활약을 결코 간과할 수 없다. 기업 사이에서 노하우의 매개체가 된 전략 컨설턴트, 그곳에 인재와 지식을 제공한 비즈니스스쿨, 여기에 경영자의 조직적인 협력 구도가 더해져 선순환을 낳았다. 그리고 이 선순환이 경영 전략이라는

---

7 앤드루스는 'SWOT 분석'을 세상에 널리 알린 인물로 알려졌다.
8 Andrews, 《The Concept of Corporate Strategy》(1971)

말과 개념, 그리고 방법론을 보편적인 도구로 확산시키는 원동력이 되었다.

각광받던 BCG 매트릭스는
왜 한계에 부딪혔는가?

격렬한 이노베이션의 시대, 그리고 사분면의 오류

BCG 매트릭스는 모태인 컨설팅 회사와, 그곳에 대량의 인재를 안정적으로 공급한 비즈니스스쿨의 힘을 빌려 널리 확산되었다. 그렇다면 현대의 교육 현장에서도 경영 전략의 기본으로 널리 쓰이는 BCG 매트릭스는 어떤 것일까?

BCG 매트릭스는 상대적 시장점유율을 가로축으로, 시장성장률을 세로축으로 삼고 각 사업을 사분면에 분류하는 분석 기법이다. 왼쪽 아래의 매트릭스부터 시계 방향으로 '캐시카우Cash cow', '스타Star', '물음표 Question mark', '개Dog'의 네 종류로 구분한다. '캐시카우'에 해당하는 사업에는 투자를 억제하면서 현금을 만들어내고, '스타' 사업에는 현금을 쏟아부으며, '물음표' 사업은 '스타'가 될 수 있을지를 판단하고, '개' 사업에서는 철수를 검토한다. 이것이 가장 기본적인 설명이다.

다음 페이지의 도표는 다각화가 진행된 기업의 BCG 매트릭스 표본이다. BCG의 해석에 따르면, 캐시 플로를 최적의 상태로 재배분하기 위해서 왼쪽 아래의 '캐시카우'에 투입된 자원을 오른쪽 위의 '물음표'로 이동해야 한다. 그래야 '물음표'를 왼쪽 위의 '스타'로 최대한 성장시킬 수 있다. 또한 오른쪽 아래의 '개'에 대한 투자는 최대한 억제하고, 가급적 이른 단계에 사업에서 철수하거나 매각하는 방안도 검토해야 한다.

다각화가 진행된 기업의 BCG 매트릭스

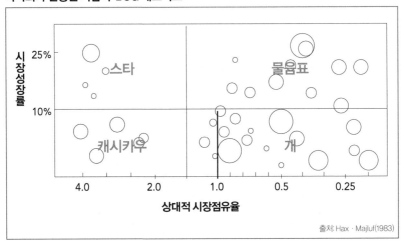

출처: Hax · Majluf(1983)

BCG매트릭스는 실제로 수많은 기업들이 도입하여 전략적 의사결정에 사용한 기법이다. 거의 모든 경영 전략 입문서에 소개될 만큼 유명하지만, 그만큼 흔히 오용되는 방법론이기도 하다. 애초에 이것은 기업의 현재 상황을 시각화하여 신속히 파악하도록 돕는 보조적인 도구로 개발되었다. 이 분류만을 기준으로 경영 판단을 내리는 것은 위험하다. 가령 위의 표를 다시 살펴보면 전체 사업의 시장성장률은 플러스라는 걸 알 수 있다. 이런 상황에서 오른쪽 아래의 사업을 전부 '개'로 판단해도 되는지 의문이 남는다. 어쩌면 모든 사업에 성장 가능성이 있는 상태이므로 내부의 경영 자원을 재분배하기보다 외부에서 자금을 끌어오는 등 경영 자원을 조달하는 방법이 더 적절할지도 모른다.

다른 예로는 본업과 관련이 큰 다각화만 진행하는 경우를 생각해볼 수 있다. 이 경우 시장성장률이나 상대적 시장점유율에서 각 사업의 차이가 거의 없는 매트릭스가 만들어질 수 있다. BCG매트릭스는 사업 간에 상대적인 비교를 하는 도구이기 때문에, 실무상으로는 오차에 불과한 성장률과 점유율 차이를 마치 큰 차이가 있는 듯이 오해하도록 만들 소지가 있다.

무엇보다도 이 매트릭스는 해당 기업이 다수의 사업을 보유한다는 것을 전제로 삼는다. 손대는 사업이 몇 개뿐이라면 굳이 매트릭스에 각 사업을 배치할 필요는 없을지 모른다. 또한 세로축에 시장성장률을 배치한다는 것은, 이 회사가 운영하는 각 사업의 성장률이 산업 전체의 성장률에 민감한 영향을 받는다는 전제 조건이 필요하다. 다시 말해 시장 자체가 확장되면 회사의 사업도 확장되고, 시장이 축소되면 이 사업도 위축된다고 단순화한다는 이야기다. 그러나 당연하게도, 그렇지 않은 경우가 흔하다. 가령 제품의 차별화가 어려운 사업 영역에서 차별화에 성공했다면 이런 전제는 성립하지 않을 것이다. '시장'의 정의를 적절히 적용하지 않는다면 각 사업의 성장 가능성을 오판할 수밖에 없다.

가로축도 단순히 시장점유율로 표기하는 경우가 있는데, 이 역시 정확한 이해를 방해하는 요인 중 하나다. 시장점유율이라는 단순한 수치의 의미는 실상 시장의 과점 상태에 따라 크게 달라진다. 예를 들어 어떤 시장에서 경쟁자가 60퍼센트 이상의 시장점유율을 확보하여 과점 상태에 있는 경우와, 경쟁자들의 점유율이 수 퍼센트에 불과한 경우를 비교해보자. 자사의 시장점유율이 동일하게 20퍼센트라 해도, 두 경우에 의미하는 바는 완전히 다를 것이다. 그런 까닭에 BCG매트릭스에서는 어디까지나 '가장 중요한 경쟁자'에 대한 상대적 시장점유율(자사의 시장점유율/가장 중요한 경쟁자의 시장점유율)을 사용해야 한다.

　이런 오용이 흔히 일어나는 이유는, BCG매트릭스가 1960년대라는 시대를 배경으로 설계되었기 때문이다. 당시는 대량으로 생산된 규격품이 산업의 중심이었으며, 제품 이노베이션은 한정되어 있었다. 그렇기 때문에 세로축에는 경쟁의 개념이 누락되었고, 가로축은 표준화된 제품을 대상으로 하는 것이 전제였다. 요컨대 경제가 안정적으로 성장해서 영리 조직이 경쟁을 그다지 의식할 필요 없이 그저 생산을 확대하여 경제 성장을 쫓아가면 되던 시대에 알맞은 도구라는 이야기다.

　당시는 각 제품이나 서비스가 충분히 차별화되지 않은 시기였지만, 이제는 제품 사양이 비교할 수 없을 만큼 다양해지고 단기간에 혁신이 이루어지곤 한다. 또한 오늘날에는 상대적인 경쟁우위가 없으면 아무리 시장성장률이 높아도 그 시장 내에서 성장의 혜택을 누릴 수 없다. 설령 시장이 순조롭게 성장하는 듯 보이고, 게다가 자사의 상대적인 시장점유율이 높다 해도 강력한 대체품이 등장해 수년 안에 사업이 붕괴되는 경우도 얼마든지 있다. 아이폰의 등장으로 급속히 진화한 스마트폰은 그 대표적인 사례다. 기존의 휴대전화 시장에서 노키아나 모토롤라, 블

랙베리가 유지해오던 아성은 수년 만에 맥없이 허물어지고 말았다.

이처럼 산업의 형태가 크게 변화한 현대에는, 많은 교과서에서 BCG 매트릭스를 단순화한 사분면의 매트릭스로 표현함으로써 세부적인 논의를 피하고 있다. '개'나 '캐시카우' 같은 눈길을 끄는 용어만이 살아남아 그 의미가 왜곡되고 있다. 매트릭스를 단순화하여 표현하는 방법이 꼭 잘못된 것은 아니지만, 실상 아무런 힌트도 주지 못하는 빈껍데기일 가능성이 있다.[9]

BCG매트릭스는 경영자의 개인적 자질을 보완하는 도구로서 효력을 발휘하며 위상을 높였다. 그러나 시대가 변화하면서 이 개념에도 의문부호가 붙게 되었다.[10]

마이클 포터, 경쟁 전략의 시대를 선언하다

BCG매트릭스의 유행이 시들해지고 전략컨설팅 회사나 비즈니스스쿨을 통해 경영 전략의 노하우가 일반에 보급된 뒤, 마이클 포터가 제창한 경쟁 전략의 시대가 찾아왔다. 포터는 경쟁 전략에 관한 논의를 시작하면서, BCG매트릭스를 비판하고 부족한 점을 지적하는 작업을 출발점으로 삼았다. 1976년, '다섯 가지 힘' 개념을 최초로 제시한 〈하버드 비즈니스 리뷰〉의 논문[11]에서 그는 거의 한 페이지를 할애해 BCG가 제

---

9 이 문제점은 케네스 앤드루스가 확산시킨 SWOT 분석에도 해당된다. 단순히 칸을 채우기만 해서는 의미가 없다. 객관적인 분석이 동반되지 않으면 오히려 정확한 판단을 방해할 수 있다.

10 BCG는 2014년 6월 4일에 〈BCG Classics Revisited: The Growth Share Matrix〉라는 제목의 기사를 통해 40년이라는 시간이 지난 지금도 이 개념은 여전히 유효하다고 설명했다.

11 Porter, 〈How Competitive Forces Shape Strategy〉(1979)

시한 경험곡선과 그 한계를 언급했다. 산업의 수익성(즉, 사업 영역으로서의 매력도)은 BCG매트릭스가 암시하듯이 그 산업의 성장 단계나 사업의 라이프사이클에 따라서 결정되는 것이 아니라 해당 산업 구조의 특색, 특히 다섯 가지 경쟁 요인에 따라서 결정된다는 것이 그의 주장이었다.

특히 그는 BCG매트릭스가 암묵적인 전제로 삼고 있는 경험곡선효과에 의문을 제기했다. 기존의 사업자가 신규 참가자에 대해 유리한 입지를 구축할 때 경험곡선효과는 분명 의미 있는 척도가 된다. 그러나 그것은 일종의 진입장벽일 뿐, 경쟁 전략에서 내세울 목표는 될 수 없다. 또한 포터는 기업들이 경험곡선효과에 집착한 나머지 상대적 시장점유율을 놓고 눈앞의 경쟁자를 과도하게 의식하는 경향이 있다고 지적했다. 그 결과 더 중요한 경쟁 요인인 고객이나 공급자의 협상력, 신규 참가자나 대체 상품의 위협을 간과할 우려가 있다는 것이다.

BCG매트릭스는 사업 환경을 기계적으로 평가하는 대표적인 방식이다. 포터는 이 흐름에 대해 정면으로 반기를 든 셈이다. 1980년대가 가까워지면서 시장 전체의 성장이 둔화되자 기업 경영의 초점도 바뀌기 시작했다. 이전의 초점이 시장 전체의 성장에 부응하여 과실을 누리는 것에 맞춰졌다면, 이제는 시장 구조를 이해하고 경쟁자와 경쟁하여 승리하는 것이 중요해졌다. 시장 자체의 성장을 기대할 수 없는 상황이었기에, 경쟁에서 승리하지 못하면 이익을 얻을 수 없게 되었다.

4장

외부 환경 분석
명쾌하고 실용적인 '다섯 가지 힘 분석'

❧

'포지셔닝 학파'로도 불리는 마이클 포터의 경쟁 전략은 기업의 운명을 좌우하는 '다섯 가지 힘' 분석을 바탕으로 한다. 이를 통해서 산업 구조를 이해하고 기업 전략을 검토하는 사고법이다. 경영 전략을 공부할 때 반드시 소개되는 개념이지만, 이것이 어떤 맥락에서 탄생하고 발달했는지 명확히 이해하는 사람은 많지 않을 것이다.

　이 장에서는 포터의 사고법이 탄생한 시대 배경을 먼저 살펴보고 그 원류인 불완전경쟁의 개념을 다룰 것이다. 또한 다섯 가지 힘 분석의 전신인 SCP모델에 대해 알아보면서, 포터가 경영 전략의 역사에 남긴 의미를 생각하려 한다.

경영 전략론의 정체기에 등장한 새 이론

더 명확하게, 더 치밀하게 분석하라

산업 구조에 기반한 경영 전략은 언제부터 널리 통용되었을까? 그 시기를 가늠하려면 적어도 1970년대 후반까지는 거슬러 올라가야 한다.

앞서 말했듯이 1970년대 초엽에 발생한 오일 쇼크의 여파로 미국뿐만 아니라 세계 경제가 정체기를 맞이하는데, 특히 다각화를 진행한 미국 기업들은 이를 계기로 사업 재편에 나선다. 그리고 1970년대를 거치면서 '사업 포트폴리오 관리'를 중심으로 하는 경영 전략의 흐름이 실업계에 침투한다. 이는 BCG매트릭스가 널리 퍼트린 방법론이기도 하다.

한편 이러한 흐름을 받아들인 학술계는, 어떤 다각화가 수익성을 높이는지를 과학적으로 검증하는 단계에 접어들었다. 리처드 루멜트Richard P. Rumelt의 연구가 대표적인 경우다. 그러나 시장 자체의 성장은 더욱 정체되었고, 복수 사업의 포트폴리오를 검토하는 전략적 의사결정은 한계에 부딪혔다. 그보다는 각 산업 내에서 어떤 경쟁 전략을 취해야 하느냐를 분별하는 능력이 필요한 시점이었다.

또한 이 시기에는 '프로세스형 전략론'이라는 전략의 형태도 활발히 논의되었다. 이 전략론은, 의사결정을 실천하는 과정을 통해 점진적으로 전략을 형성해나가는 방식을 말한다. 가령 1장에서 소개한 헨리 민츠버그는 이런 형태의 전략을 '창발적 전략'이라 지칭하고 그 형성 프로세스를 1970년대 전반부터 지속적으로 탐구하고 있었다.

다만 이 방법론 역시, 전략 계획을 먼저 수립하고 실행하는 방식인 '분석형 전략론'을 대체하지는 못했다. 그 이유는 아마도 경영자가 어떻게 행동해야 하는가 하는 구체적인 답을 제시하지 못했기 때문일 것이다. '분석형 전략론'이 명확한 분석을 통해 의사결정의 프로세스를 일반화된 틀, 즉 '템플릿'으로 만들어서 제시한 데 비해 '프로세스형 전략론'은 주로 개별적이고 구체적인 사례의 소개에 그쳤다. 창발적으로 형성되는 전략은 그 특성도, 형성 과정도 제각각인 까닭에 참고는 될지언정 답을 제시하지는 못했다.

이론의 여지는 있지만, 1970년대의 경영 전략은 주로 계획을 수립하는 과정을 체계화하고 치밀하게 정비하는 방향으로 발전했으며 앤소프의 이론을 깊게 파고드는 것을 중심으로 했다. 앤소프 이후 그의 주장을 뒷받침하는 실증 연구가 진행되었고, 또한 실무자가 참고할 수 있는 좀 더 치밀한 양식, 각각의 분석 방법이나 전략 수립 기법에 대한 구체적인 해설이 착실하게 축적되어 갔다.[1] 이런 연구들은 모두 동일한 흐름 내에서 이루어졌으며, 이론의 큰 줄기는 여전히 변함없었다.

포트폴리오 분석에서 산업 구조 분석으로

이런 상황에서 선풍을 일으키며 등장한 신진 연구자가 있었다. 바로, 당시 갓 30대를 맞이한 마이클 포터였다. 하버드 비즈니스스쿨 출신인 그는 경제학을 연구하는 것으로 커리어를 시작했다. 특히 산업조직론의

---

1 1978년에 출판된 찰스 호퍼(Charles W. Hofer)와 댄 쉔델(Dan Schendel)의 책 《Strategy Formulation: Analytical Concepts》이 대표적인 예다.

지식을 경영학에 응용하여 주목받았고, 세계적인 경영학 연구자로 인정받게 되었다.

한 시대를 석권했던 포트폴리오 중심의 분석형 전략론도 1970년대 후반에는 이미 한계를 노출하고 있었다. 당시 경영자들은 매력적인 사업 영역을 선택하는 것보다, 선택한 사업 영역에서 어떻게 경쟁에 승리하느냐에 더 관심을 보이기 시작했다. 경제 전체가 성장하던 시대에는 성장 가능성이 좀 더 높은 산업을 선택하는 것이 중요했다. 성장하는 시장을 재빨리 찾아내 적절한 투자로 경험곡선효과를 얻으면 경쟁에서 앞설 수 있었다. 불리한 사업에서는 철수하고 성장을 기대할 수 있는 새로운 영역에 투자할 때 편익이 훨씬 컸다. 그러나 1970년대 후반 이후 경제 전체의 성장이 정체되자 단순히 사업 포트폴리오를 재구성하는 것만으로는 경영이 성립하지 않게 되었다. 산업 하나하나를 더욱 치밀하게 분석하고 이해한 뒤, 어떤 수를 둘지 전략적으로 검토해야 한다는 인식이 힘을 얻었다.

이런 시대적 요구에 부응하여, 다섯 가지 힘 분석은 단숨에 핵심적인 이론으로 부상하게 된다.

불완전경쟁에서 모든 것이 시작되다

포터의 경쟁우위 전략은 어떻게 탄생했는가?

포터의 다섯 가지 힘 분석은 ①기업 간 경쟁, ②공급자의 협상력, ③구매자의 협상력, ④신규 참가자의 위협, ⑤대체 상품의 위협이라는 다섯 가지 힘을 이해함으로써 자사가 속한 산업의 구조적인 수익성을 분석한다는 논리를 골자로 한다. 또한 포터는 주장하기를, 그 구조에서 최적의 '포지셔닝'을 선택함으로써 경쟁자에 대해 경쟁우위를 확립할 수 있다고 했다.

그 기본적인 포지셔닝은 세 가지다. 첫째는 디자인이나 성능 등 상품 특성을 통해서 우위를 차지하는 '차별화 전략'이고, 둘째는 가격의 측면에서 우위를 차지하는 '비용우위 전략'이며, 셋째는 고객의 범위를 좁혀서 차별화 전략이나 비용우위 전략을 제공하는 '집중화 전략'이다. 이것이 포터의 경쟁우위 전략이라고 부르는 세 가지 전략의 방향이다.

당연한 이야기지만, 포터가 어느 날 갑자기 독자적으로 이런 결론에 도달한 것은 아니다. 그 기본적인 발상은 훨씬 이전에 탄생했다. 따라서 다섯 가지 힘 분석과 이를 바탕으로 한 전략론을 제대로 이해하기 위해서는 이 이론이 발달한 과정을 먼저 살펴보아야 한다.

손댈 수 없던 영역에 다가서다

불완전경쟁은 왜 일어나는가? 다섯 가지 힘 분석의 원점은, 바로 이 질문의 답을 탐구하는 데서 시작되었다.

이 논의는 근대적 대기업이 등장한 19세기, 소위 '경영자의 시대'로 거슬러 올라간다. 기술이 발전하고 시장이 급속히 성장하던 당시, 대량 생산 및 대량 판매 시스템에 힘입어 일부 기업들은 시장의 형태에 영향력을 행사할 수 있는 수준까지 규모를 확대했다. 그때까지는 시장 메커니즘에 영향을 받는 다수의 시장 참가자들이 경쟁의 양상을 결정짓는다고 보았다. 하지만 이제 그런 공식을 적용할 수 없는 사례가 곳곳에서 발생했다. 소수의 기업이 시장에 지배력을 행사하고 흐름을 좌우하는 상황이 눈에 띄기 시작한 것이다.

이와 같은 시장 구조에 주목해 불완전경쟁 이론을 만들어낸 초기의 대표적 인물은 경제학자 조안 로빈슨Joan Robinson이었다. 로빈슨 이전의 시대, 즉 완전경쟁을 전제로 한 시대에는 재화의 가격과 그 배경에 해당하는 산업 구조를 '주어진 것'으로 가정했다(완전경쟁 시장이란 다수의 수요자와 공급자에 의해 이루어지는 시장을 뜻한다-옮긴이). 그리고 기업이나 개인이 어떻게 하든 이것은 변하지 않는다고 생각했다. 아직 기업 하나하나의 규모가 작아서 산업 전체에 영향을 끼칠 수 없었던 그 시대에는 수긍이 가는 설명이었을 것이다. 이런 인식을 바탕으로, 완전경쟁의 환경에서는 개별 기업이 재화의 가격을 조금이라도 올리면 수요가 순식간에 '제로'가 되어버린다고 간주했다.

이것은 개별 기업이 직면하는 잔여수요곡선(주어진 가격하에서 단일 기업이 고려하는 수요곡선으로, 시장수요곡선에서 다른 기업의 공급을 뺀 것이다-옮긴이)이 수평이 된다는 전제와 연결된다(다음 페이지 도표 참조). 잔여수요곡선이 수평인 상태는 곧 기업의 행동과 산업 구조가 분리된 상태라고 할 수 있다. 이런 상황에서 기업은 산업 구조를 주어진 요소로 파악하고, 단순히 주어진 환경에 맞추어 행동을 결정하는 존재가 된다.

그러나 1933년의《불완전경쟁의 경제학The Economics of Imperfect Competi-tion》에서 로빈슨은 말하기를, 현실 시장의 경우 그와 다른 상황이 존재

완전경쟁 상태에서 개별 기업이 직면하는 잔여수요곡선

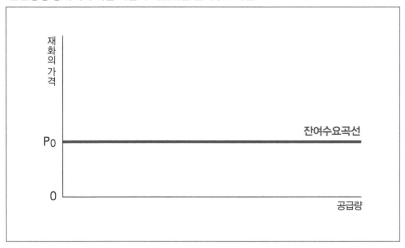

한다고 주장했다. 재화의 가격이 수요량에 대해서 일정하게 형성되지 않을 수 있다는 것이다. 고객들이 사는 지역이 각기 흩어져 있는 까닭에 제품을 제공하는 데 운송비가 든다는 점, 그리고 고객은 사용하는 제품을 어느 정도 신뢰한다는 점 등이 여기서 중요한 원인이 된다. 소비자의 수가 한정적이고 어떤 상품에 신뢰나 애착이 있을 경우, 상품의 가격을 일정 수준 이상으로 올린다고 해서 수요가 단숨에 제로가 되는 상황은 상상하기 어렵다. 또한 각지의 소비자들에게 상품을 전달하는 데 드는 운송비를 생각하면 상품 자체의 가격을 어느 정도 내린다고 해서 수요가 단숨에 폭증하리라고 생각하기도 어렵다. 그런 까닭에 개별 기업이 직면하는 수요곡선은 재화의 가격을 올리면 감소하고 내리면 증가하는 형태가 될 수 있다. 또한 불완전경쟁 환경에서의 수요곡선은, 신규 진

출 기업이나 대체 상품의 보급 등에 따라서도 그 형태가 달라진다.

로빈슨 이후로는 기업의 수나 재화의 특성이 수요곡선에 직접적으로 영향을 끼친다는 논의가 힘을 얻었다. 전제 자체가 이렇게 변화하자, 기업들은 이윤을 최대화하기 위해 수요에 따른 가격곡선과 공급에 대한 비용곡선을 적극적으로 분석했다. 그리고 이를 바탕으로 최적의 행동을 산출하기 시작했다. 즉, 외부 환경인 시장의 특성을 이해하고 그에 대해 최적의 수를 선택하고자 한 것이다.

가령 아래의 도표는 불완전경쟁의 가장 극단적인 사례인 독점 시장에서의 수요곡선과, 이에 따른 기업의 비용 및 수입의 관계를 나타낸 것이다(좀 더 정밀한 내용은 경제학 교과서를 참조하기 바란다. 여기에서는 기본적인 발상만을 설명한다). 공급량을 늘릴수록 재화의 가격이 내려간다면, 기업의 판

불완전경쟁 상태에서 수요곡선

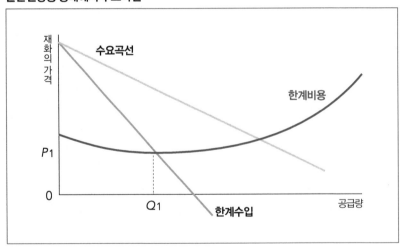

매량이 증가함으로써 추가적으로 얻을 수 있는 수입은 감소한다(한계수입). 한편 기업의 판매량을 늘리는 데 필요한 비용은 처음에는 규모의 경제 효과로 감소하지만, 일정 수준 이상이 되면 기술적인 어려움 등으로 오히려 상승한다(한계비용). 이 경우 기업 입장에서 최적의 생산량은 한계수입과 한계비용이 교차하는 지점으로 결정된다. 추가적인 수입을 실현하는 데 드는 비용이, 수입 자체와 같아지기 전까지는 기업이 추가적인 이윤을 얻을 수 있지만 그 이상이 되면 적자를 보기 때문이다.

여기에서 중요한 점은, 기업의 경영 전략이 '시장 수요곡선의 성질에도 크게 좌우된다'는 것이다. 로빈슨의 설명을 현대의 시각에서 재해석하면 경영 전략을 검토할 때 외부 환경을 분석하는 작업부터 해야 한다는 생각의 원류를 발견할 수 있다. 또한 로빈슨은 설명하기를, 기업이 생산량을 통해 가격을 어느 정도로 지배할 수 있을지는 수요곡선의 성질에 좌우되며 수요곡선은 그 재화를 생산하는 기업의 수와 대체 상품의 유무에 따라 달라진다고 말했다. 다시 말해, 경쟁자의 수와 대체 상품의 위협이 시장 특성(수요곡선의 성질)을 결정하며 여기에 따라 기업이 취할 수 있는 최적의 행동이 도출된다는 의미다. 이 설명은, 다섯 가지 힘 분석에서 말하는 두 가지 요인, 즉 '경쟁 환경'과 '대체 상품의 위협'과 정확히 일치하는 내용이다.

기업의 능동적인 역할에 주목한 체임벌린 이론

로빈슨과 같은 시기에 불완전경쟁 이론을 전개한 또 다른 경제학자가 있는데, 바로 에드워드 체임벌린Edward Chamberlin이다. 1933년에 출판된 그의 책 《독점적 경쟁의 이론The Theory of Monopolistic Competition》은 한정된 수의 과점적 기업, 즉 근대적 대기업이 선택할 수 있는 '경쟁 전략'을 주제로 한다. 동일한 주제를 다룬 많은 책들 가운데서도 가장 이른 시기의 저작이라 할 수 있다.

앞에서도 이야기했듯이 체임벌린 이전의 경제학에서는 기업이 주어진 환경에 맞춰 수동적으로 행동을 최적화한다는 암묵의 전제가 있었다. 그러나 체임벌린은 기업이 경영 환경에 맞춰 능동적으로 행동할 수 있다고 설명했다. 즉, 기업은 경영 환경을 분석하여 행동을 결정할 뿐만 아니라 경영 환경의 특성에 주체적으로 영향을 끼치고자 전략적인 행동을 한다는 이야기였다. 이를테면, 기업들은 시장 구조와 소비자의 특수성에 대응하기 위해서 타사와 차별화할 수단을 고려하고, 광고 지출을 확대하는 등의 방법을 시행한다.

체임벌린은 당시 미국 기업이 광고에 열을 올리던 상황을 관찰한 결과, 과점 기업들이 불완전경쟁을 펼치는 상황에서는 반드시 수동적인 존재에 머물지 않는다는 사실을 파악했을 것이다. 기업이 광고 등의 판매촉진비용을 능동적으로 증가시켜 총수요를 끌어올리고, 고객을 설득해 자사의 브랜드를 우선적으로 선택하도록 만들 수 있다고 그는 주장했다.

체임벌린의 논리에 따르면, 개별 기업은 그런 차별화를 통해 시장의 수요곡선에 영향을 끼쳐 곡선의 위치나 형태를 변화시킬 수 있다고 했다. 수요곡선은 전체 시장 참가자들이 취하는 행동의 총합이다. 이때 특정 회사가 다른 회사보다 더 저렴한 가격에 재화를 제공하는 것은 결코 불가능한 일이 아니다. 이렇게 된다면 일시적이기는 해도 그 회사의 판매량만 증가할 수 있다. 나아가 그 결과로 일부 다른 기업이 시장에서 철수하게 된다면, 결과적으로 자사의 점유율을 높일 수도 있게 된다.

이것은 곧 개별 기업의 전략적 행동을 의미한다. '차별화'와 '저가격화(비용우위)'라는 이 기본 전략은, 포터가 주장한 세 가지 경쟁우위 전략 가운데 두 가지에 해당한다. 여기에서도 포터의 경쟁 전략 원류를 발견할 수 있는 셈이다. 포터가 말한 나머지 한 가지 전략인 '집중화 전략'은 차별화나 저가격화 가운데 하나를 시장 전체가 아니라 시장 내 특정한 구간으로 범위를 좁혀 전개하는 전략으로, 말하자면 차별화와 저가격화의 파생형에 불과하고 볼 수 있다.

산업 구조는 기업의 이익에 영향을 끼친다. 이것은 산업조직론의 지극히 기본적인 이해에 해당하는 이야기다. 로빈슨과 체임벌린으로 대표되는 불완전경쟁 이론은 그 후 산업 구조와 이에 따라 변화하는 기업 행동을 치밀하게 분석하는 방향으로 진화해나갔다.

완전경쟁 시장에서는 수많은 경쟁자가 난립해 자유경쟁을 벌이기 때문에 기업의 실적이 일정한 한계를 돌파할 수 없다. 기업으로서는 경쟁이 존재하지 않는 독점 시장일 때 이윤을 최대화할 수 있으며, 따라서 가급적 경쟁이 없는 산업 구조가 유리하다는 뜻이 된다.

기업에 유리한 특정 산업 구조가 존재한다는 것을 이해하자, 거꾸로 시장이나 산업의 구조를 자사에 유리한 방향으로 이끌 수 있다는 논의가 점차 발전했다. 처음에는 주어진 요건으로만 생각했던 시장이나 산

산업 구조의 분류

	완전경쟁	독점적 경쟁	과점	독점
업계의 특징	다수의 경쟁자/ 낮은 진입 및 철수 비용/ 균질한 상품	다수의 경쟁자/ 낮은 진입 및 철수 비용/ 차별화된 상품	소수의 경쟁자/ 높은 진입 및 철수 비용/ 균질·동질한 상품	하나의 기업/ 매우 높은 진입 비용/ 하나의 상품
예	주식 시장 원유 시장	샴푸·치약 업체/ 미국 국내 항공	1950년대 미국의 자동차, 철강 업계/ 시리얼(미국)	인스턴트 사진의 폴라로이드/ OS의 마이크로소프트
기업의 전략	시장 가격 변동에 따라 대응	저가격 전략/ 차별화 전략	암묵적 담합	시장 독점력을 활용
실적의 기대치	표준	완전경쟁 이상	독점적 경쟁 이상	과점 이상
사회적 후생	최대	완전경쟁 상태보다 낮음	독점적 경쟁 상태보다 낮음	과점 상태보다 낮음

출처: 제이 바니, 《기업 전략론》

업의 특성도 기업이 행동을 통해 영향을 끼칠 수 있으며, 직접 선택할 수 있는 요소라는 인식이 힘을 얻게 된 것이다.

초기에는 이런 이론적 발달이 경제학의 영역에만 머물렀으며, 경영학이나 실무 경영의 세계로는 전파되지 못했다. 그런데 1970년대 말엽부터 산업조직론의 관점이 경영 전략의 영역으로 갑자기 유입되기 시작했다. 그 발단이 된 것은 하버드대학교에서 산업조직론을 연구하던 경제학자 그룹이었으며, 그중에서도 핵심적인 인물이 바로 청년 마이클 포터였다.

SCP 모델에서 진화한 포터의 이론

경제 이론과 경영 전략을 접목한 선구자, 마이클 포터

포터는 산업조직론의 관점을 기업 전략에 응용했다. 산업조직론은 경제 구조를 분석하고 사회 전체 구조를 개선하는 것을 목적으로 발전한 이론이다. 포터는 이것을 알기 쉽게 재정리하고 체계화했으며, 이를 각 영리 조직의 활동을 개선하는 데 이용하도록 제안했다.

포터는 첫째로 기업에 최대한 유리한 업계 구조와 그 사업 영역을 이해할 것, 둘째로 기업에 최대한 유리한 업계 구조를 능동적으로 손에 넣을 것을 주장했다.

더불어 이 과제를 수행하기 위한 수단을 도입했다. 외부 환경을 분석하여 경영 전략을 검토하는 사고법을 체계화하고, 경영 전략을 검토하는 실용적인 기법을 확립해 실무자도 쉽게 이해할 수 있도록 했다. 이로써 포터는 산업조직론을 경영 전략론에 도입하는, 선구적 역할을 하게 되었다.

이러한 포터의 이론에 직접적인 원류가 되는 것은 'SCP모델'이다. 앞서 설명한 불완전경쟁 이론이 발전하면서 이 이론을 기업의 행동과 수익에 직접적으로 연결하는 논의가 시작되었다. SCP모델은 이 조류에서 탄생한 모델로, 에드워드 메이슨Edward S. Mason의 1939년 논문[2]이 그 기원이며 조 베인Joe Bain의 1956년 저서[3]를 통해 체계화되었다. 포터는 이 SCP모델을 한층 확장시켜 경영 전략에 도입한 것이다.

SCP는 'Structure-Conduct-Performance'의 약자다. 'Structure'는 산업 구조를 가리키며, 해당 업계의 특성을 나타내는 다양한 지표를 통해서 평가한다. 'Conduct'는 기업 행동으로, 그 업계에서 기업은 어떤 전형적 행동 양식을 보이는가를 검토한다. 마지막으로 'Perform-ance'는 말 그대로 실적이나 이윤 같은 기업의 성과를 뜻하는데 첫째로 업계 전체의 평균적인 이익률을, 둘째로 개별 기업의 실적이나 이윤을 가리킨다. 요컨대 SCP모델은 산업 구조, 기업 행동, 성과가 어떻게 연결되어 있는지를 논의하기 위한 것이다.

SCP모델은 본래 산업 구조가 기업의 행동에 제약 조건이 된다는 것을 전제로 삼았다. 기업은 제약 조건 속에서 최적의 행동을 선택해야 하기 때문에, 그 장기적인 성과는 자연스럽게 업계 전체의 평균적인 성과에 수렴한다고 설명했다. 이것은 기업 구조와 기업 이윤의 관계를 수리 모델로 분석하는, 고전적인 산업조직론의 발상과도 일치한다.

포터는 이 발상을 경영 전략에 도입해 발전시켰다. 1979년에 발표한 논문 〈산업조직론이 경영 전략에 끼친 공헌The Contributions of Industrial Organization to Strategic Management〉 첫머리에서 그는 이렇게 말했다.

---

2 Mason, 〈Price and Production Policies of Large-Scale Enterprise〉(1939)
3 Bain, 《Barriers to New Competition: Their Character and Consequences in Manufacturing Industries》(1956)

"산업조직론을 연구하는 경제학자도, 경영 전략을 연구하는 경영학자도, 대부분은 지금까지 서로를 회의적으로 바라보거나 애초에 상대의 존재를 인지하지 못했다."

일방통행 이론은 어떻게 새로운 변화를 맞이했을까?

분명 당시는 산업조직론을 정책 입안에 참고하는 경우는 있어도, 경영 전략을 다루는 현장에서 활용하는 일은 거의 없었다. 그러나 1970년대 후반부터는 경영 전략을 논의할 때 산업조직론을 언급하는 경우가 늘어났고 각지의 비즈니스스쿨에서도 산업조직론을 채용하기 시작했다. 이런 경향은 시간이 흐를수록 점차 확산되었다.[4]

포터는 그 배경으로 다음의 일곱 가지 변화를 꼽았다.

① 기업 층위를 분석하는 작업의 일반화: 산업 층위뿐만이 아니라 산업 내 개별 기업의 동향을 활발히 분석하기 시작했다. 전략 그룹 연구는 그 대표적인 사례다.

② 시장 참가자가 서로 영향을 줄 수 있다는 전제: 시장 참가자가 독립적으로 존재하지 않고 때로는 동조하며, 서로에게 영향을 끼친다는 사실을 이해하게 되었다.

---

4 포터는 자신이 1975년에 하버드 비즈니스스쿨의 사례 교재용으로 정리한 〈산업 구조 분석의 요점(Note on the Structural Analysis of Industries)〉이 산업조직론을 경영 전략(Business Policy)의 이론으로 번역한 가장 초기의 자료라고 설명했다. 참고로 포터는 1974년부터 이 자료를 사용해 강의했다고 하며, 지금도 하버드 비즈니스스쿨에서는 이 교재를 참조하고 있다.

③ 동적 모델로 확장: 정적 모델뿐만 아니라 산업의 성장이나 쇠퇴 같은 동적인 요인을 고려한 이론 모델을 검토하기 시작했다.

④ 기업이 산업 구조를 바꾼다는 이해: 산업 구조가 기업의 행동을 일방적으로 결정하는 것이 아니라 반대로 기업 행동과 그 성과도 산업 구조 자체를 바꿀 수 있음을 이해하게 되었다.

⑤ 개별 기업의 경쟁력이나 거래 관계 분석: 개별 기업의 경쟁력에 관한 검토가 진행되어, 수급 관계뿐 아니라 공급자나 구매자의 협상력까지 분석하기 시작했다.

⑥ 더 치밀한 분석의 발전: 실무적인 목적으로 분석을 할 때도 좀 더 치밀한 논리를 요구하게 되었다.

⑦ 기업의 경쟁 행동 이론화: 게임 이론으로 대표되듯이, 기업 간의 경쟁 행동을 반영한 모델을 활발히 연구하기 시작했다.

이 가운데 포터가 특히 강조한 것은 네 번째다. 앞서 SPC모델이 탄생하던 무렵에는, 산업 구조가 기업 행동을 결정하고 그것이 성과에 영향을 끼친다는 일방통행적 이론이 주축을 이루었다. 그러나 실제로는 반대 방향의 움직임도 분명히 존재한다. 성과의 차이가 기업 행동을 유도하고 그것이 산업 구조를 바꿀 수도 있는 것이다. 산업조직론의 연구가 진전됨에 따라 학술 연구에서도 이 당연한 사실을 명확히 의식하게 되었다. 기업이 스스로 행동함으로써 일정한 산업 내부에서 산업 구조의 형태를 선택할 수 있다는 논의는 지극히 중요한 변화였다.

체임벌린이나 그를 계승한 연구에서도 기업의 능동적 행동을 설명했

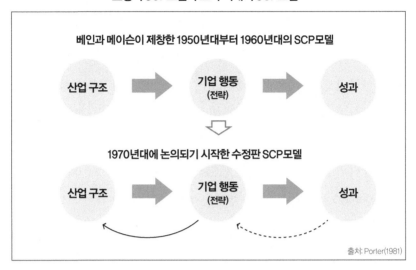

초창기 SCP모델과 포터 시대의 SCP모델

베인과 메이슨이 제창한 1950년대부터 1960년대의 SCP모델

산업 구조 ➡ 기업 행동 (전략) ➡ 성과

1970년대에 논의되기 시작한 수정판 SCP모델

산업 구조 ➡ 기업 행동 (전략) ➡ 성과

출처: Porter(1981)

지만, 포터는 이 문제를 새로운 각도에서 조명했다. 기업이 자신의 '포지셔닝'을 변경함으로써 산업 구조를 주체적으로 바꿀 수 있다고 주장한 것이다. 포터는 이 논의를 체계화하여 실무자도 활용할 수 있는 단순한 프레임워크로 구체화했으며, 덕분에 이 사상은 널리 보급될 수 있었다.

기업은 어떻게 스스로를 '포지셔닝'하는가?

이동장벽과 경쟁우위 전략

그렇다면 기업이 한 산업의 내부에서 산업 구조를 선택할 수 있다는 것은 무슨 의미일까?

초창기 SCP모델은, 과점 기업이나 독점 기업을 제외하면 산업 구조는 기업이 통제할 수 있는 변수가 아니라고 여겼다. 그러나 포터는 SCP모델을 확장하여, 각 산업 내에서 기업의 행동을 포함하도록 만들었다. 기업이 산업의 종류를 바꾸지 않더라도, 전략적 의사결정을 통해 동일 산업 내에서 수익성이 다른 별개의 위치에 자사를 '포지셔닝'할 수 있다고 설명한 것이다.

이 생각의 원점은 포터가 리처드 케이브스Richard E. Caves와 공동으로 발표한 1977년의 논문[5]에서 발견할 수 있다. 그 전까지는 하나의 산업 내에 있는 모든 기업들은 동질적인 산업 구조 아래에 있다고 일반적으로 생각했다. 그러나 이 논문에서 포터와 케이브스는 하나의 산업 내에서도 행동 특성이 서로 다른 기업 집단이 존재하며, 그 그룹은 저마다 다른 경쟁 구조에 놓인다고 설명했다. 또한 이를 전제로 그 그룹 사이에는 이동을 가로막는 벽, 즉 '이동장벽'이 존재한다고 생각했다. 이것은 산업 전체를 포괄하는 '진입장벽'과는 별개의 개념이었다. 기업이 산업 전체에 진입하고 철수하는 데 영향을 끼치는 것을 진입장벽이라고 할 때, 이 개념을 산업 내부의 기업 행동을 설명하는 데 응용한 것은 획기적인 발상이었다.

가령 손목시계 산업을 예로 들어보자. 여기에는 고급 브랜드 시계나 기계식 시계처럼 고부가가치 상품으로 차별화를 꾀하는 기업 그룹도 있

---

5 Caves · Porter, 〈From Entry Barriers to Mobility Barriers: Conjectural Decisions and Contrived Deterrence to New Competition〉(1977)

지만, 대량 생산한 쿼츠 시계를 저렴한 가격에 제공하는 기업 그룹도 존재한다. 또한 기능성이나 패션 감각을 추구함으로써 한정된 고객층에게 소구하는 집중화 전략을 채용한 기업도 있을 것이다.

이처럼 같은 산업 내에 다른 수익성을 지닌 그룹이 병존하는 상황을 설명하기 위해 케이브스와 포터는 전략의 방향성이 같은 기업들을 하나의 그룹으로 묶었다. 위의 예에서는 고부가가치 상품을 제공하는 그룹(차별화 전략을 구사하는 그룹), 저가 상품을 제공하는 그룹(비용우위 전략을 구사하는 그룹), 특정 고객에게 주력하는 그룹(집중화 전략을 구사하는 그룹). 이렇게 세 가지 그룹으로 분류할 수 있을 것이다.

또한 케이브스와 포터는 어떤 그룹에서 다른 그룹으로 이동하고자 할 경우 이동장벽이 존재한다고 설명했다. 이동장벽의 개념을 도입하면, 같은 산업 구조 속에서도 특정한 포지셔닝이 다른 포지셔닝보다 이동하기 어렵다는 점을 이해할 수 있다. 이 경우 기업의 수가 줄어들어서 경쟁이 기능하지 않을 수도 있는데, 이렇게 되면 독점이나 과점 상황이 만들어진다. 이에 따라 그 포지셔닝을 취한 기업은 높은 이윤을 얻을 수 있게 된다. 즉, 같은 산업 구조 속에서도 기업의 포지셔닝에 따라 성과가 달라질 수 있다는 사실을 두 사람의 이론은 설명해냈다.

그 후 포터는 이 이론을 한층 확장해 이동장벽이 더 높은 포지셔닝을 취하는 것이 이상적이라 주장하고, 그 이상적인 유형을 세 가지로 정리했다. 이것이 바로 앞에서 언급한 차별화 전략, 비용우위 전략, 집중화 전략이라는 세 가지 경쟁우위 전략이다.

초창기 SCP모델과 케이브스·포터의 이론 비교

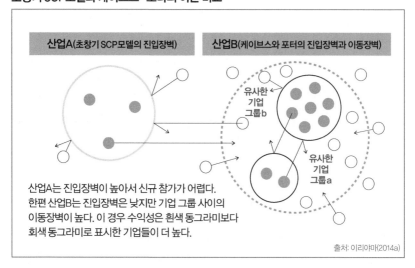

산업A(초창기 SCP모델의 진입장벽)   산업B(케이브스와 포터의 진입장벽과 이동장벽)

유사한
기업
그룹b

유사한
기업
그룹a

산업A는 진입장벽이 높아서 신규 참가가 어렵다.
한편 산업B는 진입장벽은 낮지만 기업 그룹 사이의
이동장벽이 높다. 이 경우 수익성은 흰색 동그라미보다
회색 동그라미로 표시한 기업들이 더 높다.

출처: 이리야마(2014a)

기업이 스스로 '포지셔닝'한다는 것

설명을 덧붙이자면, 산업 내에서 동질적인 행동을 하는 기업 집단을
'전략 그룹Strategic group'이라고 부르는데 이것은 마이클 헌트Michael S. Hunt
가 1972년의 논문에서 최초로 도입한 용어다. 헌트는 비용 구조, 차별화
정도, 수직통합 정도, 제품 다각화 정도, 조직 구조, 관리 구조, 전략적 성
향 등 다양한 측면에서 동일 산업 내의 기업을 복수의 그룹으로 분류할
수 있다고 주장했다.[6]

헌트의 전략 그룹 개념과 비슷한 맥락에서, 포터와 케이브스는 하나의
산업 내에서 SCP모델을 응용할 수 있다고 제시했다. 하나의 산업 구조

---

6 Hunt, 〈Competition in the Major Home Appliance Industry 1960–1970〉(1972)

(S)에서 도출되는 기업 행동(C)은 한 가지가 아니라 복수가 존재하며 기업이 어떤 행동을 선택하느냐에 따라 기업의 성과(P)가 달라진다는 주장을 이론화한 것이다. 업계 내에서 전략 그룹을 선택하는 것은 곧 그 그룹에 자사를 '포지셔닝'하는 행위다. 동일한 산업 구조라도 그 안에서 특정 포지션을 구축하면 이동장벽을 만들어내고 차별화된 성과를 올릴 수 있다고 포터와 케이브스는 주장했다.

이 이론의 뛰어난 점은 산업조직론에서 말하는 불완전경쟁과 진입장벽 이론을 응용하여, 특정 산업 내에서 기업이 취해야 할 최적의 해법을 제시한다는 데 있다(그것이 실제로 가능한지는 별개의 이야기지만). 그 답은 지극히 단순하다. '가급적 이동장벽이 높고 따라서 기업의 수도 적을 가능성이 큰 전략 그룹을 선택해야 한다'는 것이다. 다시 말해 이것은, 경쟁사가 실행하기 어려운 선택지를 골라야 한다는 의미이기도 하다. 예를 들어 제품의 성능 면에서 다른 회사가 흉내낼 수 없는 차별화를 이룬다면 독점을 통한 초과 이윤을 누릴 수 있다. 마찬가지로 다른 회사가 흉내낼 수 없을 정도로 낮은 가격을 실현하여 초과 이윤을 얻을 수도 있을 것이다.

사실 어떻게 보면 특별할 것 없는 이야기일지도 모른다. 다른 회사가 하지 못하는 것을 해야 한다는 당연한 설명에 지나지 않을 수도 있다. 그러나 산업 층위의 분석을 통해서 얻은 정보를 바탕으로, 성과(P)를 기준 삼아 기업 행동(C)을 선택하고, 이로써 산업 구조(S)를 통제할 수 있다는 발상은 당시로서는 선구적인 것이었다.

특정 산업에서 사업을 영위하는 것을 전제로 하면서도 기업이 능동적으로 자신의 위치를 선택할 수 있다는 가능성을 제시함에 따라, 산업조직론의 시선을 경영 전략에 응용한다는 거대한 광맥을 개척한 것이다.

'다섯 가지 힘 분석'은 무엇을 불러왔는가?

명쾌하고 실용적인 '다섯 가지 힘 분석'

그렇다면 각각의 산업이나, 그 산업 내부에 존재하는 각 전략 그룹의 수익성을 어떻게 분석할 수 있을까? 이것을 검토하여 실무자들이 이용할 수 있도록 고안한 도구가 바로 다섯 가지 힘 분석이다.

포터는 1979년 〈하버드 비즈니스 리뷰〉에 〈다섯 가지 환경 요인을 경쟁 전략에 어떻게 도입할 것인가?How Competitive Forces Shape Strategy?〉라는 제목의 논문을 기고했다. 포터의 '다섯 가지 힘 분석'이라는 프레임워크는 바로 이 논문에서 소개되었다. 〈하버드 비즈니스 리뷰〉가 최우수 논문에 수여하는 맥킨지상을 받은 이 논문은 실무자들에게 큰 주목을 받았으며, 그 여세를 몰아 이듬해에 출판된 《경쟁 전략Competitive Strategy》은 세계적인 베스트셀러가 되기도 했다.

BCG매트릭스처럼 산업 내부의 경쟁을 단순화하는 사업관리 개념과 달리, 포터의 이론은 당시 기업 경영의 실태를 반영하고 실무자들의 문제의식에 부응하고자 했다. 게다가 앤소프 이후의 경영 전략 이론들이 지나치게 복잡해졌던 것에 비해, 포터의 이론은 단순하고 명쾌한 답을 제시했다는 점에서 실무자들에게 압도적인 지지를 받았다.

'다섯 가지 힘 분석'의 가치를 최대한 활용하려면

다섯 가지 힘 분석은 먼저 자사가 놓인 경쟁 환경을, 그 특성을 좌우하는 다섯 요인에 따라 분석하고 이해하는 것에서부터 시작한다. 그런 다음 산업의 매력도가 가장 높은 사업 영역을 선택하도록 안내하며, 이 매력도를 높은 수준으로 유지할 수 있도록 다양한 수단을 설계해야 한다고 주장한다.

포터가 제시한 다섯 가지 요인을 다시 설명하자면 ①기업 간 경쟁, ②공급자의 협상력, ③구매자의 협상력, ④신규 참가자의 위협, ⑤대체 상품의 위협이다. 그리고 각각의 요인은 해당 기업이 속한 산업이나 전략 그룹의 구조적인 수익성을 결정한다.

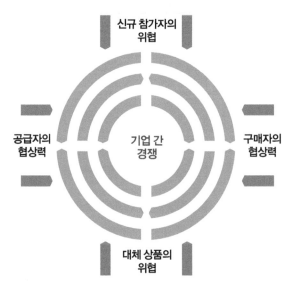

'다섯 가지 힘 분석'에서 핵심이 되는 다섯 가지 요인

신규 참가자의
위협

공급자의
협상력

기업 간
경쟁

구매자의
협상력

대체 상품의
위협

이 다섯 가지 요인을 이해하면 적어도 상대적 시장점유율이나 경험곡선, 시장성장률 등의 거시적인 지표만을 가지고 산업의 특성을 이해할 때보다는 경영 환경을 한결 치밀하게 이해할 수 있다. 또한 그 산업 구조를 그저 수동적으로 받아들이는 것이 아니라, 각각의 요인에 적절히 대응하는 방안을 설계함으로써 경쟁 환경을 좀 더 유리하게 만들 수 있다. 요컨대 기업의 최우선 과제는 자사에 최대한 유리한 사업 영역이나 사업 모델을 설계하는 일이며, 그런 다음 그것이 자사에 유리한 방향으로 변화하도록 다양한 방안을 검토하는 것이다.

이 장에서 포터가 말한 다섯 가지 요인을 굳이 상세히 설명하지는 않으려 한다. 다만 실무에서 이 프레임워크를 활용할 때 유의해야 할 점은 짚고 넘어갈 필요가 있을 듯하다.

먼저, 이 분석을 이용할 때는 반드시 주의해야 할 몇 가지 중요한 사항이 있다. 2008년에 포터가 〈하버드 비즈니스 리뷰〉에 기고한 〈전략을 도출해내는 다섯 가지 힘The Five Competitive Forces that Shape Strategy〉이라는 논문은 여기에 좋은 참고가 된다.

이 논문에 따르면, 다섯 가지 힘 분석의 가치는 기업이 직면한 눈앞의 경쟁뿐만 아니라, 신규 참가자나 대체 상품의 위협 등 장래에 찾아올 위협까지 분석한다는 점에 있다. 동시에 실무자가 눈에 보이는 요소에만 얽매이지 않고 기업에 영향을 끼칠 수 있는 다양한 요인을 복합적으로 검토할 수 있다는 점에서도 의미가 있다고 언급한다. 다만, 산업의 수익성을 결정짓는 구조적 요인을 분석하기 위해서는 먼저 단기가 아닌 장기적인 구조 변화를 이해해야 한다. 그리고 단순히 그 산업이 현 시점에서 매력적인가 아닌가를 판단하지 말고 이익률의 배경에 존재하는 근본적인 요인과 구조를 이해하는 것이 중요하다고 말한다. 실제로 다섯 가지 힘 분석에 대한 가장 뿌리 깊은 비판은, 산업 구조란 유동적으로 변화할 수 있는데 그중 한 시점을 떼어내서 분석한들 큰 의미가 없다는 것이다. 포터는 여기에 직접적으로 답을 한 셈이다.

포터는 이 논문에서 주장하기를, 정성적인 이해에 그치지 말고 시장 참가자의 재무제표까지 파고들어서 산업 구조를 결정짓는 요소가 실제 수치에 얼마나 영향을 끼치는지 이해해야 한다고 말했다. 그리고 마지막으로, 전체를 통합한 전략적인 통찰을 이끌어내야 가치 있는 분석이 된다고 강조했다. 이 역시 다섯 가지 힘 분석을 시행하는 실무자가 빠지기 쉬운 함정이자, 포터의 원저에 대한 주된 비판 중 하나였다.

'다섯 가지 힘 분석'의 올바른 사용법

초보자들 가운데, 다섯 가지 요인 하나하나에 정성적인 평가를 몇 줄 추가하고 그것을 분석이라고 생각하는 경우가 많다. 그러나 포터가 말하듯 각 요인을 분석할 때, 시장 참가자의 구체적인 행동을 좌우하는 요인을 최대한 정량적으로 파악할 필요가 있다. 상호의존적이고 보완적인 다섯 가지 요인의 관계를 적절히 파악하고, 이를 전략적인 통찰로 다듬어 방향을 설정하지 못한다면 의미가 없다는 이야기다.

그러나 안타깝게도 이런 '올바른 사용법'을 제대로 지키지 않아서 포터의 기대와 동떨어진 방식으로 이용하는 경우가 흔하다. 포터는 자주

볼 수 있는 실수로 다음의 일곱 가지를 들었다.

① 산업의 정의가 너무 넓거나 좁다.

② 단순히 요인만 나열할 뿐 엄격하게 분석하지 않는다.

③ 모든 요인을 공평하게 다룰 뿐, 중요한 요인을 깊게 파고들지 않는다.

④ 결과(예: 가격 탄력성)와 원인(예: 구매자의 구매 요인)을 혼동한다.

⑤ 한 해의 통계 숫자만을 사용하며, 업계의 변화 트렌트를 무시한다.

⑥ 일시적, 혹은 주기적인 변화와 진정한 구조적 변화를 혼동한다.

⑦ 전략적 결정을 목적으로 삼지 않고, 그저 업계의 매력도를 판단하려고만 한다.

다섯 가지 힘 분석은 응용 가능성이 상당히 높은 프레임워크다. 위에서 언급한 실수들도 그런 보편성 때문에 발생하는 한계라 할 수 있다. 포터도 지적했지만, 준비된 템플릿의 빈 칸을 채우듯이 정보를 나열한다고 해서 이 분석이 가치를 만들어내는 것은 아니다. 물론 어디까지나 논의의 출발점으로서, 생각을 돕는 도구로서 적절하게 이용한다면 이 분석은 충분한 가치를 발할 수 있다. 프레임워크 본연의 범용성과, 이것을 실무에 응용할 때 필요한 치밀함 및 특수성. 그 사이의 괴리를 메우는 것은 오로지 그것을 이용하는 사람들의 몫이다.

외부 환경을 움직이는 거대한 조류

일상의 업무 뒤편, 거시 요인에 주목하라

다섯 가지 힘 분석을 실무에 이용할 때는 산업 구조를 복합적으로 파악해야 하며, 좀 더 거시적인 요인을 다루기 위해서는 또 다른 프레임워크를 활용해야 한다. 긴 시간을 놓고 보았을 때 사회 경제 전반에 일어나는 거대한 변화가 산업의 형태를 크게 바꾸곤 하기 때문이다. 다섯 가지 힘 분석은 그런 거대한 조류를 논의하기에 부족한 것이 사실이다. 눈앞의 산업 구조나 사업의 연속적인 변화에만 집중하면 이면의 거대한 변화를 깨닫기 어려우며, 설령 깨달았다 해도 때가 너무 늦었을 가능성이 크다. 따라서 외부 환경을 분석할 때는 환경 전체의 거시적인 흐름, 그리고 국가나 세계 전체에 영향을 끼칠 수 있는 조류까지 이해한 상태에서 개별적이고 구체적인 산업 구조의 분석에 집중하는 것이 바람직하다.

거시적인 환경 요인을 이해할 때 자주 활용되는 것은 'PESTEL 분석'이라고 부르는 프레임워크다. 'PESTEL'은 Political(정치적), Economical(경제적), Social(사회적), Technological(기술적), Environmental(환경적), Legal(법적)의 머리글자를 딴 단어로, 시장에 영향을 끼칠 수 있는 각종 요인을 망라한 것이다.

특히 신흥국 시장이 중요하게 부상하는 오늘날에는, 그 나라 특유의 사회 및 경제 환경을 이해해야 한다. 물론 기존의 익숙한 환경에서 경영 전략을 검토할 때도 마찬가지다. 눈앞의 산업 구조만이 아니라 여기에 영향을 끼칠 수 있는 거시 요인을 분석하는 것을 잊지 말아야 한다.

가령 사회의 저출산, 고령화 경향이 심화되고 있다면 노동자 인구의 증가를 기대할 수 없을지 모른다. 정부 채무가 쌓이는 가운데 공공사업과 관련된 산업은 힘든 시대를 맞이할 가능성이 있다. 숙박 공유 서비스인 에어비앤비Airbnb나 승차 공유 서비스 우버Uber 같은, 새로운 서비스의 등장을 분석할 때도 마찬가지다. 이런 서비스가 각 산업에 어떤 영향을 끼칠 것인가는 법 규제가 어떻게 정비될 것인가, 또한 어떤 성향의 정치 세력이 집권할 것인가에 영향을 받는다. 이처럼 거시 요인은 매일의 업무와는 아무런 상관이 없는 것처럼 보이지만 실상 시장에 장기적인 변화를 불러와 기업의 경영에 중대한 영향을 끼치는 존재다.

시장 경제의 외부에 존재하는 암묵의 전제 조건 역시 무시할 수 없다. 기업이나 고객의 개인적 관계, 어떤 사회에 관습과 규범으로 존재하는 행동 원칙도 시장 참가자의 행동에 영향을 끼친다. 중동에서 사업을 할 때 왕족의 영향력을 무시할 수 없는 것도 여기에 해당하는 이야기다.

세상을 순식간에 뒤바꾸는 '글로벌 포스'

이런 거시 환경이나 비非시장 요인은 이른바 '메가트렌드', 혹은 '글로벌 트렌드'라고 부르는 거대하고도 초장기적인 시대의 흐름에 영향을 받는다. 사회 경제의 이 거대한 변화 조류는 눈앞의 외부 환경을 순식간에 뒤바꿔 버린다. 최근에는 경제나 사회에 포괄적인 영향을 끼치는 이 거대한 조류를 이해하고 그 영향을 논의하는 일을 중요하게 다루기 시작했다.

예를 들어 맥킨지앤드컴퍼니가 2015년에 출판한《미래의 속도No Ordi

-nary Disruption》에서는 이런 거대한 조류를 '글로벌 포스'로 명명하면서, 가까운 미래를 좌우할 네 가지 글로벌 포스를 이렇게 제시했다.

① 신흥국의 성장
② 기술을 통한 시장 경쟁의 변화
③ 세계 인구의 고령화
④ 상품, 자본, 인재의 유통 가속화

　세계를 변화시키는 거대한 시대의 흐름은 충분히 이해하기가 어렵다. 일단 이해했더라도 그 거대한 조류는 시대의 추이에 맞춰 어느 틈엔가 방향을 바꾼다. 물론 데이터에 입각해 논리적으로 검토할 수 있는 눈앞의 경쟁과, 그것이 존재하는 산업 구조를 이해하는 일이 무엇보다 중요하다는 것은 자명하다. 그러나 그 배경에 있는 막연하고 때로는 감각적으로밖에 파악할 수 없는 거대한 흐름을 이해하지 않고서는 왜 그 산업 구조가 탄생했는지, 그리고 앞으로 어떻게 될 것인지, 적절한 결론을 이끌어낼 수 없다.

외부 환경 분석에 '알 수 없는 미래'를 포함하다

물론 현실에서 이런 거대한 변화를 예측하기란 거의 불가능에 가깝다.

특히 현대는 미래가 과거의 연장선상에 존재하지 않는 시대이며, 불확실성은 더더욱 커지고 있다. 그러나 한편으로 외부 환경에서 기업의 미래상을 이끌어내는 작업은 분명히 필요하다. 이를 위해서는 불확실성을 어느 정도 허용하는 가운데 미래의 산업 구조나 거시 환경을 예측해나가면서 경영 전략을 수립해야 한다. 이런 시대의 요구에 미흡하나마 부응하는 것이 불확실성을 허용하는 미래 예측의 방법론이며, 그 대표 격이라 할 수 있는 '시나리오 분석'이다.

《경쟁 전략》을 펴내고 5년이 지난 1985년, 포터는 《경쟁우위Competitive Advantage》를 출판했다. 이 책에서 그는 《경쟁 전략》의 수많은 약점에 대해 답변했는데, 미래를 예측할 때 피할 수 없는 불확실성에 어떻게 대응할 것인가에 관해서는 '시나리오 분석'을 대안으로 제시했다.

시나리오 분석은 1970년대 초엽 석유회사 쉘Shell이 도입한 거시환경 예측 기법이다. 이 방법은 미래를 한 가지로 규정하지 않고 일어날 가능성이 있는 몇 가지 패턴으로 예측한다.[7] 모르는 것은 무시하고서 다른 한 가지 이해나 계획을 제시하는 것이 아니라, 모른다는 사실을 인정하면서 미래를 소수의 '가능성 묶음'으로 정리하고 그 각각의 가능성에 대해 지금 취할 수 있는 방책을 검토한다. 현재의 연장선상에 있는 미래만을 다루는 것이 아니라, 비선형으로 상황이 번질 가능성까지 포함하여 미래의 움직임을 검토하는 것이다. 오른쪽 페이지의 표를 예로 들면 시나리오C나 시나리오D가 여기에 해당한다.

---

7 고토사카, 《영역을 초월하는 경영학-'지(知)의 계보'를 통해 글로벌 경영의 본질을 읽는다》(2014)

시나리오 분석에서 다양한 시나리오의 예

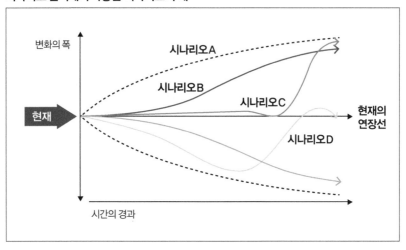

지금 눈앞에 무엇이 존재하느냐에 주목하기만 해서는 진정한 미래의 가능성에 도달할 수 없다. 마찬가지로, 과거의 분석에만 의지해서는 매 순간 상황이 비선형적으로 변화하는 산업 구조를 충분히 이해할 수 없다. 기업이 속한 전략 그룹, 산업, 그리고 거시 환경을 두루 이해해야 하며, 불확실성을 일정 수준 허용하면서 변화를 예측해 전략적 의사결정으로 연결 지어야 한다.

외부 환경 분석의 빈틈을 어떻게 보완할 것인가

외부 환경 분석만으로는 충분하지 않은 이유

포터가 만들어낸 다섯 가지 힘 분석은 외부 환경의 특성, 특히 산업의 매력도와 그 산업 내 전략 그룹 사이의 이동장벽으로부터 최적의 경영 전략을 도출하는 방법론이다. 이 방법론은 뛰어난 통찰력을 발휘하지만, 한편으로 외부 환경의 분석에 과도하게 의존하는 측면도 엿보인다.

때문에 포터의 이론은 실무자를 중심으로 크게 주목받는 한편으로, 오랜 기간 학술적 논쟁이 휩싸였다. '산업 구조가 기업의 수익성을 어느 정도까지 설명할 수 있는가?'라는 의문을 둘러싸고 수많은 연구자들은 논쟁을 벌였다. 이 질문에 답하고자 지속적인 연구가 뒤따랐는데, 다음의 표는 그중에서도 중요하게 평가받는 논문들의 연구 결과를 정리한 것이다.

기업별 총자산순이익률(ROA) 차이의 요인

	ROA의 차이를 설명하는 요인		
	산업 효과	기업의 독자적인 요인	설명할 수 없는 차이
슈말렌지(1985)	19.6	0.6	80.4
루멜트(1991)	4.0	44.2	44.8
맥거한과 포터(1997)	18.7	31.7	48.4
하와위니 외(2003)	8.1	35.8	52.0
로크베르 외(1996)	10.2	55.0	32.0
미상지 외(2006)	7.6	43.8	데이터 없음

*기업의 독자적인 요인은 사업 단위의 요인과 회사 층위의 요인을 합친 값이다.
**다른 분산에 관한 데이터가 없는 까닭에 각 행의 합이 100퍼센트가 나오지 않는다.

출처: Grant (2008)

최초의 검증은 1985년에 매사추세츠 공과대학의 리처드 슈말렌지 Richard Schmalensee가 실시했다. 이 분석에서는 기업 간에 나타나는 총자산 순이익률ROA: Return On Assets의 차이에 대해 20퍼센트밖에 설명하지 못했는데 그 20퍼센트 중에서도 대부분은 '산업 효과', 즉 그 기업이 어떤 산업에 속해 있느냐에 기인한다고 밝혔다. 반면에 이 연구에서 '기업의 독자적 요인'은 0.6퍼센트밖에 발견하지 못했다. 정리하자면 이 연구는, 기업의 독자적 요인보다 산업 구조가 실적에 더 큰 영향을 끼칠 수 있음을 시사하는 것으로 포터의 주장을 강하게 뒷받침하는 결과라고 할 수 있다.

슈말렌지의 연구에서 한계는 총자산순이익률의 차이를 설명하지 못하는 부분, 즉 원인이 산업 효과인지 기업의 독자적 요인인지 혹은 그 어느 쪽도 아닌 것인지 알 수 없는 결과가 80퍼센트를 넘는다는 데 있다. 이후의 연구에서는 그 한계를 극복하고자 복수 해의 데이터를 바탕으로 좀 더 큰 규모의 표본을 분석했으며 연구 기법도 개선함으로써 '설명할 수 없는 요인'의 비율을 크게 줄이려 시도했다.

이런 연구 결과들을 통해 알 수 있는 것은, 산업 효과가 기업의 성과를 설명하는 데 의미 있는 기준이 될 수는 있지만 실효성은 전체의 20퍼센트에 미치지 못할 가능성이 있다는 사실이다. 실제로 앞에 소개한 대표적 조사 연구 가운데 슈말렌지의 연구를 제외하면, 모두 산업 효과보다 기업의 독자적 요인이 더 유효하다는 결과가 나왔다. 물론 이들 연구가 산업 내에 존재하는 전략 그룹 사이의 차이까지 파고들어 검증한 것은 아니다. 기업의 독자적 요인으로 계측한 요소가 실제로는 산업 효과에 기인한 것일 가능성도 있다. 하지만 전략 그룹을 검증한 다른 논문들도 기업이 속한 전략 그룹이 수익성에 어떤 영향을 끼치는가에 대해 명확한 결론을 도출하지는 못했다. 모두 권위 있는 저널에 실린 우수한 학술 논문들로 높은 수준의 통계적 검증을 거쳤기에, 그 결과가 억측이라고는 말할 수 없을 것이다. 그러므로 외부 환경만을 분석하여 경영 전략을 검토해서는 기업의 성과를 최대화하는 데 한계에 부딪히리라고 볼 수 있다.

숨가쁜 변화의 시기에 태동한 이론

외부 요인이 기업의 수익을 어느 정도 설명할 수 있는지를 다룬 흥미로운 분석이 또 하나 있다. 다음은 기업의 총자산순이익률 분포를 바탕으로, 산업 구조의 장기적인 변화를 분석한 것이다.

ROA의 차이로 본 시대별 산업 구조의 변화

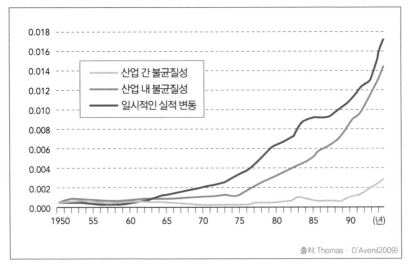

출처: Thomas · D'Aveni(2009)

이 그래프는 미국 제조업의 데이터를 바탕으로 한 것이며, 여기 나타난 변화는 미국을 시작으로 전 세계에 파급된 것으로 보인다. 그래프를 보면 1970년대 중엽을 기점으로 '일시적인 실적'과 '하나의 산업 내 기업들의 실적 차이'가 큰 폭으로 변화하는 것을 알 수 있다.

1950년대부터 1960년대까지는 같은 산업 내 기업들의 실적 차이가 아직 크게 벌어지지 않았다. 이런 환경에서는 많은 기업들이 안정적인 경제 성장과 시장 성장의 혜택을 누리는 데 관심을 보인다. 따라서 다른 회사와 경쟁하기보다 자사의 조직을 확대하고 사업을 다각화하는 데 집중하게 된다. 경영 전략 또한 여기에 부합하는 방향으로 설정될 것이다. 동일 산업 내에서 기업들의 경쟁은 한정적이며, 따라서 기업들 간 실적 차이도 적었을 것이다.

그러나 1970년대부터 시작된 경기 침체로 기업들은 다른 기업과 경쟁할 필요를 통감한다. 그래서 외부 환경을 적절히 파악하고 자사의 포지셔닝을 명확히함으로써 경쟁에서 승리하는 데 초점을 맞추게 된다. 이에 따라 동일 산업 내에서도 기업 간의 실적 차이가 두드러지기 시작했다. 이어진 1980년대 중반부터는 산업 구조가 한층 더 불안정해지고 변화의 속도가 빨라졌다. 산업 내에서 승리자 그룹과 패배자 그룹의 격차는 더욱 확대되었고 일시적인 불안정성도 증가했다. 아마도 이런 시대 배경 때문에, 비교적 안정적인 산업 구조를 전제로 탄생한 포터의 경쟁 전략이 한계를 지적받게 되었을 것이다.

포터 자신도《경쟁우위》에서 전작의 약점을 보완하고자 시도했다. 이를테면 기업 내부의 구조를 분석하는 '가치사슬'이라는 개념을 도입하여 내부 경쟁력을 높이는 것이 중요하다고 강조했다. 그러나 애초에 시대가 원했던 것은, 산업 구조라는 외부 환경에 입각한 논의가 아니라 내부 자원에 입각한 내부 환경의 분석이었다. 특히 1980년대 후반 이후 국제 경쟁이 심화되고 산업 변화가 가속화하면서 기업 본연의 힘을 핵심으로 하는, 새로운 이론 체계의 등장을 고대하는 분위기가 조성되었다. 이런 상황을 배경으로 내부 환경 분석을 중시하는 '자원기반관점'이라는 발상이 탄생했으며, 곧 새로운 조류를 구축하게 된다.

5장

내부 환경 분석
경쟁우위의 자원을 어떻게 손에 넣을 것인가?

⚜

산업조직론에 원점을 둔 경쟁 전략은, 시장 자체의 성장이 정체되면서 경쟁자와 치열한 고객 쟁탈전을 벌여야 하는 상황에 직면한 경영자들에게 높은 평가를 받았다. 그러나 1980년대가 끝나갈 무렵이 되자 산업 구조는 더욱 불안정해졌고, 이에 따라 외부 환경을 분석하여 전략을 만들어내는 방식은 한계를 드러내기 시작했다. 산업 구조를 분석하고 포지셔닝을 논의하는 사이 어느 틈엔가 신규 참가자가 속속 등장해서는 사업 모델이나 기술 표준에 이노베이션을 불러일으키고 시장을 석권하는 사태가 빈발했기 때문이다.

산업 구조나 경쟁의 구도가 단기간에 크게 변동하는 상황은 동시다발적으로, 수없이 발생했다. 독일과 일본, 미국 서해안 지역의 신흥 세력은 신기술과 혁신적인 제품을 앞세워서 새로운 산업 영역을 잇달아 만들어냈다. 이처럼 산업 구조 자체가 역동적으로 그 모습을 바꾸는 환경에서는 일단 포지셔닝에 성공하더라도 그것이 지속적인 경쟁우위를 가져다주지 못한다는 인식이 공통적으로 자리잡기 시작했다.

동시에 학술계에서도 무엇을 돌파구로 삼아서 새로운 이론을 전개할 것인지 그 방향성을 둘러싸고 다양한 논의가 벌어졌다. 그런 가운데 불안정해진 외부 시장이 아니라, 기업이 가진 자원에 다시 한 번 주목하고 그 희소성을 이론화하려는 움직임이 조금씩 힘을 얻기 시작했다.

보고서에는 나타나지 않은
경영 현장의 실체

경험곡선과 BCG매트릭스, 나아가 다섯 가지 힘 분석은 한 시대를 풍미했다. 그러나 이런 전략 도구들을 적극 활용했는데도 많은 미국 기업들이 장기간 부진에서 탈출하지 못하고 있었다. 오히려 혁신적인 상품이나 서비스를 앞세워 성장한 신흥 기업들의 맹렬한 추격을 받는 상황이 계속되었다. 그 결과 외부 환경 분석을 주축으로 1970년 이후 주류를 형성한 이론 체계에 의문을 제기하는 목소리가 높아지기 시작했다.

정말로 외부 시장의 구조를 분석해야만 우수한 전략을 만들어낼 수 있는 것일까? 모두가 품고 있던 이 의문을 수면 위로 끌어올린 인물이 바로 스탠퍼드대학교 비즈니스스쿨 교수인 리처드 파스칼Richard Pascale 이다.

1984년 그는 〈캘리포니아 매니지먼트 리뷰〉에 〈전략의 시점: 혼다가 거둔 성공의 진실Perspectives on Strategy: The Real Story behind Honda's Success〉이라는 제목의 논문을 발표했다. 전략의 대가인 헨리 민츠버그가 "지금까지 이만큼 강렬한 충격을 준 경영학 논문을 본 적이 없다"라고 극찬한 논문이다.[1]

이 논문에서 파스칼은 1975년에 보스턴컨설팅그룹이 영국 정부의 의뢰로 작성한 보고서인 〈영국 모터사이클 산업에 대한 전략 제언Strategy alternatives for the British motorcycle industry〉의 설명을 정면으로 부정했다. 보스턴컨설팅그룹의 이 보고서는 당시 미국 각지의 비즈니스스쿨에서 전략과 산업 분석의 모범으로 소개할 만큼 유명하고 영향력 있는 연구 사례였다. 이 보고서에서는 영국의 모터사이클 산업이 쇠퇴하고 있다고 밝히면서 그 근거로 시장점유율과 이익률 저하를 들었다. 또한 쇠퇴의 이유는 기술 개발과 판매, 제조의 측면에서 경쟁자에 비해 규모의 경제가 열세를 보이기 때문이라고 해석했다.

경쟁 상대로서 중점적으로 분석한 대상은 일본 기업 혼다Honda였다. 보고서에 따르면, 혼다는 일본 시장에서 성공하여 규모의 경제를 누리고 그 가격 우위성을 소형 상품에서 중형, 대형 상품으로 이전했다고 분석했다. 혼다가 세계 각지의 시장에서 성공할 수 있었던 것은 규모의 경제에 따른 비용우위 때문이라는 설명이었다. 또한 소형 상품으로 얻은

---

1 원문은 다음과 같다. "Perhaps no other article published in the management literature has had the impact of Richard Pascale's piece on the 'Honda Effect'." 〈The 'Honda Effect' Revisited〉(1996)

이윤을 중형, 대형 상품에 투자하는 포트폴리오 전략으로 더 큰 성공을 이룰 수 있다고 강조했다. 결국 이 보고서는, BCG 전략 도구를 중심축으로 하여 혼다의 성공 사례를 설명한 것이었다.

이에 대해 파스칼은, 이 보고서의 주장이 기업 내부에서 실제로 발생한 현실을 무시한 투박한 분석이라고 비판했다. 파스칼은 혼다가 실제로 실시했던 전술 검토 프로세스를 꼼꼼하게 묘사하고, 관계자와 인터뷰를 통해 자세한 과정을 확인했다. 그 결과 입지 선택과 예산 계획, 상품 기획 등 수많은 요소가 산업 구조나 경쟁 환경에 입각해서 결정된 것이 아니라, 상당히 개별이고도 우발적인 형태로 결정되었음을 증명했다.

이것은 앞서 설명했던 '프로세스형 전략론'에 부합하는 전략의 형태이기도 했다. 파스칼은 BCG의 분석이 기업 행동을 지나치게 외부 환경 요인과 결부한다고 지적하고, 경영 현장에서 무엇보다 중요한 것은 내부 요인이라고 강조했다. 실제 기업의 경영은 외부 환경 분석만으로 결정되지 않으며 기업의 내부 요인, 때로는 사람에 따라서도 크게 좌우된다는 당연한 사실을, 파스칼은 다시금 논의의 테이블 위에 올려놓았다.

1982년 발매된《초우량 기업의 조건In Search of Excellence》은 이런 논의에 화력을 보탰다. 세계적인 베스트셀러가 된 이 책을 통해서 사업의 효율성 향상, 지속적인 제품 개량, 조직의 가치관 공유 같은 기업의 내부 요인이야말로 실질적 경쟁우위로 이어진다는 주장이 다시 한 번 주목받게 되었다.

자원기반관점,
기업의 내부로 시선을 돌리다

이러한 토양을 바탕으로 학술계에서도 기업 내부를 탐구하는 움직임이 새로운 전개를 맞이했다. 1970년대 후반 이후 외부 환경 요인이 기업의 행동에 어떤 영향을 끼치는가에 관한 연구가 착실히 진행된 것이 비해, 기업의 내부 요인을 파악하고 이론화하려는 시도는 1980년대 초엽이 되어서야 비로소 본격적으로 발전하기 시작했다. 그 초기의 흐름을 총칭하여 '자원기반관점Resource Based View'이라고 한다. 포터의 다섯 가지 힘 분석이 그랬듯이, 이 이론도 어떤 천재 한 명이 하루아침에 만들어낸 것은 아니다. 여러 연구자들의 공헌이 거듭 축척된 가운데 형성된 발상이었다.

이 자원기반관점의 토대가 된 것은, 매사추세츠 공과대학교의 버거 워너펠트Birger Wernerfelt 교수가 1984년에 발표한 〈자원을 기반으로 기업을 파악하는 관점A Resource-Based View of the Firm〉이라는 논문이었다. 이전 SCP모델의 핵심은, 산업 내의 어느 위치에 포지셔닝하느냐가 기업의 수익성을 결정한다는 것이었다. 그런데 이 논문은 제품시장뿐만 아니라 자원시장의 독점을 통해서도 기업의 수익성을 향상시킬 수 있다고 설명했다. 여기서 자원시장은 기업 활동에 필요한 경영 자원을 취득하는 시장을 가리킨다.

워너펠트는 기존의 발상이 제품시장, 즉 외부 환경의 분석에 지나치게 편중되어 있다고 비판했다. 또한 기업이 다른 회사가 흉내낼 수 없는

자원을 보유하는 것은 곧 '자원장벽Resource position barriers'을 구축하는 일
이며, 이를 통해 기업은 경쟁우위를 얻을 수 있다고 설명했다. 이것은 산
업조직론이 초과 이윤의 원천으로 삼은 진입장벽이나, 포터 등이 도입
한 이동장벽 이론을 한층 발전시킨 발상이다. 요컨대 워너펠트는 제품
시장(외부 환경)의 분석을 중심으로 하던 이론 체계를 자원시장(내부 환경)
을 고찰하는 데 응용함으로써 양쪽을 통합적으로 설명하는 길을 개척한
것이다.

한편 리처드 루멜트는 1984년에 발표한 논문[2]에서 또 다른 시각을 제
시했다. 그는 SCP모델이 안고 있는 과제인 '왜 같은 산업 구조 속에 있
는 기업의 수익성에 차이가 발생하는가?' 하는 문제를 새로운 접근법으
로 고찰하고 이론화했다. 루멜트는 각 기업이 보유한 생산 자원이 본질
적으로 다르다는 전제 아래, 그 생산 자원들이 경쟁우위의 원천이 될 수
있음을 수식으로 제시했다. 이후 수없이 인용된 이 논문 역시, 기업 외부
의 자원이 아니라 기업 내부의 자원을 분석함으로써 기업들의 이질성을
설명한 것이었다.

발표 초기에만 해도 전혀 주목받지 못했던 이 논문은 오랜 시간에 걸
쳐 서서히 그 가치를 인정받았으며, 1993년 세계전략경영학회Strategic
Management Society에서 자원기반 이론의 초석을 쌓은 공로를 인정받아 학
회상을 수상했다.

---

2 Rumelt, 〈Towards a Strategic Theory of the Firm, In Competitive Strategic Management〉(1984)

기업의 운명을 좌우하는 것은
제품시장보다 자원시장이다

워너펠트의 논문은 발표한 지 5년이 지났을 무렵인 1988년에서 1989년 사이에 비로소 주목을 받기 시작했으며, 1990년대에 들어서는 일반에도 알려지게 되었다. 이에 대해 워너펠트는 설명하기를 제이 바니의 1986년 논문, 잉게마르 디에릭스Ingemar Dierickx와 카렐 쿨Karel Cool의 1989년 논문,[3] 워너펠트 자신의 1989년 논문[4] 등이 발표되면서 자원을 둘러싼 시장의 특성에 관해 깊이 있는 논의가 진전된 결과라고 이야기했다.

가령 바니는 1986년 논문[5]에서 '전략적 자원시장Strategic Factor Market' 이라는 표현을 사용해 자원시장에서 경영 자원을 둘러싼 경쟁과, 제품시장에서 고객을 둘러싼 경쟁을 한결 명확하게 대비했다. 기존 산업조직론의 제품시장 이론 모델에서는, 완전히 똑같은 산업 구조 속에 존재하는 기업들의 실적에 때때로 명확한 차이가 발생하는 이유를 설명할 수 없었다. 따라서 각 기업의 경쟁우위가 어디에 기인하는가를 추적하려면 내부 경영 자원의 획득 경로, 각 기업 특유의 노하우나 역량 분포에 중점을 둔 이론 모델을 채택하는 편이 더 유리할 것이라고 바니는 주장했다.

---

3 Dierickx · Cool, 〈Asset Stock Accumulation and Sustainability of Competitive Advantage〉(1989)
4 Wernerfelt, 〈From Critical Resources to Corporate Strategy〉(1989)
5 Barney, 〈Strategic Factor Markets: Expectations, Luck, and Business Strategy〉(1986)

바니는 최적의 포지셔닝으로 초과 이윤을 얻을 수 있다는 SCP모델의 이해가 옳다고 말하면서도, 그 포지션을 얻는 데 필요한 자원을 획득하기 위해서는 경쟁을 치러야 함을 지적했다. 그렇기에 모든 기업들이 원하는 포지션을 얻을 수 있는 것은 아니라는 것이다. 이로써 바니는 기존 이론 모델의 한계를 분명히 했다.

그 뒤에 발표된 디에릭스와 쿨의 1989년 논문은 워너펠트와 바니의 논의를 한층 발전시켰다. 기업이 초과 이윤을 얻기 위해서는 자원시장에서 벌어지는 경쟁에 끊임없이 승리해야 하며, 그렇게 되려면 보유한 자원이 대체하기 어렵고 모방하기 힘들어야 한다고 이들은 설명했다. 또한 대체하기 어렵고 모방하기 힘든 자원을 보유하기 위해서는 그 자원이 축적되는 과정이 독특할 것, 그 결과 만들어지는 자원의 조합을 다른 회사는 구축하기 어려울 것을 조건으로 들고 이것이 경쟁우위의 원천이라고 말했다.

다시 말해, 자원의 조달 비용이나 여기에 동반되는 기회비용만을 이론화해서는 기업의 지속적인 경쟁우위를 설명할 수 없다는 뜻이다. 조직 내에서 그 자원을 구축하고 축적하는 프로세스까지 감안할 필요가 있으며, 그 자원의 전략적 중요성은 얼마나 손에 넣기 힘들고, 모방하기 힘들며, 대체하기 힘든가에 좌우된다고 주장했다.

워너펠트의 1989년 논문은 좀 더 구체적인 정책 결정의 프로세스까지 발을 들여놓았다. 이 논문은 자원을 활용할 때 필요한 요소를 체계화하고 그것을 실무자들도 이해하기 쉬운 형태로 정리한 가장 초기의 연구라 할 수 있다.

물론 자원기반관점의 형성에 공헌한 연구자는 이들만이 아니다. 앞에서 소개한 경영 전략의 대표적인 이론가들 중에서도 알프레드 챈들러와 이고르 앤소프, 케네스 앤드루스 등 수많은 선구자가 이미 다양한 표현으로 내부 자원의 중요성을 언급했다. 또한 자원기반관점이 형성된 초기 과정에서도, 리처드 루멜트나 마거릿 페터라프Margaret Peteraf 등 많은 연구자들이 때로는 협력하고 때로는 경쟁하는 관계 속에서 연구를 진행했다.

워너펠트는 1995년의 논문에서 이렇게 회상했다.[6]

"1994년 전략경영학회의 연차총회에서 이 논문이 상을 받았을 때, 나는 이렇게 말했다.
'저는 돌을 지면에 놓고 그대로 남겨뒀을 뿐입니다. 그런데 문득 뒤를 돌아보니 다른 사람들이 그 위에, 그리고 옆에 돌을 놓아서 벽의 일부를 만들어놓았더군요.'
다시 말해 자원기반관점으로 알려진 일련의 조사 연구는, 많은 사람들의 연구가 함께 이루어낸 성과다."

실제로 누군가가 어느 날 불쑥 이야기하고서 곧바로 인정받은 이론 체계란 없다. 그 배후에는 반드시 원형이라고 할 수 있는 논의들이 존재하며, 그 논의를 수없이 다듬고 발전시킨 연구자들이 존재한다. 특정 인

---

6 Wernerfelt, 〈The Resource-Based View of the Firm: Ten Years After〉(1995)

물이 주목받을 수는 있지만, 그 사람 또한 집단이 만들어낸 지식의 터전에 은혜를 입은 것이다.

자원기반관점을
세상에 알린 두 논문

1980년대에 소수 연구자들을 중심으로 이어져온 자원기반관점 연구는, 두 편의 논문에 힘입어 본격적으로 세상에 선보이게 되었다.[7]

하나는 C. K. 프라할라드와 게리 하멜이 1990년에 발표한 논문 〈핵심역량 경영The Core Competence of the Corporation〉이고, 다른 하나는 제이 바니가 1991년에 발표한 〈기업의 자원과 지속적인 경쟁우위Firm Resources and Sustained Competitive Advantage〉다. 전자는 자원을 축으로 하는 사고방식의 중요성을 실무자들에게 널리 알렸으며, 후자는 연구자들을 위해 자원기반관점을 체계적으로 정리한 논문이다.

경쟁우위의 새로운 원천, 핵심 역량

프라할라드와 하멜의 논문은 1990년에 맥킨지상을 수상하는 등 높은 평가를 받았다. 워너펠트는 이 논문을 가리켜 "이미 수많은 학술 논문이

---

7 자원기반관점을 바탕으로 한 경영 전략론의 기원으로는, 1994년에 하멜이 필두 저자가 되어서 출판한 《시대를 앞서는 미래 경쟁 전략(Competing for the future)》(1994)이 꼽히는 경우도 많다. 이 책은 프라할라드와 하멜의 1990년 논문을 중심 축으로 한다.

출판되었지만, 실무자에게 자원기반관점을 보급한 공로는 전부 그들이 차지해야 한다"라고 말하기도 했다.

이 논문에서 프라할라드와 하멜은 '핵심 역량Core Competence'이라는 개념을 제시하며, 이것이 사업의 방향을 결정한다고 말했다. 핵심 역량이란, 다른 회사가 모방하기 어려운 기술이나 능력을 가리킨다. 이를 통해 기업은 광범위하고 다양한 시장에 진입할 수 있으며, 또한 최종 상품을 통해 고객에게 더 높은 가치를 제공할 수 있다.

논문에서는 핵심 역량을 통한 경영과, 전략사업단위SBU: Strategic Business Unit를 통한 경영을 아래와 같이 비교했다.

전략사업단위와 핵심 역량에 따른 경영 방식

	전략사업단위(SBU)	핵심 역량
경쟁의 형태	기존 제품을 통한 경쟁	역량을 통한 기업 간 경쟁
기업 구조	제품·시장에 근거한 사업 포트폴리오	역량, 코어 상품, 사업의 포트폴리오
사업 단위	각 SBU는 독립적 권한을 부여받으며 독자적인 경영 목표 아래 움직인다. 서로를 침해하지 않는다	SBU는 핵심 역량을 잠재적으로 보유하고 있는 조직 중 하나에 불과하다
자원 배분	SBU가 개별 사업에 대해 자원을 배분하고 재정을 집행한다	경영진이 자원과 인재를 배분한다
경영진이 할 일	개별 사업에 적절히 자본을 배분하여 수익성을 최적화한다	전략의 구조를 체계화하고 미래의 성공을 보장하는 역량을 키워나간다

출처: Prahalad · Hamel(1990) / DIAMOND 하버드비즈니스리뷰 편집부(2010)

전략사업단위를 통한 경영 방식에서는 제품별 전략을 각 사업 단위에 맡긴다. 또한 전사 전략을 추진하는 과정에서는, 전략사업단위 사이에 경영 자원을 배분하고 예산을 관리하는 데 주력한다. 이는 사업 포트폴리오 관리를 핵심으로 하는, BCG매트릭스식 경영 방식이라 할 수 있다.

그에 비해 핵심 역량을 통한 경영은, 전사 전략의 중점을 개개의 사업이 지닌 경쟁력의 원천에 둔다. 즉, 핵심 역량을 어떻게 획득하고 육성할 것인가, 그리고 이를 위해 조직적인 학습 시스템을 어떻게 확립하는가에 무게를 싣는다.

앞의 방식이 외부 환경의 분석을 통해서 사업 포트폴리오를 결정하는 것이라면, 나중 방식은 내부 환경을 분석하여 사업의 방향을 설정한다. 여기에 대해 프라할라드와 하멜은 "20년 정도 전(1960년대를 가리킨다-옮긴이)에 다각화 기업을 경영하기 위해 고안된 분석 기법은 도움이 되지 않는다"라고 단언했다. 최종 상품의 경쟁을 중심으로 경영을 할 것이 아니라, '역량'과 핵심 제품에 근거한 경영을 해야 한다는 주장이었다. 여기서 핵심 제품이란, 최종 제품의 가치를 결정짓는 소재나 기술을 의미한다. 두 사람은 이 양상을 '사업 포트폴리오'대 '핵심 역량 포트폴리오'라는 구도로 해설했다.

프라할라드와 하멜의 이론은 사업 포트폴리오 경영을 주체로 삼던 시대가 끝났음을 명확히 시사했다. 전략사업단위를 핵심으로 외부 환경의 분석을 통해 산업 구조를 이해하고, BCG매트릭스 같은 프레임워크를 이용해 경영 전략을 구상해서는 기술 혁신이 연속적으로 일어나는 변화의 시대에 대응할 수 없다는 이야기였다. 이제는 산업 구조라는 것이 단기간에 극적으로 변화하는 까닭에, 기존 산업의 틀을 분석하는 동안 신흥 기업에게 고객을 빼앗길 수도 있다는 것이다.

외부 환경이 아니라 경쟁우위의 원천인 핵심 역량에 주목해야만 새로운 시대의 경쟁에서 승리할 수 있다. 이 발상은 신흥 세력의 공세에 신음하던 미국 기업의 경영자들에게 큰 충격을 안겨주었다. 이후 내부 요인을 축으로 경쟁우위를 파악하는 방법론은 주류를 형성하게 되었다.

바니의 이론이 각광받은 이유

프라할라드와 하멜의 이론이 실무자들 사이에 널리 알려진 데 비해 바니의 논문 〈기업의 자원과 지속적인 경쟁우위〉(146쪽 참조)는 특히 연구자들에게 높은 평가를 받았으며, 구글 학술검색 사이트에서 5만 회라는 엄청난 인용 건수를 기록했다. 그런데 바니의 논문이 이 정도로 주목받은 이유는, 연구의 혁신성이나 정밀함 때문이 아니었다.

먼저 이 논문은 SCP모델을 응용한 외부 환경 분석을 적절히 비판하면서 내부 환경 분석의 필요성을 강조했다. SCP모델은 동일한 산업 구조속의 동일한 전략 그룹에 속한 기업들은 그 전략도, 자원도 동일하다고 가정한다. 만약 어떤 기업이 독특한 자원을 보유하는 데 성공했더라도 다른 회사 또한 그것을 단기간에 획득할 수 있다고 간주했다. 그러나 이 단순한 전제 아래에서는 같은 산업 구조, 같은 전략 그룹에 속한 기업 간에 왜 장기적으로 성과의 차이가 나타나는가를 설명할 수 없다.

바니는 이것이 자원기반관점이 주목을 받게 된 지점이라고 말한다. 그는 각 기업이 보유한 자원은 저마다 독자적이며 그 이동도 어렵다고 전제했다. 이 전제는 SCP모델의 이론적인 약점을 보완할 수 있었다. 구체적으로는 동일한 산업 구조, 동일한 전략 그룹 내의 기업이라도 저마다 독자적인 자원을 보유할 수 있다고 설명했으며 이를 '자원의 이질성 Resource Heterogeneity'이라고 불렀다. 그런 자원들은 타인이 단기간에 획득할 수 없다고 규정했는데, 이런 경향에는 '자원의 비이동성 Resource Immobility'이라는 명칭을 붙였다. 이 두 가지 전제를 통해서 기업들은 지속적인 경쟁우위의 원천을 더욱 탄탄하게 논의할 수 있다고 바니는 설명했다.

물론 여기에 대한 이견도 존재했다. 그 두 가지 전제 없이도 지속적인 경쟁우위를 설명할 수 있다는 주장이었는데, SCP모델이 말하는 선점자 우위나 진입장벽, 이동장벽의 개념만으로도 충분하다는 것이었다. 그러나 바니는 자원의 이질성과 자원의 비이동성이라는 개념 없이는 진입장벽이나 이동장벽이 만들어지는 이유를 설명하기 어렵다며 아래와 같이 반론했다.[8]

"진입장벽이나 이동장벽이 존재하기 위해서는 그 장벽의 보호를 받는 기업이 진입을 시도하는 기업과는 다른 전략을 실행해야 한다. 그리고 진입을 제한당한 기업들은 산업 내, 혹은 그룹 내의 기업과 같은 전략을 실행할 수 없어야 한다. 기업들은 독자적인 자원을 활용하여 전략을 실행한다고 볼 수 있다. 장벽의 보호를 받는 기업과 보호를 받지 못하

---

8 Barney, 〈Firm Resources and Sustained Competitive Advantage〉(1991)

는 기업이 똑같은 전략을 실행할 수 없다는 것은, 이들 기업이 서로 다른 전략적인 자원을 보유하고 있음을 암시한다."

이 발언에서도 알 수 있듯이, 바니는 진입장벽이나 이동장벽을 부정하지 않는다. 다만 자원의 이질성과 자원의 비이동성이라는 개념을 도입하는 편이, 진입장벽이나 이동장벽이 존재하기 위한 전제를 적절하게 설명할 수 있다고 주장한 것이다. 바니는 상대방의 링에서 승부를 시작하면서도 그곳에 새로운 개념을 덧붙임으로써 논의의 주전장을 링 밖으로 이동시켰다. 다시 말해, 기존의 이론을 보완하는 개념을 도입함으로써 경쟁우위의 원천을 설명할 수 있는 새로운 경로를 개척한 것이다.

이 논문에서 제시한 개념은 다음의 그림처럼 매우 단순하다. 왼쪽이 자원의 이질성과 비이동성이라는 전제 조건이고, 가운데가 이질성과 비이동성을 불러오는 자원의 특성이다. 기업은 이 특성들을 지닌 '자원의 묶음'이며 지속 가능한 경쟁우위를 지닌다.

바니가 제시한 자원기반관점의 개념

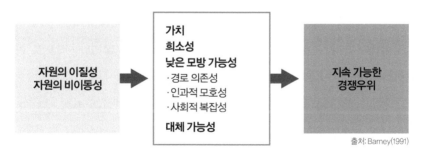

出처: Barney(1991)

'가치 있고 희소성 있으며 모방 가능성이 낮고 대체 가능성도 낮은 자원이 다른 기업과의 차별화(이질성)를 가능케 하고, 이를 지속시키는 길(비이동성)로 이어진다. 그러므로 그 자원이 곧 지속 가능한 경쟁우위의 원천이 된다.'

이것이 바로 바니 이론의 핵심이다.

사실 그의 이론은 실무자들에게 그리 유용한 내용은 아닐지 모른다. 그러나 자원기반관점을 명쾌하게 정리하는 동시에, 이것이 학술 연구에서 어느 위치에 있는지를 명확히 했다는 점이 이 논문의 큰 가치라 할 것이다. 참신함도 혁신성도 없는 연구일지 모르지만, 새로운 조류를 정리하고 그 정수를 추출하여 선행하는 학문 체계, 또는 관련된 학문 체계와의 관계를 분명히 드러내는 것 또한 후세에 높이 평가받을 수 있는 공헌이라는 것을 바니의 연구를 통해 알 수 있다.

기업에 유리한 자원이란?

한층 확장된 자원기반관점

자원기반관점은 그 후에도 1990년대부터 2000년대에 걸쳐 착실히 진화해나갔다. 특히 중요한 변화는 자원에서 지식, 그리고 능력으로 논의가 진전되었다는 것이다.

자원이 중요하다는 전제 아래 '그렇다면 어떻게 자원을 손에 넣고 또 그것을 환경 변화에 맞춰 재편성해야 하는가?', '계속해서 변화해나가는 기업의 실태를 설명하기 위해서는, 무엇이 기업을 변화 혹은 진화시킨다고 이해해야 하는가?' 하는 논의가 이어졌다. 이를 규명하기 위한 노력은 지금도 계속되고 있다.

기업이 확보해야 할 자원을 평가하는 프레임워크로, 흔히 'VRIO'라는 분석 도구를 사용한다. VRIO는 'Variable(가치가 있는가)?', 'Rare(희소성이 있는가)?', 'Inimitable(모방이 어려운가)?', 'Organization(조직에 부합하는가)?'라는 네 가지 지침에서 머리글자를 따온 것이다. 당연한 이야기지만, 단순히 자원을 손에 넣기만 하면 되는 것은 아니다. 그 기업의 이질성(독자성)을 향상시키는 자원을 최대한 그 기업 내에 뿌리 내리도록 만들어야 한다. 그럴 때 경쟁우위는 한층 높아지며 더 오래 지속된다.

또한 자원을 평가할 때는, 유형 자원보다 무형 자원을 높게 평가하는 경향이 강하다. 유형 자원은 시장에서 교환하기 쉬운 까닭에 경쟁자도 쉽게 손에 넣을 수 있으며, 산업 구조가 변화하거나 기술 혁신이 이루어질 경우 그 가치가 사라질 가능성 또한 높기 때문이다.

이런 기준으로 생각해볼 때, 시장에서는 쉽게 손에 넣을 수 없는 그 기업만의 무형의 독자성에서 가치를 발견해야 한다고 결론을 내릴 수 있다.

기업에 반드시 필요한 '그 무언가'의 정체

이 생각을 좀 더 진전시켜 가장 근원적이고 특수한 자원으로서 '지식'을 중시하는 이론이 등장했는데, '지식기반이론'이 그 대표인 예다. 지식기반이론은, 다른 자원을 재편하고 조합하는 지식과 그것을 편집하는 시스템이야말로 경쟁우위의 원천이며, 나아가 기업의 존재 가치라고 주장한다.

한편 '능력'이 중요하다고 보는 이론도 존재한다. 이것을 '동적역량 Dynamic Capability'또는 'DC이론'이라 부르는데, 기업 내부에 존재하는 여러 가지 자원을 재구축하는 능력에 높은 가치를 두는 사상이다.

지식기반이론과 동적역량이론은 모두 자원기반관점에 대한 반론으로서 성장한 논의다. 산업 구조가 불안정하고 기술 혁신의 속도가 빠른 경영 환경에서는, 한때 가치를 지녔던 자원도 금방 그 가치를 잃어버리는 것이 아니냐는 비판을 바탕으로 한다.

이런 연구에서 말하는 가장 중요한 자원은 실무자들이 일반적으로 떠올리는 것들이 아닐 수도 있다. 자본이나 생산 기계, 원재료 등 눈에 보이는 자원도 당연히 중요하지만 그보다는 자원을 손에 넣기 위한 지식, 프로세스, 인재, 네트워크, 능력, 그리고 그것들을 총칭한 '무언가'의 가치에 더 무게를 둔다. 그 '무언가'의 정체에 관해서는 여전히 견해가 분분하지만 한 가지 사실만큼은 분명하다. 세계적인 경쟁과 급속한 기술 진화를 맞닥뜨린 오늘날에는 단순히 생산 설비나 토지, 건물만이 경쟁력을 가진 '자원'이 아니라는 것이다.[9]

그 '무언가'는 조직이 놓인 상황, 방향성 등 다양한 요인 따라 달라질 수 있으며 여전히 불명료한 논의의 대상이다. 내부 환경 이해라는 연구

---

9 물론, 예를 들어 요식업에서는 입지가 여전히 중요하다. 또한 특수한 생산 설비를 보유한 것 자체가 사업의 경쟁우위로 이어지는 제조업 등도 여전히 존재한다.

영역 중에서도 최전선에서 이에 대한 탐구는 계속되고 있다.

경쟁우위를 낳는 자원을
어떻게 손에 넣을 수 있는가?

'모두가 아는 지식'의 힘

그렇다면 어떻게 해야 경쟁우위를 낳는 자원을 손에 넣을 수 있을까? 안타깝지만 이런 단순한 질문에 대해서도 아직 통일된 답이 도출되지 않았다. 내부 환경을 이해하는 일의 중요성은 인식하고 있지만 구체적으로 어떻게 해야 효과를 거둘 수 있는지에 관해서는 거의 언급이 없는 것이 현실이다.

그중 몇 가지 가능성 있는 답안을 제시한 연구들을 소개하자면 다음과 같다. 먼저, 경쟁력 있는 '지식'을 어떻게 만들어내느냐에 관한 연구로 일본의 노나카 이쿠지로野中郁次郎 교수가 1994년에 발표한 〈조직 지식 창조의 동적 이론A Dynamic Theory of Organizational Knowledge Creation〉을 꼽을 수 있다. 이 연구는 'SECI 모델'이라고 부르는 지식창조 이론을 주창했다. '암묵적인 지식(암묵지)'을 누구나 습득할 수 있는 '형식적인 지식(형식지)'으로 전환할 때, 조직 내에 새로운 지식을 창조할 수 있다는 설명이다. 여기에 따르면, 기업 내에서 지식이 형성되고 공유되고 진화하기 위한 이상적인 프로세스를 '공동화Socialization', '표출화Externalization', '연결화Combination', '내면화Internalization'의 네 단계로 규정할 수 있다.

이 과정을 풀어서 설명하면 다음과 같다.

같은 장소에서 공통의 경험을 쌓음으로써 지식을 공동화한다. 그렇게 공동화된 지식을 대화 등을 통해 표출한다. 그리고 표출된 지식을 다른 지식과 연결함으로써 구체화한다. 다음으로 구체화된 실천을 반복하고, 여기에서 얻은 배움을 내면화한다. 마지막으로 내면화된 지식을 공유함으로써 공동화한다.

기업은 이 연쇄를 통해 지식을 더욱 깊게 다져나간다. 그런 측면에서 '조직 구성원의 지식 공유 시스템'은 지식을 획득하기 위한 최적의 수단이라고 이 모델은 강조한다.

물론 이 모델에 대한 비판도 존재한다. 기업 내부의 지식 창조만 중시할 뿐 기업 외부에서 유입되는 지식은 고려하지 않는다는 지적이 있으며, 암묵적인 지식의 공유가 어려울 수 있다는 점, 다양성이 공존하는 국

SECI 모델이 말하는 지식 창조 프로세스

출처: Nonaka · Takeuchi(1996)

제적인 조직에서는 시스템이 제대로 기능하지 않을 수 있다는 점도 비판을 받았다. 그러나 조직 내부에서 지식을 구체적으로 어떻게 획득하느냐에 관해서는 SECI 모델이 완성도 높은 프레임워크를 제공한다고 평가할 수 있다.

동적역량, 자원을 재구성하는 능력

한편 '동적역량'에 관한 이론으로는 서로 다른 두 가지 조류가 형성되었다. 첫째는 사람을 중시하는 조류로, 대표적인 연구자는 캘리포니아 대학교의 데이비드 티스David Teece 교수다. 그의 연구는 동적역량을 인지심리학의 관점에서 이론화한 것이다. 이 발상에 따르면, 동적역량을 획득하기 위한 최적의 경로는 궁극적으로 '인재'이며, 또한 인재를 획득하여 활용하는 시스템이라고 할 수 있다.[10]

두 번째는 조직에서 매일 반복되는 행동의 패턴에 주목하는 조류로, 캐슬린 아이젠하트Kathleen Eisenhardt가 대표적인 연구자다. 아이젠하트는 2001년에 〈단순한 규칙 전략Strategy as Simple Rules〉이라는 논문을 발표했다. 이 논문에서 그는 지속적인 경쟁우위를 실현하기 위한 경쟁 전략은, 조직의 방향성을 하나로 통합하면서 한편으로 유연성을 갖춘 '단순한 규칙'이어야 한다고 주장했다.

티스는 기업가정신을 갖춘 개인을 중심으로 논의함으로써 그 개인을 활용하는 조직 만들기에 주목했다. 또한 아이젠하트는 유연한 조직 제

---

10 가령 저서에서는 경영자가 동적역량에서 중요한 기능을 차지한다고 해설했다(Teece, 2009).

도를 검토하고, 그곳에서 개인의 자유로운 의사결정과 행동이 활성화된다는 사실을 강조했다. 출발점은 각기 다르지만, 두 접근법의 지향점에는 분명 겹치는 부분이 존재한다.

이것은 지식기반이론과 동적역량이라는 두 조류도 마찬가지다. SECI 모델에서 제시하는 지식창조 이론은 동적역량으로도 해석할 수 있다. 반대로 동적역량이 의도하는 것은 결국 '지식'이라는 말로 표현 가능한 무형 자원일지도 모른다.

자원을 활용해서 어떻게 경쟁우위를 획득해야 하느냐 하는 물음에는 여전히 정해진 답이 존재하지 않는다. 그러나 분명한 것은, 이 개념을 현대에 활용하기 위해서는 '자원'을 넓은 정의로 파악하고 그것을 끊임없이 재구성하며 쇄신해나가는 작업이 필요하다는 사실이다.

경영 전략의 최전선에서는
지금 무슨 일이 벌어지고 있는가?

21세기를 맞이하면서 경영 전략을 둘러싼 논의는 새로운 국면에 돌입했다. 세계 시장을 무대로 한 과점 기업들의 경쟁을 분석하고, 급속히 성장한 신흥 기업을 연구하는 가운데 포터의 주장에 대해서도, 또 바니의 이론에 대해서도 의문을 제기하는 목소리가 생겨났다.

예를 들어, 인터넷의 성장함과 함께 무수히 생겨난 과점 시장의 경쟁 전략을 분석할 때는 전략 구조를 분석하는 것이나, 기업 내부의 자원과 지식, 능력을 파악하는 작업이 그리 중요하지 않을 수 있다. 그보다는 한 정된 과점 기업 사이의 수읽기 게임, 플로이(책략)에 바탕을 둔 줄다리기 가 경쟁의 향방을 좌우할 수 있기 때문이다. 끊임없이 변화하는 시장이 나 자원에 대한 분석을 바탕으로 논의를 진행하기보다는 경쟁자 사이의 직접적인 관계를 논리적으로 해석하고 논의하는 편이, 이들 기업의 행 동을 이해하는 데 더 명확한 힌트를 제공할 때가 있다.

또 한 가지 중요한 사실은, 단기간에 급성장해 시장을 석권한 일부 기 업들은 창발적인 전략을 구축한다는 것이다. 이들은 사전에 수립된 계 획이나 장기적인 사업 계획에 따라서만 전략을 구축하는 것이 아닌 듯 이 보인다. 이들 기업은 기존 전략의 연장선상에서 전략을 구축하는 것 이 아니라, 계속하여 바람직한 모습을 탐구하고 이를 바탕으로 새로운 경쟁상을 제시해나간다. 그런 까닭에 기업의 핵심 역량을 이해하는 것 이나 산업 구조의 변화를 파악하는 것만으로는 이런 독특한 성장을 해 석하기 힘들다.

이에 따라 게임 이론과 행동경제학, 리얼옵션이 주목받게 되었으며, 또 한편에서는 발견지향기획Discovery-Driven Planning, 디자인 사고, 린 스타 트업, 스토리를 통한 전략 구축, 오픈 이노베이션(기업이 필요로 하는 기술 과 아이디어를 외부에서 조달하는 한편, 내부 자원을 외부와 공유하면서 새로운 제품 이나 서비스를 만들어내는 개념-옮긴이) 같은 창발적 경영 전략으로 이어지는 수많은 발상이 등장했다. 이런 발상들은 기존의 사상을 더욱 발전시켜 나가는 궤도 위에서 현대 경영 전략의 최전선을 형성하고 있다.

이러한 탐구는 아직도 미성숙한 수준이어서, 확립된 이론 체계를 만들어내는 단계에는 이르지 못했다. 거친 최전선에서는 어떤 논의에도 명확하게 결론을 내리기가 힘들다. 그 앞에는 아직 정해지지 않은, 동시에 무수한 가능성이 숨 쉬는 미지의 영역이 펼쳐져 있다.

역사적인 발전을 되돌아보는 여행은 이것으로 끝이다. 다음 장부터는 경영학의 사회과학적 측면보다 실학적인 요소에 더 초점을 맞추어 살펴볼 것이다. 실무자에게 좀 더 가까운 시점으로 이동해, 사업 전략 검토와 그 구체적인 프로세스를 다루어보려 한다.

경영 전략, 기억해야 할 역사의 페이지

- 1960년대 후반, 경제가 안정적으로 성장하던 황금시대가 끝나고 불확실성이 높아지면서 경영 전략의 중요성이 부각되었다.
- '경영 전략의 아버지'로 불리는 앤소프는 이후 논의에서 원형이 되는 요소들 (제품-시장 영역, 성장 벡터, 경쟁우위, 시너지)을 제시했다.
- 초기에 경영 전략의 초점은 다각화를 통한 장기적, 안정적 사업 성장에 있었다.
- 경제 정체기가 찾아오자 기업의 의사결정을 돕는 컨설팅 회사, 그리고 인재를 공급하는 비즈니스스쿨이 급부상했다. 이들은 경영 전략의 보급에 크게 기여했다.
- 사업 다각화를 핵심으로 하는 BCG매트릭스의 유행이 시들해진 이후, 마이클 포터가 제창한 경쟁 전략의 시대가 찾아왔다.
- 포터는 기업의 운명을 좌우하는 다섯 가지 힘을 분석하여 자사에 적합한 최적의 포지셔닝을 택해야 경쟁우위를 확보할 수 있다고 설명했다.
- 산업과 경쟁 구조가 급변하는 시대에 외부 환경 분석만으로 전략을 세우는 방식은 한계를 드러냈다.
- 1980년대 초, 기업 내부의 요인을 파악하고 이론화하는 자원기반관점이 등장했다.
- 자원기반관점에서 다루는 '자원'은 점차 '지식'이나 '능력'이라는 개념으로 확장되었다.

제 3 부

—

경영 전략의 현재

기업가는 사업에 마음을 담고,
마음에 사업을 담아야 한다.

You have to put your heart
in the business and the business in your heart.

−토머스 J. 왓슨 Thomas J. Watson

사회과학으로서의 경영 전략은 실무에 그대로 적용할 수 없다. 실무에서 쓰이는 경영 전략은, 실제 현장과 업무에 축을 두고서 흙냄새 나는 실천 방안을 담아내야 한다.

3부에서는 좀 더 실천적인 경영 전략에 관해 이야기를 해볼까 한다. 세상에 존재하는 수많은 전략 프레임워크의 활용 방법부터 시작해, 전사 전략이 '조직 전체의 영속'이라는 목표를 위해 어떻게 시행되는가를 정리한다. 또한 수치에 입각한 관리와 그렇지 않은 관리에 대해 알아봄으로써 전략을 실행하는 바람직한 방향을 생각해보려 한다.

6장

사업 전략
이론과 실무 사이에서 기억해야 할 것

지금까지 이 책에서는 기원전부터 1990년대까지를 되돌아보며 경영 전략이라는 사고의 흐름이 발전한 역사를 살펴봤다. 여기까지는 이른바 사실의 이해라고 할 수 있을 것이다.

논의가 복잡해지는 것은 지금부터다. 경영자나 관리자는 어떻게 사업 전략을 만들어야 할까? 전사 전략을 세울 때 무엇을 주의해야 할까? 이런 실천적이고 규범적인 논의에 관해서는 절대적인 정답을 제시할 수 없다. 제아무리 세계 최고 수준의 경영 전략 이론가라 해도 이것은 마찬가지일 것이다. 따라서 지금부터는 사견이 다분히 포함될 수 있음을 미리 밝히고 양해를 구하고자 한다.

이 장에서는 먼저 사업 전략을 어떻게 생각해야 하느냐에 관한 이야기를 시작한다.

경영 전략 교과서들이 말하는
전략의 정석

사업 전략에 절대적이고 유일한 정답은 존재하지 않는다고 앞서 말했는데, 그렇다면 경영 전략의 교과서들은 어떻게 가르치고 있을까?

미국과 유럽에서 널리 채택하고 있는 대표적인 경영학 교과서 세 권을 기준으로 살펴보자.

마이클 히트의 《전략 경영론》은 미국에서만 매년 5만~6만 부씩 판매되는 베스트셀러다. 기본적인 내용을 이해하기 쉽게 설명한 책이어서 대학원생뿐만 아니라 학부생용 교재로도 인기가 많다.

로버트 그랜트의 《현대 전략 분석》은 유럽이나 북아메리카의 비즈니스스쿨을 중심으로 수많은 대학원에서 채용하는 표준적인 교과서다. 이론이나 사례를 소개할 때 항상 최신 논의를 반영하고 있어 높은 평가를 받는다.

제이 바니의 《기업 전략론》은 5장에서도 소개했듯이 자원기반관점의 선구적인 작품으로 알려져 있다. 자원기반관점의 계보를 탐구하는 연구자들을 중심으로 역시 많은 비즈니스스쿨이 채용하는 교과서다.

《전략 경영론》과 《현대 전략 분석》은 외부 환경 분석과 내부 환경 분석을 비교적 균형 있게 설명한 뒤 어떻게 경쟁우위를 만들어낼지 안내한다. 전자는 '경쟁우위를 실현하기 위한 사업 전략이란 무엇인가'라는 기본적인 해설에 중점을 두고 있으며, 후자는 그것을 실현하기 위한 구체적 방안(차별화, 비용우위, 이노베이션)에 좀 더 중점을 뒀다.

제이 바니의《기업 전략론》은 'SWOT 분석'[1]을 원류로 삼는다. '기회'와 '위협'의 관점에서 외부 환경을 정리한 다음, '강점'과 '약점' 부분을 자원기반관점에서 발안한 'VRIO'[2] 프레임워크로 치환하여 해설한다. 또한 포터의 기본 전략 등 다른 이론이 제시한 요소들을 자원기반관점의 시각에서 재정리해 설명한다.

널리 이용되는 경영 전략 교과서들의 표준적인 구성 방식은《전략 경영론》과《현대 전략 분석》에 가깝다. 근본적인 개념을 균형 있게 다룬 뒤에, 저자의 지론이나 전문 분야를 부가적으로 해설하는 방식이다. 이 구성 방식은 일반적으로 다음의 세 가지 요소를 포함한다.

① 외부 환경을 이해한다: 포터의 다섯 가지 힘 분석이나 PESTEL 분석, 시나리오 분석 등 4장에서 해설한 기법을 이용한다.
② 내부 환경을 이해한다: 자원기반관점이나 지식기반이론, 동적역량 등 5장에서 해설한 개념을 이용한다.
③ 경쟁우위의 원천을 결정한다: 차별화, 비용우위, 이노베이션의 세 가지 방향을 주로 채 택하며, 특수한 경쟁 환경에서는 '경쟁자와의 관계'가 열쇠가 된다.

---

1 전략을 검토할 때는 기업 자신의 '강점(Strength)'과 '약점(Weakness)', 그리고 시장에 존재하는 '사업 기회(Opportunity)'와 '위협(Thread)'을 이해해야 한다는 발상. 각각의 머리글자를 따서 'SWOT 분석'이라고 부른다. 3장에서 소개한 케네스 앤드루스가 널리 알렸다.
2 'Variable(가치가 있는가)?', 'Rare(희소성이 있는가)?', 'Inimitable(모방이 어려운가)?', 'Organization(조직에 부합하는가)?'라는 네 가지 질문을 핵심으로 하는 자원 평가 프레임워크

경쟁우위의 원천을 결정하는 세 번째 단계에서는 포터의 기본 전략(차별화 전략, 비용우위 전략, 집중화 전략) 가운데 차별화 전략과 비용우위 전략을 중점적으로 논의한다. 집중화 전략에 관한 논의가 적은 이유는, 이것을 차별화나 비용우위의 파생형으로 볼 수 있기 때문이다. 차별화나 저가격화를 한정된 고객층에 제공하는 것이 곧 집중화 전략의 방향이므로, 이를 굳이 독립적으로 다룰 필요는 없다고 보는 견해가 많다.

여기서 차별화나 비용우위 이상으로 중요하게 다루는 한 가지 축은 '이노베이션'이다. 자원기반관점이 그랬듯이, 1990년대 이후 이노베이션에 관한 이론이 크게 발전한 이유 중 하나는 이것이 포터의 이론을 보완할 수 있다고 보기 때문일 것이다. 이노베이션은 산업 구조를 바탕으로 그려내는 차별화나 비용우위와는 방향이 다르다. 경쟁의 전제가 되는 기술이나 제품, 서비스의 형태 자체를 바꿔버리는 방식이다. 이를 통해 때로는 산업 구조 자체를 바꾸고, 경쟁의 형태를 바꿈으로써 기업의 경쟁우위를 만들어낸다.

한편으로 좀 더 특수한 경쟁 환경도 고려해야 하는데, 대표적인 예로 산업이 성숙하여 과점 시장이 형성된 경우를 들 수 있다. 한정된 경쟁자와의 관계에 중점을 둔 이론 중에서도, 산업조직론과 게임 이론을 경제학에서는 특히 많이 채택한다. 둘셋 정도의 소수 플레이어가 비교적 안정적으로 존재하는 시장 환경에서는 그 한정된 플레이어의 수를 미리 읽고 이를 자사의 전략에 세심하게 반영하는 것이 중요하다. 가령 통신 서비스, 식료품, 인프라, 에너지, 의료 등의 영역은 이런 발상을 활용하기 용이하다.

최근의 추세를 보면, 널리 읽히는 경영 전략 교과서일수록 통일된 구성을 갖추기 시작했고 그 결과 정석이라고 할 만한 구성이 점차 보급되고 있다. 이는 경제학자들이 부단한 노력 끝에 만들어낸 성과일 것이다.

물론 바니의 《기업 전략론》처럼 특정 이론 체계를 기축으로 경영 전략 논의를 재구성하는 시도도 분명히 존재한다. 다만 《기업 전략론》은 아주 특별한 경우라는 것을 기억해야 한다. 책의 내용이 우수할 뿐 아니라, 저자 자신이 자원기반관점의 대가로서 영향력과 호소력이 매우 뛰어난 연구자였기에 널리 인정받을 수 있었다.

이론과 실무 사이에서 기억해야 할 것

사회과학으로서의 경영학과 실무로서의 경영학 사이에는 서로 겹치는 부분도 있지만, 어느 정도 간극도 존재한다. 사회과학으로서의 경영학은 좀 더 많은 사례에 적용되는 일반 법칙을 도출하고자 한다. 수많은 연구자들이 노력하여 이뤄낸 결정체라 할 수 있다. 물론 이것은 전략을 책정하는 논의의 출발점에서 충분히 참조할 가치가 있다. 그러나 실무에 적용하려면, 사회과학과 실학이라는 두 분야의 사고방식 차이를 정확히 이해할 필요가 있다.

예를 들어 사회과학으로서의 경영학을 다루는 연구자들은 대개 실증적인 논의(어떠한가)를 선호하며, 규범적인 논의(어떠해야 하는가)에 매우 신중하다. 가령 기업의 사회적 책임CSR(기업의 수익 추구와는 무관하게 기업의 직간접적 이해관계자에 대해 법적, 경제적, 윤리적 책임을 감당하는 경영 기법을 말한다-옮긴이)을 수행하는 기업들이 그렇기 않은 기업에 비해 실적이 더 높게 나타났다고 가정해보자. 이 사실만으로는 '기업의 사회적 책임을 수행하면 기업의 실적이 향상된다'고 단언할 수 없다. 잠재적인 변수가 누락되었을지도 모르고, 역인과관계를 완전히 통제하지 못했을 수도 있다.

시시각각으로 변화하는 실제 사회는 실험실의 환경과는 다르다. 과거에 강하게 나타났던 인과관계가 다시 재현되리라고 장담할 수 없으며, 설령 인과관계를 설명하는 데 성공했다 하더라도 이를 단순하게 적용할 수는 없다. 경영자에게는 다른 투자 옵션도 있을 터이고, 정치적인 요인이나 개인적인 성향도 영향을 끼칠 것이다.

그런 까닭에 학술적인 교과서일수록 '해야 한다should'라거나 '하지 않으면 안 된다must' 같은 단정적인 표현을 사용하지 않는다. 사회과학으로서 확립된 방법에 따라 조사 연구를 실시하고, 이를 통해 확실하게 판명된 사항만을 반영하기 때문에 실무자가 정말로 알고 싶은 부분에 관해서는 구체적인 개별 사례를 들어 적당히 얼버무리는 수밖에 없다. 그래서 실무자가 봤을 때는 지극히 모호한 문장, 재미없는 내용이 되기 십상이다.

달리 표현하자면, 학술적인 교과서는 매우 겸손하다. 연구자 개인의 성공 경험이나 소수의 사례를 근거로 무리한 주장을 결코 펼치지 않는다. 가능한 범위 내에서 의견을 제시하고 정확한 식견을 전달하려 노력할 뿐이다.

그렇기에 교과서는 어디까지나 교과서로, 정석은 어디까지나 정석으로 이해해야 한다. 실제 승패는 정석을 완전히 이해한 뒤의 세계에서 결정된다.

수많은 전략 프레임워크 가운데
무엇을 선택해야 하는가?

적합한 프레임워크를 보여주는 '전략 팔레트'

지금까지 소개한 학술적인 교과서 이외에도, 경영 전략의 기초를 공부할 때 유용한 '사고 정리 도구'들이 있다. 이런 도구를 흔히 '전략 프레임워크'라고 하는데, 물론 과학적인 검증을 거친 것들도 있지만 개인적인 경험이나 주장에 의존한 것들도 적지 않다. 분명한 것은, 이런 프레임워크를 아는 것만으로는 현실적으로 가치 있는 경영 전략을 만들어내지 못하리라는 것이다. 그렇다면 이런 도구와 상식을 어떻게 활용할 수 있을까?

다음 페이지의 그림은 지금까지 제창된 대표적인 사업 전략 프레임워크를 연대별로 정리한 일람표다. 여기에 소개한 것만 해도 81개에 달한다. 물론 전부 지명도 있는 개념들이며, 특정 지역에서만 통용되는 것은 포함하지 않았다.

전략 프레임워크의 역사

1958년부터 1989년까지

- 1979 다섯 가지 힘
- 1978 의도적 전략과 창발적 전략
- 1976 3과 4의 법칙(Rule of Three and Four)
- 1976 리얼옵션
- 1974 시장전략의 이익 효과
- 1973 붉은 여왕 가설
- 1971 앤드루스의 경영 전략론
- 1970 제품 포트폴리오 관리
- 1969 SWOT 분석
- 1968 경험곡선
- 1967 PEST 분석
- 1965 제품 라이프사이클
- 1965 갭 분석
- 1962 조직은 전략을 따른다
- 1962 시나리오 플래닝
- 1962 혁신의 전파
- 1959 산업조직론
- 1958 앤소프 매트릭스
- 1970년대까지

1990년대

- 1999 일시적인 경쟁우위
- 1999 이익 패턴
- 1999 동적 전략
- 1999 디지털 전략
- 1999 델타 모델
- 1999 연속적인 전략 프로세스(Continuous Strategy Process)
- 1998 디컨스트럭션/가치사슬의 재구축
- 1998 가치사슬
- 1998 포터의 세 가지 기본 전략
- 1997 트리플 보텀업
- 1997 동적역량론
- 1996 편집증적 회사(Paranoid Company)
- 1996 변화를 선도한다(Leading Change)
- 1996 코피티션
- 1996 보우먼의 전략 시계(Bowman's Strategy Clock)
- 1995 가치의 이동
- 1995 RQQ
- 1995 파괴적 이노베이션
- 1994 과당경쟁
- 1994 미래를 향한 경영 전략
- 1993 비즈니스 생태계 전략
- 1992 매스 커스터마이제이션
- 1992 능력의 경쟁(Capabilities, Competition)
- 1991 근본적 변화
- 1991 커미트먼트
- 1990 리엔지니어링
- 1990 다이아몬드 모델

1980년대

- 1989 핵심 역량
- 1989 벤치마킹
- 1988 시간 기반 경쟁
- 1988 선점자 우위
- 1987 민츠버그의 전략의 5P
- 1986 6시그마
- 1986 S자 곡선/성장 곡선
- 1986 특성요인도/피쉬본 차트
- 1984 자원기반관점
- 1982 통합적 품질관리
- 1982 기술 패러다임과 기술 궤적
- 1982 틈새 전략
- 1982 다각화 전략과 수익성
- 1982 7S 모델
- 1982 3C 분석
- 1981 어드밴티지 매트릭스
- 1980 점진적 개선의 권장
- 1980 4P 분석

2000년대 이후

- 2013 일시적 경쟁우위론
- 2013 알고리즘 전략(Algorithmic Strategy)
- 2011 리얼옵션과 게임 이론의 접근법
- 2010 적응 우위성
- 2009 디자인이 없는 전략(Strategy without Design)
- 2009 비즈니스 모델 이노베이션
- 2008 차별화 능력(Distinctive Capabilities)
- 2006 공통 가치
- 2005 전략적 의도
- 2005 블루오션전략
- 2004 밸류 이노베이션
- 2004 전략 지도
- 2003 하드볼 전략
- 2002 오픈 이노베이션
- 2002 연속적인 일시적 경쟁우위(Serial Temporal Advantage)
- 2002 피라미드의 밑바닥(BOP)
- 2001 단순한 규칙 전략
- 2000 티핑포인트

출처: Ghemawat(2002) / Reeves 외(2015) / Freedman(2013)

이 표의 출처는 BCG의 경영 전략 전문가가 집필한《전략에 전략을 더하라Your Strategy Needs a Strategy》라는 책이다. 이 책에 따르면 각각의 전략 프레임워크는 저마다 적합성이 다르며, 따라서 사용할 수 있는 상황과 그럴 수 없는 상황이 서로 다르다. 책에서는 적합한 전략 전략 프레임워크를 선택하기 위해 '전략 팔레트The Strategy Palette'라는 기법을 창안했다.

전략 팔레트는 먼저 전략 프레임워크의 특성을 아래처럼 다섯 가지로 분류한다. 사업 환경의 특성에 따라 적절한 프레임워크가 달라지기 때문에 외부 환경을 먼저 평가해야 한다.

전략 프레임워크의 다섯 가지 특성과 사업 환경의 관계

전략의 특성	해당 산업 및 환경	사업 환경의 특성		
		예측 가능성	변혁 가능성	생존 가능성
전통적 (Classical)	전기·가스·수도 등의 공공재, 에너지 산업	높다	낮다	—
적응형 (Adaptive)	반도체, 의류 소매	낮다	낮다	—
선구적 (Visionary)	신기술 또는 새로운 서비스로 사업 환경을 변화시킬 수 있을 때	높다	높다	—
개척형 (Shaping)	소프트웨어 산업, 스마트폰 앱	낮다	높다	—
재생적 (Renewal)	기업의 존속이 위협받을 때	—	—	낮다

출처: Reeves 외(2015)

전략 프레임워크의 다섯 가지 특성은 다음과 같다.

- **전통적 전략 프레임워크**: 사업 환경을 예측하기 쉽지만, 변혁하기 어려운 상황에서 확실한 계획을 달성하는 데 도움이 된다. 이를테면 전기, 수도, 가스 등의 공공재 사업이나 에너지 산업이 여기에 해당된다.
- **적응형 전략 프레임워크**: 사업 환경을 예측하기 어렵고, 변혁하기도 어려운 상황에서 사업 운영에 유연성을 부여할 수 있다. 이를테면 반도체나 의류 소매업을 예로 들 수 있다.
- **선구적 전략 프레임워크**: 사업 환경을 예측하기 쉽고, 변혁 또한 가능한 상황에서 어떤 변화가 바람직한지 힌트를 준다. 산업의 분야를 막론하고 신기술이나 새로운 서비스로 사업 환경을 변화시킬 수 있을 때 효과가 있다.
- **개척형 전략 프레임워크**: 사업 환경을 예측하기 어렵지만, 변혁이 상대적으로 쉬운 상황에서 새로운 사업 환경을 형성하고자 할 때 도움이 된다. 소프트웨어 산업이나 스마트폰 앱 시장 등에서 효과적으로 활용할 수 있다.
- **재생적 전략 프레임워크**: 기업의 생존이 위협받는 극한의 상황에서 사업 재건에 이용된다.

이 개념에 입각하면 앞서 연도별로 나열한 81개의 전략 프레임워크는 다음 페이지처럼 다시 분류할 수 있다.

전략의 특성을 바탕으로 한 전략 프레임워크 분류

CLASSICAL (전통적)

- 1958 앤소프 매트릭스
- 1959 산업조직론
- 1962 시나리오 플래닝
- 1962 조직은 전략을 따른다
- 1965 갭분석
- 1965 제품 라이프사이클
- 1967 PEST분석
- 1968 경험곡선
- 1969 SWOT분석
- 1970 제품 포트폴리오 관리
- 1971 앤드루스의 경영 전략론
- 1973 붉은 여왕 가설
- 1974 시장전략의 이익 효과
- 1976 리얼옵션
- 1976 3 또는 4의 법칙
- 1979 다섯 가지 힘
- 1980 4P 분석
- 1980 점진적 개선의 권장
- 1981 어드밴티지 매트릭스
- 1982 3C 분석
- 1982 7S 모델
- 1982 다각화 전략과 수익성
- 1982 틈새전략
- 1982 통합적 품질관리

ADAPTIVE (적응형)

- 1978 의도적 전략과 창발적 전략
- 1988 시간 기반 경쟁
- 1992 매스 커스터마이제이션
- 1994 과당 경쟁
- 1995 가치의 이동
- 1996 편집증적 회사
- 1997 동적역량론
- 1999 연속적인 전략 프로세스
- 1999 디지털전략
- 1999 동적 전략
- 1999 일시적인 경쟁우위
- 2001 단순한 규칙 전략
- 2002 연속적인 일시적 경쟁우위
- 2009 비즈니스 모델 이노베이션
- 2010 적응우위성
- 2013 일시적 경쟁우위론

2013 알고리즘 전략
2011 리얼옵션과 게임 이론의 접목법
2009 디자인이 없는 전략
2008 차별화 능력
2005 전략적 의도
2005 전략 지도
2004 하드볼 전략
2004 피라미드의 밑바닥
2002 이익 패턴
1999 델타 모델
1999 디컨스트럭션/가치사슬의 재구축
1998 가치사슬
1998 포터의 세 가지 기본전략
1997 트리플보텀업
1996 보우먼의 전략 시계
1995 RQQ
1992 능력의 경쟁
1991 커미트먼트
1990 다이아몬드 모델
1989 핵심 역량
1989 벤치마킹
1988 선점자 우위
1987 민츠버그의 전략의 5P
1986 6시그마
1986 특성요인도/피쉬본 차트
1984 자원기반관점

RENEWAL (재생적)
1996 변화를 선도한다
1991 근본적 변화
1990 리엔지니어링

SHAPING (개척형)
2006 공통 가치
2003 오픈 이노베이션
1996 코피티션
1993 비즈니스 생태계 전략
1986 S자 곡선/성장곡선

VISIONARY (선구적)
2005 블루오션전략
2004 밸류 이노베이션
2000 티핑포인트
1995 파괴적 이노베이션
1994 미래를 향한 경쟁전략
1982 기술 패러다임과 기술 궤적
1962 혁신의 전파

세부적으로 논의하면 이론의 여지가 있겠지만, 대략적인 분류로서는 어느 정도 설득력이 있다. 이 분류를 보면 한 가지 흥미로운 사실을 알 수 있다. '전통적'인 성격으로 분류되는 전략 프레임워크는 말 그대로 사업 환경이 비교적 안정되어 있던 옛 시대부터 존재했으며, 시대가 흐르면서 '적응형', '선구적', '개척형'으로 불리는 좀 더 유동적이고 불안정한 사업 환경에 대응하기 위한 프레임워크가 늘어났다는 것이다. 각각의 시대에 주목받은 전략 프레임워크들은 모두 그 시대의 요구에 부응한 것이라고 짐작할 수 있다.

다만 이 분류에도 한계는 있다. 무엇보다 외부 환경의 특성에 과도하게 의존하고 있으며, 내부 환경을 분석하는 시야가 결여되어 있다는 점에서 그렇다. 전략 프레임워크를 취사선택할 때는 기업의 외부 환경이 어떠한가를 파악하는 것 못지않게 어떤 내부 환경을 보유하고 있는가를 확인하는 것도 중요하다.

고민 없는 프레임워크는 무용지물

경영 전략을 분류하려는 시도는 그 밖에도 다양하다. 가령 바니는 1986년의 논문[3]에서 산업 환경을 'IO형', '체임벌린형', '슘페터형'의 세 가지로 분류했다. 바니의 주장을 간단히 소개하면 다음과 같다. 먼저 IOIndustrial Organization(산업 조직)형 환경에서는 산업조직론의 관점을 이

---

3 Barney, 〈Types of Competition and the Theory of Strategy: Toward an Integrative Framework〉(1986)

용해 외부 환경 분석을 중심으로 전략을 검토해야 한다. 또한 체임벌린Chamberlain형 환경에서는 산업 조직뿐만 아니라 각 기업의 독자적인 특성을 접목한 분석이 필요하며, 슘페터Schumpeter형 경쟁 환경에서는 창조적 파괴를 불러오는 이노베이션이 어떻게 일어나며 그것이 어떻게 산업 구조를 변화시키는지 분석할 필요가 있다.

중요한 것은 어떤 특정한 전략 프레임워크를 무조건 신봉하지 않고, 먼저 기업이 놓인 환경과 조직의 특성에 그 프레임워크가 적합한지 검토하는 자세다. 이에 관해 민츠버그는 "아트Art, 크래프트Craft, 사이언스Science라는 세 가지 축이 중요하다"라고 말했다.[4] '사이언스', 즉 프레임워크만으로 의사결정을 하지 말고 '크래프트', 즉 실천과 경험을 충분히 반영하며, 비전과 이미지에 바탕을 둔 '아트' 또한 고려하여 경영 판단을 해야 한다. 전략 프레임워크에 관한 책을 보면 '나만 믿으면 된다'라는 식의 주장을 흔히 볼 수 있는데, 이것만큼 의심스러운 이야기도 또 없을 것이다.

어떤 실무자가 눈에 띄는 실적을 거두고서 자신의 방법론을 바탕으로 전략 프레임워크를 만들 수도 있다. 하지만 이 전략을 꾸준히 실행하지 못했거나, 수많은 현장 사람들의 고투를 충분히 담지 못했다면 그 유용성에 의문을 제기할 수밖에 없다. 1장에서 이야기한, 플랜과 패턴 사이의 괴리를 이해하지 못한다면 이런 전략 프레임워크는 유효성을 갖지 못한다.

---

4 Mintzberg · Westley, 〈Decision Making: It's not What You Think〉(2001)

다시 말해 기업은 프레임워크에 수동적으로 얽매일 것이 아니라, 능동적으로 프레임워크를 활용해야 한다는 이야기다. 기업이 놓인 환경에 맞추어 최적의 프레임워크를 취사선택하고 응용할 수 있다면, 전략 프레임워크는 당연히 실무에서도 가치를 발휘할 것이다.

이해, 판단, 행동
: 효과적인 전략 프레임워크를 위한 3단계

불확실한 미래를 불확실한 채로 이해하기

그렇다면 전략 프레임워크를 활용하기 위해서는 어떤 준비체조가 필요할까? 한마디로 표현하자면, 자신만의 방법론에 골격을 갖추는 작업이 중요하다. 스스로 생각의 축을 구성하라는 것이다. 온갖 개별적이고 구체적인 정보나 개념은 그 축의 주변에 존재한다. 뚜렷한 주관을 담은, 개인의 사고 스타일을 먼저 정립해야 한다.

여기에 절대적인 답은 없다. 뛰어난 경영자들에게 물어보면 저마다 개성 넘치는 대답이 돌아올 것이다. 물론 그 대답을 분석해서 평균을 내거나 일정한 경향을 추출할 수는 있겠지만, 아마도 그 결과에 의미는 없을 것이다. 이런 골격은 각각의 특성 자체에 의미가 있으며, 그야말로 예술이라고 불러도 과언이 아닌 영역이다.

훌륭한 사업 전략은 이해와 판단, 행동이라는 세 가지 요소가 적절히 연결되어 있다. 대부분의 경영서와 교과서들은 '행동'에까지 발을 들여

놓지 않는다. '이해'부터 '판단'까지는 상세하게 설명하지만, 그 뒤부터는 각자가 판단하여 실행하는 것으로 기술하곤 한다. 사업 전략의 이 세 가지 요소를 간단히 설명하면 아래와 같다.

효과적인 사업 전략의 3요소

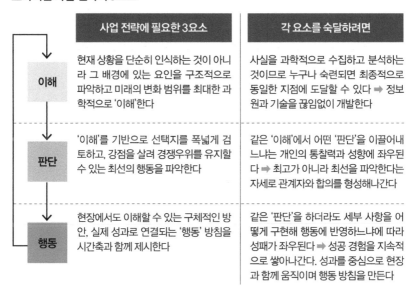

사업 전략에 필요한 3요소	각 요소를 숙달하려면
이해 현재 상황을 단순히 인식하는 것이 아니라 그 배경에 있는 요인을 구조적으로 파악하고 미래의 변화 범위를 최대한 과학적으로 '이해'한다	사실을 과학적으로 수집하고 분석하는 것이므로 누구나 숙련되면 최종적으로 동일한 지점에 도달할 수 있다 ➡ 정보원과 기술을 끊임없이 개발한다
판단 '이해'를 기반으로 선택지를 폭넓게 검토하고, 강점을 살려 경쟁우위를 유지할 수 있는 최선의 행동을 파악한다	같은 '이해'에서 어떤 '판단'을 이끌어내느냐는 개인의 통찰력과 성향에 좌우된다 ➡ 최고가 아니라 최선을 파악한다는 자세로 관계자와 합의를 형성해나간다
행동 현장에서도 이해할 수 있는 구체적인 방안, 실제 성과로 연결되는 '행동' 방침을 시간축과 함께 제시한다	같은 '판단'을 하더라도 세부 사항을 어떻게 구현해 행동에 반영하느냐에 따라 성패가 좌우된다 ➡ 성공 경험을 지속적으로 쌓아나간다. 성과를 중심으로 현장과 함께 움직이며 행동 방침을 만든다

조직론 연구에서는 이미 오래전부터 실행의 측면이 지닌 복잡성을 이해하고 있었다. 다만 환경의 이해부터 의사결정까지는 전략론의 영역이고, 그 다음 단계인 실행은 조직론의 영역으로 간주했으며 양자 사이에는 기나긴 단절이 존재해왔다. 최근 들어서는 그 단절을 해소하려 하는 움직임이 활발히 진행되고 있지만, 성과는 아직 미지수다.

한편으로 실무자들의 머릿속은 연구자들과는 전혀 다르다. 이들에게 조직과 전략이란 서로 떼어놓을 수 없는 두 톱니바퀴 같아서, 전략을 생각할 때는 항상 실행을 염두에 둔다. 그렇기에 경영 전략을 고안할 때는 이해하고 판단하는 데서 그치지 않고, 행동하여 성과를 올리는 부분까지 포함해야 한다.

그렇다면 행동을 염두에 둔 '이해'란 어떤 것일까? 예를 들어 단순히 비용과 시장점유율이 상승하거나 하락한 사실을 나열하는 데 그쳐서는 안 된다. 어떤 장기적, 단기적 요인이 그 변화를 유발했는지 구조적으로 파악할 필요가 있다. '업계 전체의 경쟁 격화' 같은 장기적 요인이 영향을 미쳤을 수도 있고, '일시적인 퇴직자 증가' 등의 단기적 요인을 생각해볼 수도 있다.

수치의 배경에는 이와 같은 구조적 요인이 있게 마련이다. 중요한 것은 현시점만이 아니라 향후 비용이나 시장점유율 등이 장기적으로 어떻게 변동할 것인지 이해하는 일이다. 이를 위해서는 불확실성을 무시하지 말고 수용할 필요가 있다.

여기에 유용한 기법으로, 4장 후반부에 언급한 '시나리오 분석'이 있다. 복수의 시나리오를 통해 외부 환경의 방향을 이해하는 방법론이다.

자동차 산업을 예로 들면, 크게 나눴을 때 기존의 자동차 제조업체가 경쟁우위를 유지하는 시나리오, 테슬라 등 전기자동차에 주력하는 신흥 업체가 경쟁력을 키우는 시나리오, 구글이나 우버 등의 서비스 제공 사업자가 경쟁우위를 차지하는 시나리오가 있을 것이다. 현시점에서는 이 가운데 어떤 방향이 현실이 될지 알 수 없다. 그러나 사업 전략이 말하는 '이해'에서는, 각각의 방향으로 나아갔을 경우 중요한 경영 수치가 어떻게 변화할지를 적극적으로 예측할 것을 요구한다. 불확실한 미래를 불확실한 그 상태로 파악할 때, 좀 더 유연한 의사결정을 끌어낼 수 있다.

판단하지 않는 것 또한 중요한 판단이다

불확실성을 허용한 채로 '이해'하고 이를 바탕으로 '판단'을 내릴 때는 조직 내부의 사정을 적절히 반영해야 한다. 최고의 선택지는 누구도 알지 못한다. 인간도, 조직도 불완전한 존재이므로 최고가 아니라 최선의 선택지를 찾아내야 한다. 여기서 최선이란, 결과적으로 기업의 강점을 살려 경쟁우위를 최대한 유지할 수 있는 방법임은 두말할 필요도 없을 것이다.

그런데 아무리 올바른 판단이라도 의사결정에 영향을 끼치는 이해관계자를 설득하지 못하면 실행할 수 없다. 승인에 필요한 최소한의 인원을 설득할 수 없다면 탁상공론으로 끝날 뿐이다. 의사결정이 비교적 자유로워 보이는 스타트업 기업도 마찬가지다. 현실에서 투자자나 거래처, 경영 간부의 의견을 무시하고 방침을 결정하기는 어렵다. 만약 상대방이 진심으로 수긍하지 못하는 제안을 억지로 동의하도록 만든다면, 이후 부작용이 연쇄적으로 일어날 것은 불 보듯 뻔한 일이다.

경영 전략의 영역에서 이런 '설득'의 문제는 거의 포함하지 않는다. MBA로 치면 교섭법이나 리더십 강의에서 다루는 정도일 것이다. 하지만 실무적으로 생각하면, 이런 커뮤니케이션과 조율의 문제가 실제 전략에 현저한 영향을 끼치리라는 것을 쉽게 예상할 수 있다

그런 의미에서 '지금은 판단하지 않는다'라는 판단은 매우 중요하다. 이것은 단순히 판단을 뒤로 미루는 소극적인 조치가 아니라, 만전의 준

비를 한 상태에서 충분한 정보를 확보할 때까지 기다린다는 적극적인 판단이다.

시나리오 분석 등의 기법에서 이 방법은 특히 유용하다. 이를테면 'A 상황이 발생할 경우 a안을 실시한다', 'B가 움직일 경우는 b안을 실행한다', 'C가 실현되면 c안을 가동한다.' 하는 식으로 판단의 방아쇠가 되는 요건을 충분히 정비하는 것이다. 현 시점에서 필요한 판단만 하는 것이 아니라, 미래에 발생할 가능성이 있는 사건이나 상황에 대해서도 충분히 이해하고 이를 바탕으로 지금 단계에 필요한 판단을 취합한다.

예를 들어 경제 위기나 천재지변이 발생할 때를 대비해 사전에 예산을 책정하고 광고 소재를 준비해놓는다면, 경쟁사들이 혼란에 빠진 틈을 타 상당한 마케팅 효과를 거둘 수 있다.

실제로 많은 회사들이 불확실성을 담보한 판단을 사전에 미리 내리곤 한다. 대표적으로 신문사는 연례행사나 예측 가능한 큰 사건에 대비해 사전에 기사를 준비해놓는다. 노벨상 발표 전에 수상 가능성이 있는 인물에 대해 사전 조사를 해놓거나, 유명인의 신상 변화에 대비해 그 인물의 위업을 사전에 정리해놓기도 한다. 언론계는 사건이나 현상이 발생한 뒤 이를 보도하기까지 시간을 얼마나 단축하느냐가 승부를 가르는 곳이기에, 이런 노력은 높은 가치를 발한다.

행동, 전략을 완성하는 결정적인 단계

미래의 불확실성까지 수용하여 판단을 내렸다면, 이제 가장 중요한 요소인 '행동'이 시작된다. 전통적인 사업 전략 논의에서는 '행동'을 거의 다루지 않지만, 특히 창발적인 전략의 경우 행동의 과정이야말로 전략의 가치를 결정하는 가장 중요한 요소가 된다. 실상 제품이나 서비스가 전체적으로 일정한 수준에 도달한 업계에서는, 세부적인 만듦새가 과제가 되는 일은 그리 많지 않다. 제품이나 서비스의 표준적인 형태가 이미 어느 정도 완성되어 있는 까닭에, 판단을 실행에 옮기는 과정에서 창조성은 그다지 요구되지 않는다. 물론 그것이 간단하다는 의미는 아니고, 해답이 충분히 정비되어 있다는 이야기다.

그러나 여명기에 있는 산업, 복잡한 제품이나 서비스를 취급하는 산업, 디자인이나 이미지 등의 무형 가치가 중요한 사업 영역에서는 특히 판단의 결과를 구현하는 과정이 성과를 좌우한다.

책에 기재된 사고법이나 각종 전략 프레임워크는 어디까지나 이 '이해', '판단', '행동'이라는 각각의 단계에서 보조적인 도구로 사용하는 것이 바람직하다. 이런 도구들은 개인이 사고하는 과정을 지원하고, 이해관계자와 원활하게 논의할 수 있도록 돕는다. 예를 들어 다섯 가지 힘 분석이나 SWOT 분석은 '이해'에 적합할 것이다. 또한 포터의 기본 전략이나, 블루오션 전략의 행동 매트릭스[5]는 '판단'의 선택지를 폭넓게 검토하는 데 도움을 준다.

물론 이 사고법들도 어디까지나 하나의 예일 뿐이다. 자신에게 맞는

---

5 경쟁이 심한 레드오션이 아니라 경쟁이 없는 블루오션을 만들어내기 위해 '제거한다', '줄인다', '늘린다.', '창조한다'라는 네 가지 행동의 프레임워크를 제안했다(Kim · Mauborgne, 2005).

방법론을 독자적으로 찾아내고, 난립하는 전략 프레임워크나 경영 기법을 자신의 골격을 장식하는 재료로 활용하는 것이 중요하다. 각 도구의 핵심을 스스로 취사선택해 활용할 수 있다면 전략의 정석이나 프레임워크는 실무에도 충분히 도움을 준다. 그러나 자신의 머리로 생각하지 않는다면 그 어떤 유명한 방법론을 차용할지라도 시간 낭비만 하게 될 것이다.

'행동'이 없는 사업 전략은 청사진에 불과하다

경영 전략 교과서가 '행동'에 중점을 두지 않는 주된 이유는 이론적 연구가 매우 어렵기 때문이다. 창발적 경영 전략 연구는 1970년대부터 계속 이어지고 있지만, 개별적인 특수 요인에 크게 좌우되는 까닭에 사회과학으로서 탐구하기에는 너무도 까다로운 대상이다.

그러나 실학으로서 경영 전략을 바라볼 때 '행동'이 얼마나 중요한지 실무자들은 모두 몸으로 느낄 것이다. 경험이 풍부한 실무자라면 직접 경영 전략의 청사진을 그리고 이를 전개하는 과정에서 예상치 못한 경험을 수없이 해보았을 것이다. 상상도 못했던 형태로 비약적인 발전을 이루는 경우도 있을 것이고, 반대로 한순간에 수그러들어서 손쓸 수 없게 되는 경우도 있을 것이다. 어떤 경영 전략을 시행하기로 판단한 후, 실제 행동으로 옮기고 성과로 이어지기까지는 수많은 단계가 존재한다. 현실에서는 그 각각의 단계에서 경영 전략을 조정하게 된다.

예를 들어 이사회에서 어떤 사업 전략, 즉 신규 사업에 진출할 것을 결정했다고 해보자. 그 전략을 현장에 전달하고, 구체화하고, 계획을 수립하고, 예산을 준비하고, 시행하고, 본격적으로 전개하기까지는 수많은 관문을 통과해야 한다. 가장 먼저 상상해볼 수 있는 난관은, 기획 팀과 현장 팀의 열의에 온도 차가 심하게 나는 경우일 것이다. 영향력이 강한 고참 직원은 이렇게 말할지도 모른다.

"그건 예전에 이미 해봤다가 완전히 실패했던 아이디어잖아요. 우린 협력하기 힘들겠는데요."

이 한마디에 회의실 분위기가 싸늘해지고, 제안 자체가 반려되어 원점으로 돌아가는 사태가 일어날지도 모른다.

일상적인 업무에서 서로 맡은 역할이 다르면 논의의 전제도 자연히 달라진다. 어떤 제안이 판단에 이르기까지 거쳤을 우여곡절을 공유하지 못한 사람이라면, 왜 그런 판단이 도출됐는지 이해하기란 사실 어려운 일이다. 기획 팀이 이상론만을 뜨겁게 이야기한다면 매일같이 현실에 맞부딪치는 현장 사람들의 마음을 움직이기는 불가능할 것이다. 설령 방향 자체는 괜찮다고 인정받은 아이디어일지라도 구체적인 실행 방안이 탁상공론에 불과하다면 빛을 보기는 어려울 것이다. 각 현장에서 아이디어를 구체적으로 실행하는 외중에 당초의 구상으로부터 멀어질 확률이 크기 때문이다.

가장 당황스러운 경우는, 큰 틀을 논의했을 때는 보이지 않았던 중요한 요소가 발목을 잡을 때다. 법 규제나 상거래 관행, 지적재산권 등 피하기 곤란한 문제로 실현 자체가 불가능해지는 경우가 얼마든 벌어질 수 있다.

이른 단계에 부서를 초월한 공유 체제를 구축하거나, 적어도 각종 중요 과제를 찾아낼 수 있는 체제를 구축하지 못한다면 이런 현실적인 문제로도 사업 전략이 좌초할 수 있다. 실제로 새로운 경영 전략 대부분은 기초적인 검토의 초기 단계에 여러 가지 이유로 당초의 예상을 벗어나게 되며 그 결과 프로젝트 중단이라는 운명을 맞이한다.

이런 과제를 모두 해결하고 경영회의를 통과한 후에도 문제는 발생한다. 각 부문장이 수긍하고 전적으로 지지하는 체제가 갖춰지지 않으면 비극이 일어날 수 있다. 책임자가 결정되고 달성해야 할 목표도 정해졌는데, 각 부문에서 필요한 경영 자원을 제공하지 않는 바람에 땜질투성이 체제가 되어버리는 것이다. 이런 '전체적 찬성, 부분적 반대'의 상황은 조직 내에서 흔히 볼 수 있다.

"제안 자체는 좋은데, 우리 부서 핵심 인력을 투입하는 것은 반대일세."
"좋은 계획이지만 최신 생산설비를 활용하는 것은 허가할 수가 없습니다."
"지원하고는 싶지만, 가맹점에서 시험 판매를 하는 건 정말 안 됩니다."

이런 난관에 부딪히고 싶지 않다면 사업 전략을 판단하는 시점에서부터 의사결정자를 끌어들이고, 실행에 꼭 필요한 경영 자원을 보유한 부서와 담당자를 아군으로 만들어야 한다. 그래서 계획의 세세한 부분까지 합의해놓지 않으면 경영 자원을 충분히 활용하지 못하는 사태가 벌어진다. 그리고 결국 '이런 식이면 차라리 때려치우고 말지.' 하는 슬픈 상황을 맞이하게 된다.

고난은 여기에서 끝나지 않는다. 어떻게든 경영 자원을 손에 넣어서 본격적인 전개를 개시했다고 치자. 아마도 지금까지보다 더 힘든 가시밭길이 기다리고 있을 것이다. 이를테면 신규 사업 지원에 관한 예산이나 인원 계획이 관련된 타 부서에 반영되지 않을 수도 있고, 1년분의 예산만 책정될지도 모른다. 모든 부서는 나름의 업무와 예산이 있기 때문에 이렇게 되면 신규 사업에 소극적으로 협력할 수밖에 없다. 수직적인 시스템의 폐해로, 거대한 조직의 힘을 제대로 활용하지 못하는 사례는 그 밖에도 무수히 존재한다. 관계자를 조율하는 일은 특히 시간이 많이 걸리는 일이며, 사람에 크게 좌우되는 프로세스이기 때문에 명확한 정답은 존재하지 않는다.

아무리 이상적인 사업 전략일지라도 실제로 형태를 갖추고 실행되어 성과로 이어지기까지의 과정에서 끊임없이 성공과 실패의 기로에 서게 된다. 때로는 비난을 받으면서도 경쟁자의 정보를 끌어모아야 할 때가 있다. 의사결정권자를 회유하는 일도 소홀해서는 안 된다. 이길 수 있는 싸움을 거듭함으로써 차근차근 실적을 쌓아나가는 꾸준한 프로세스야말로 실제 사업 전략의 근간이다.

특히 현대의 경제 성장을 대부분 담당하는 신산업 영역, 즉 창발적인 전략을 주로 사용하는 사업 영역에서는 이 '행동'이라는 요소가 매우 중요하다. 그러므로 '이해'나 '판단'에 그치지 않는, '행동'을 통합한 전략 책정이 필요하다.

7장

전사 전략
기업이 진화하여 끝내 살아남으려면?

이 장에서는 '전사 전략'에 관해 이야기한다. 단일 사업에서 사업을 확대하거나 경쟁자와의 경쟁을 다루는 것이 사업 전략이라면, 전사 전략에서는 조직 전체의 영속을 목표로 각종 행동을 고민하게 된다.

그럼 원점으로 돌아가 3장에서 소개한 이고르 앤소프의 이론을 통해 그 기본을 이해하고, 다음으로 전사 전략에 관한 구체적인 논의를 하나하나 풀어나가고자 한다.

전사 전략은 무엇이 다른가?

갈림길의 순간, 전사 전략을 검토할 때

사업 전략과 전사 전략의 경계선은 모호해 보인다. 실제로 두 영역 사이에는 서로 겹치는 지점이 상당 부분 존재한다.

아래는 앤소프가《기업 전략》에서 제시한, 전략적 의사결정 프로세스의 개념도다. 그는 규정하기를, 앤소프 매트릭스에서 성장 벡터를 선택할 때 가장 중요한 전략적 의사결정은 바로 '다각화를 선택할 것인가, 그렇지 않을 것인가?'라고 했다. 아래 개념도는 이를 검토하는 흐름을 나타낸다. 먼저 조직의 목적과 목표를 설정하고, 이어서 조직 내부와 외부의 기회를 평가한다. 그리고 이것들을 감안하여 전략적 의사결정(이 예에서는 다각화를 할 것인가, 하지 않을 것인가)을 실시한다.

전략적 의사결정의 프로세스

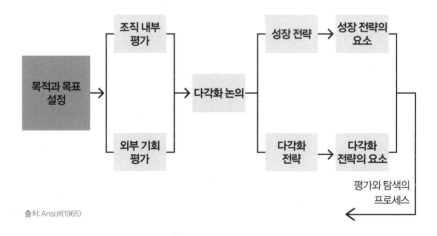

출처: Ansoff(1965)

전략을 수립할 때 외부 환경과 내부 환경에 대한 통찰을 바탕으로 사업을 결정하기까지의 흐름은 사업 전략과 전사 전략이 모두 동일하다. 하지만 사업 전략의 경우 특정 산업에서 기업이 어떤 경쟁 행동을 할 것인지 검토하는 것인 데 비해, 전사 전략은 조직 전체의 방향성에 더 영향을 끼친다는 점에서 차이가 생긴다. 한마디로 전사 전략은, 앤소프가 말하는 '전략적 의사결정'에 더 가깝다.

앤소프가 정리한 전략적 의사결정의 네 가지 요소를 다시 한 번 확인해보자. 아주 근본적인 내용이기에 현대에도 중요성은 변함이 없다.

① 제품-시장 영역(어떤 시장을 사업 영역으로 삼을 것인가?)
② 성장 벡터(기업의 성장을 위해 어떻게 행동할 것인가?)
③ 경쟁우위(무엇을 경쟁우위의 원천으로 삼을 것인가?)
④ 시너지(기업의 사업 영역 사이에 상승효과를 어떻게 만들어낼 것인가?)

시작은 그 기업을 어떻게 정의하느냐다. 여기서는 어떤 사업 환경을 선택하느냐(①제품-시장 영역)라는 논의가 출발점이 된다. 어느 정도 사업을 전개한 뒤에는 지속적인 성장을 어떻게 실현할 것인가(②성장 벡터)가 도마 위에 오른다. 그 후 기업의 강점(③경쟁우위)을 장기간 극대화함으로써 다수의 사업 영역이 병존하는 수준까지 성장이 지속되면, 그 사업들을 재편성하는 단계에 도달한다. 이때는 사업 영역 간의 상승효과(④시너지)를 생각하는 것이 논의의 핵심이 된다.

전사 전략이 추구하는 전략적 의사결정은 창업 시점에 이미 실시하게 된다. 조직 목표와 목적을 설정할 때, 다시 말해 제품-시장 영역을 선정할 때가 바로 그 시점이다. 이후로 전사 전략은 한동안 사업 전략을 추진하기 위한 보완적 역할을 맡는다. 그러나 지속적인 성장 방법을 고민하는 기로에 접어들 때나, 사업상 어려움에 직면해 조직을 재편하야 할 때는 어김없이 전사 전략을 검토해야 하는 순간이 찾아온다. 다각화를 포함한 성장 벡터의 검토, 혹은 사업 간 시너지 평가 등을 위해서는 반드시 전사 전략이 필요하다.

앤소프 이후 1990년대까지, 전사 전략의 흐름

앤소프 이후, 전사 전략의 전통적인 주제는 '사업의 다각화'와 '다각화한 사업의 관리'가 핵심을 차지했다. 규모가 큰 기업들은 아마도 이를 매일같이 실시할 테지만, 역사가 짧고 사업 다각화에 이르지 못한 많은 기업들에게는 그리 친숙한 개념이 아닐 것이다. 신규 기업은 애초에 사업의 수가 한정되어 있다. 때문에 창업 시점에는 사업 전략과 전사 전략이 거의 동일한 의미를 지닌다. 전사 전략이 사업 전략과는 별개의 개념으로서 본격적으로 제 역할을 하게 되는 시기는 일정 수준 이상 성장을 실현한 뒤다.

경영 전략의 역사를 되돌아보면 그 이유를 쉽게 이해할 수 있다. 경영 전략이라는 말이 보급된 배경에는, 제2차 세계대전 이후 미국을 선두로 한 세계 경제의 지속적이고 안정적인 성장이 있었다. 안정적인 사업 환경을 토대로 수많은 대기업이 성장을 지속하기 위해 사업을 다각화했다. 이 기업들은 단일 사업의 형태를 뛰어넘어 여러 사업의 집합체로서 기업의 방향성을 결정해야 했다. 여기에 컨설팅 회사와 비즈니스스쿨이 동반 성장하면서 경영 전략, 여기에서 말하는 전사 전략의 개념이 널리 보급되었다.

그런 역사적인 배경을 생각해보면, 오늘날에도 다각화 사업에서 전사 전략을 핵심 과제로 삼는 것이 그리 어색한 일은 아닐 것이다.

전사 전략의 출발점이었던 앤소프의 시대가 지나가고 그 후 경제 정체기가 찾아왔다. 이때는 BCG매트릭스처럼 사업 포트폴리오 관리를 통해 경영 자원을 어떻게 배분할 것인가 하는, 즉 다각화의 관리에 대한 논의가 발전한다. 여기에서 주안점은 이미 다각화된 기업의 자원 관리, 사업 관리, 그리고 재편이었다(3장 참조).

1990년대부터는 사업을 포트폴리오로서 파악하는 흐름에 변화가 생겼다. C. K. 프라할라드와 게리 하멜이《핵심 역량 경영》에서 주장한 바와 같이, 전략사업단위를 기축으로 경쟁력의 원천인 핵심 역량에 집중하는 발상이 주목받았다(5장 참조). 프라할라드와 하멜의 말을 빌리면, 이것은 곧 '전략 아키텍처'를 어떻게 설계하느냐에 대한 논의다. 좀 더 일반적인 표현을 사용하자면 기업 도메인(기업의 전사적인 활동 영역, 또는 업무 영역을 말한다-옮긴이)이나 사업 도메인 같은 강점의 원천을 파악하는 작업이라고 할 수 있다. 그 응용 범위를 이해하고, 이를 최대한 확산시켜서 경쟁력을 유지할 수 있도록 꾸준히 시도하는 과정까지 여기에 포함된다.

새롭게 정의하는 전사 전략

전사 전략에서는 '다각화 논의'가 자연스럽게 핵심을 차지한다. 그러나 다각화 전략에서 전제로 삼는 것처럼, 여러 사업 영역을 보유한 대기업은 실상 극히 일부에 불과하다. 계열사를 수백 군데 거느린 그룹사라면 그런 논의도 충분히 설득력이 있을 것이다. 그러나 고작해야 서너 곳의 사업 영역에서 승부하는 중소기업이나 신규 기업 등 대다수의 조직들은 전사 전략에서 다루어야 할 더 중요한 측면이 따로 있다. 그런 측면을 조명하려면 이론적인 계보에서 어느 정도는 벗어날 수밖에 없다.

이런 현실을 반영하여 실무자의 시점에서 전사 전략의 요소를 재구성한다면, 아래와 같은 형태가 되지 않을까 한다.

전사 전략을 통해 검토해야 할 네 가지 요소

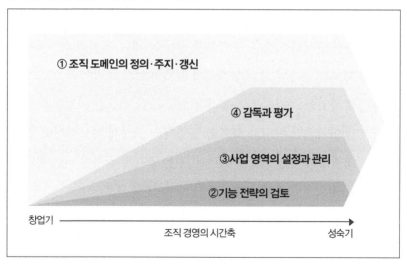

① 조직 도메인의 정의·주지·갱신

④ 감독과 평가

③ 사업 영역의 설정과 관리

② 기능 전략의 검토

창업기 ——— 조직 경영의 시간축 ——— 성숙기

전사 전략의 골격이 되는 것은 '①조직 도메인의 정의 · 주지 · 경신'이다. 조직 도메인이란 조직의 생존 영역이자 존재 목적으로 비전, 미션, 밸류라고도 부른다. 이것을 정의하는 것은 물론이고, 나아가 조직 내에 널리 알리며, 환경의 변화에 맞춰 경신해나가는 것이 중요하다.

또한 특히 간과하기 쉬운 것이 '②기능 전략의 검토'다. 회사 전체의 방향을 반영해 각 사업의 기반이 될 수 있는 인프라를 구축해나가는 것은, 사업의 기초 체력을 키우는 중요한 절차다. 일상 업무 속에서 이를 소홀히 해서는 안 된다.

그 다음 전통적인 다각화나 수평, 혹은 수직적 통합을 논의하는 일은 '③사업 영역의 설정과 관리'에 해당한다. 이때 자사의 사업을 어떻게 확대해나갈지를 산업 및 시장에서의 영역 확대, 가치사슬에서의 영역 확대, 지리적인 영역 확대라는 세 가지 분야로 나누어 검토한다. 사업 영역을 다채롭게 확대한 뒤에는 당연히 그 많은 사업 영역을 관리해야 한다. 여기에는 끊임없는 선택과 집중, 재편의 과정이 필요하다.

최근 특히 중시되는 것은 '④감독과 평가' 단계다. 기업의 영향력이 증대되어 때로는 국가의 힘을 능가하게 된 상황에서 조직이 스스로 관리, 감독하고 사업을 독자적으로 평가하는 것은 꼭 필요한 과업이 되었다. 단기적인 이익뿐만 아니라 사회적 영향력을 고려해 의사결정을 할 수 있도록 조직을 정비할 필요가 있다. 이것은 조직의 골격이 되는 판단 기준이며, 독립적으로 논해야 할 중요한 사항이다.

이 네 가지 요소를 이제부터 하나하나 살펴보도록 하자.

서로 다른 구성원을 하나로 묶는 조직 도메인

피터 드러커는 미래 사회에서 무엇을 보았는가?

현대 경영학의 창시자, 피터 드러커Peter Ferdinand Drucker는 저서《넥스트 소사이어티Managing in the Next Society》에서 이렇게 말했다.

"미래 사회에서 대기업, 특히 다국적 기업들이 당면하게 될 가장 커다란 과제는 사회적 정당성Social Legitimacy, 즉 비전, 미션, 밸류가 될 것이다."[1]

드러커가 말한 비전(미래상), 미션(기업 이념), 밸류(행동 기준)는 기업의 사회적 위치를 나타내는 동시에 존재 의의이기도 하며, 한편으로 방향성을 결정짓는 기반이 된다. 기업이 실현하고자 하는 미래의 사회상을 비전이라 할 때, 미션은 그 사회를 실현하기 위한 기업의 역할이며, 밸류는 이를 위한 행동 기준이라고 할 수 있다.[2] 이러한 조직의 도메인은, 조직이 나아갈 방향을 결정할 때 참조할 기본적인 개념이며 구성원들을 하나로 모으는 역할을 한다.

사고방식이나 가치관이 각기 다른 다양한 인재가 모이는 조직에서는 특히 이런 도메인이 중요한 구심점이 된다. 반대로 말하자면, 구성원들의 성향이 동질한 조직인 경우에는 도메인을 조직적으로 정비하고 운용할 필요성이 상대적으로 낮아진다. 예를 들어 과거 고도 경제성장기의

---

1 드러커, 《넥스트 소사이어티》(2002)
2 비전과 미션을 반대로 제시하거나 양자를 동일한 것으로 간주한 예도 있다. 사실 정해진 답은 존재하지 않는다.

기업들은 업무 시간 외에도 직원들이 교류를 통해 비공식적인 유대를 강하게 유지하곤 했다. 연령에 따른 서열이 뚜렷하고, 안정된 고용 관행이 굳어진 이런 조직에서는 회식이 잦고 주말에도 종종 모임을 갖곤 했다. 구성원 간에 자연스러운 교류가 이루어지다 보니 이것만으로도 조직의 가치관이나 방향성을 통일할 수 있었다. 그러나 지금은 개개인의 다양한 성향과 배경을 중시하는 시대가 되었다. 따라서 조직의 방향성을 통일하려면 어느 정도 인위적인 조치가 필요하다.

조직 도메인은 단순히 결정해놓는 것으로 끝이 아니다. 정말 중요한 것은 그것을 정의한 뒤의 과정이다. 실제로 많은 기업들은 이런 도메인을 신입사원 연수 때 훈시용으로 잠깐 언급하거나 투자자들에게 배포하는 자료에만 인용할 뿐, 평소에는 거의 사용하지 않는다. 본래의 쓰임대로라면 창발적인 전략의 형성을 돕고, 조직 내의 다양성에 완충제가 될 수 있지만 제대로 활용하지 않는 셈이다.

아마존 도메인, 20년간의 변천사

이런 문제가 생기는 원인은 크게 세 가지로 생각해볼 수 있다.

첫째는 조직 도메인의 정의가 너무 모호해서 구성원들에게 명확한 메시지를 전달하지 못하는 경우다. '더 좋은 사회를 만든다'거나 '경제 발전에 이바지한다' 등, 꼭 그 기업이 아니더라도 누구나 말할 수 있는 경영 이념은 머리로는 이해할지라도 행동으로는 연결되지 않는다. 그렇기에 이런 모호한 메시지는 아무리 반복한들 구성원의 마음을 움직이기 어렵다. 물론 예외는 있다. 구심력이 매우 강한 경영자가 활약하거나, 조직이 급성장하여 압도적인 실적을 거두는 상황이라면 이렇게 거창한 조직 도메인도 기능을 할 수 있다. 그러나 이런 행운은 한정된 일부 조직만이 누릴 수 있다.

둘째는 조직 도메인을 주지시키려는 노력이 흐지부지한 경우다. 도메인이 사내 언어로 침투하도록 지원하거나, 도메인에 입각해 평가하고 우수한 실천자를 표창하거나, 관련된 사회공헌 활동을 펼치는 등 연계 활동이 있을 때 조직원들은 도메인을 깊이 인식하게 된다. 일상적인 업무에서 이루어지는 의사결정 하나하나에도 조직 도메인이 살아서 작용하는 조직이 있다. 도메인을 실천하는 것이 곧 평가로 직결되는 까닭에, 구성원들은 의사결정을 할 때 도메인을 명확한 판단 기준으로 삼는다. 이런 노력 없이는 조직 도메인이 구성원들에게 스며들 수가 없다.

셋째는 조직 도메인이 적절한 타이밍에 경신되지 않는 경우다. 구성원 전체가 자사의 도메인이 적절하게 설정되어 있는지, 시대를 반영하는지, 직원들에게 도움이 되는지를 끊임없이 되돌아볼 기회를 만드는 것이 중요하다. 경신은 수단이지 목적이 아니다. 이것을 재검토하는 과정에서, 구성원들은 도메인의 역할과 의의를 재인식하게 된다. 결과적으로는 설령 경신이 되지 않더라도, 그 과정만으로 구성원들은 이를 더 새롭고 깊게 이해할 수 있다.

다음 페이지의 표는 미국 기업 아마존의 '미션(기업 이념)'이 시대별로 어떻게 변천했는지 나타낸 것이다. 미션의 골격이 만들어진 과정을 한 눈에 확인할 수 있다.

아마존의 연도별 미션 선언문

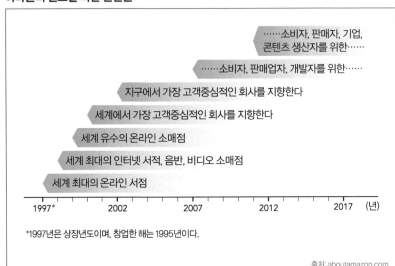

······소비자, 판매자, 기업, 콘텐츠 생산자를 위한······

······소비자, 판매업자, 개발자를 위한······

지구에서 가장 고객중심적인 회사를 지향한다

세계에서 가장 고객중심적인 회사를 지향한다

세계 유수의 온라인 소매점

세계 최대의 인터넷 서적, 음반, 비디오 소매점

세계 최대의 온라인 서점

1997*   2002   2007   2012   2017 (년)

*1997년은 상장년도이며, 창업한 해는 1995년이다.

출처: aboutamazon.com

상장 당시 '온라인 서점'으로 자사를 정의했던 아마존은 그 후 음반과 비디오 판매량을 급속히 늘렸고, 나아가 소매업 전반으로 사업을 확대했다. 또한 2007년부터는 그때까지 암묵적으로 '고객'이라는 명칭을 사용하던 데서 더 나아가 소비자뿐만 아니라 판매업자, 개발자까지를 명확한 고객의 범주로 확장했다. 그리고 2011년부터는 콘텐츠 생산자도 고객의 일부로 재정의했다.

아마존의 사례에서 파악할 수 있듯이 미션의 가장 이상적인 방식은, 사업 영역의 변화에 따라 그것을 적절히 표현하는 방향으로 유연하게 변화시켜 나가는 것이다. 1997년이었다면 아마존이 제아무리 "지구에서 가장 고객중심적인 회사를 지향한다"라고 주장한들 아무도 응수해주지 않았을 것이다. 그러나 2000년대 후반 이후, 아마존이 각 분야에서 세계적인 약진을 이루자 그런 거대한 미션도 적절한 방침으로 평가받게 되었다.

　구성원의 자발적인 판단과 창의적 발상이 중요하다는 점에서 그들을 하나로 묶을 도메인의 역할은 더욱 중요해지고 있다. 다양성을 내포한 조직일수록 서로 다른 배경을 가진 구성원들이 공유할 기반이 필요하기 때문이다. 도메인은 여기에 결정적인 역할을 하며, 또한 조직 경쟁력의 핵심이 되기도 한다. 그렇기에 전사 전략의 골격 가운데 가장 중요한 요소를 꼽으라 한다면, 다름아닌 조직 도메인을 말할 수 있다.

회사 전체의 방향을 좌우하는 기능 전략

전사 전략의 요소 가운데 두 번째인 기능 전략이란, 개별적인 사업을 지원하는 각종 기능에 관한 전략이다. 전통적인 전략의 계층 구조에 따르면 기능 전략은 가장 아래쪽에 위치하는데(다음 페이지 도표 참조), 여기에는 역사적인 배경이 있다.

　1960년대에는 경영 전략 자체가 그랬듯이, 각 기능의 역할에 관한 논의가 미성숙했다. 당시에 기능 전략을 사업 전략의 종속적인 요소로 간주했던 것도 이상한 일은 아니었을 것이다. 이 시대에는 마케팅의 개념도 충분히 확산되지 않았으며, 대량 생산되는 제품의 대부분은 규격품

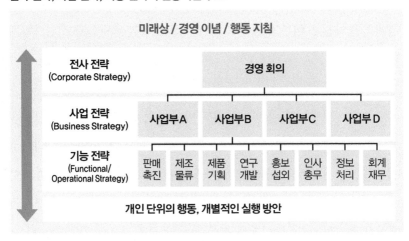

전사 전략, 사업 전략, 기능 전략의 전통적인 구조

미래상 / 경영 이념 / 행동 지침

| 전사 전략
(Corporate Strategy) | 경영 회의 | | | |

| 사업 전략
(Business Strategy) | 사업부A | 사업부B | 사업부C | 사업부D |

| 기능 전략
(Functional/
Operational Strategy) | 판매
촉진 | 제조
물류 | 제품
기획 | 연구
개발 | 홍보
섭외 | 인사
총무 | 정보
처리 | 회계
재무 |

개인 단위의 행동, 개별적인 실행 방안

이었다. 그랬기에 사업 기능이 조직의 경쟁우위를 좌우한다거나, 차별화를 가져오는 원천이라고는 생각하지 못했다.

그러나 현대에는 각각의 사업 기능이 조직의 경쟁력으로 직결된다는 인식이 보편화되었다. 이를테면 '전략적 마케팅', '전략적 인사'처럼 각 기능의 명칭에 '전략'이나 '전략적'이라는 수식어를 붙이는 경우가 흔하며, 그것을 개개의 사업에 종속된 부속품으로서가 아니라 회사 전체의 경쟁우위에 직접 기여하는 독립된 경영 기능으로 이해하는 경향이 강해졌다.

그중에서도 가장 중요한 기능 중 하나는 아무래도 '인사'일 것이다. '어떤 인재를 채용할 것인가?', '어떤 훈련 과정을 제공할 것인가?', '급여나 승진은 어떤 체계를 따를 것인가?' 하는 의사결정은 결국 조직이 생각하는 미래상, 경영 이념, 행동 지침과 직결된다.

예를 들어 '자유롭고 창의적인 기업, 기술이 인간을 행복하게 만드는 사회를 지향한다'라는 경영 이념을 내걸고서 정작 인재를 모집할 때는 스펙이 뛰어난 모범생들만 채용한다든가, 근태 관리를 최우선으로 삼고 연공서열에 따라서 연봉과 승진을 결정한다면 지향하는 조직 도메인에 다다를 수 없다.

인사 외에도 연구개발 분야의 기초 연구, 정보 시스템의 설계와 운용, 회계 기준이나 경리 프로세스 등은 기업의 토대에 그대로 영향을 끼친다. 고객의 문의를 받았을 때 즉시 재고 상황을 판별하고 견적을 산출한 뒤 배송 가능한 날짜를 제공할 수 있는 기업과 그렇지 못한 기업이 있다. 매달 마감일이 닥치면 사원들 대부분이 하루 종일 경비 정산과 보고서 작성에 쫓기는 기업과 그렇지 않은 기업이 있다. 두 기업 사이에는 당연히 커다란 격차가 나타난다.

그러므로 회사가 사원이나 제품의 문제에 얼마나 신속하게 대응할 수 있느냐는 사업 전략의 영역이 아닌, 전사 전략으로서 다루는 것이 적절하다.

기능 전략은 오랫동안 사업 전략에 종속된 전략으로 취급받았다. 그러나 실상 기능 전략은 회사 전체의 방향성으로 직결되며, 회사 전체의 경쟁우위에 직접적인 영향을 끼칠 수 있는 '전략적 의사결정'을 다수 포함하고 있다. 이것이 바로 기능 전략을 전사 전략의 중요한 요소로 다루어야 하는 이유다.

사업의 방향에 대한 치열한 고민

사업을 전개하는 세 가지 방향

전사 전략의 요소 가운데 세 번째 '사업 영역의 설정과 관리'는 사업의 범위에 관한 것이다. 전통적인 논의에서는 '사업의 다각화', '수직 통합', '지리적인 확대'를 각기 다른 맥락에서 다루는 경우도 많았지만 사실 이 것은 모두 '사업을 어떤 방향으로 전개할 것인가'에 관한 이야기다.

다음의 표는 이 세 가지 선택지의 관계를 나타낸 것이다.

사업의 다각화, 즉 다른 산업 및 시장으로 영역을 확대하는 전형적인 예는 신규 사업에 진출하는 경우다. 어떤 기업이 제공하지 않았던 제품 이나 서비스군을 제공하기 시작함으로써 사업 영역을 확대하는 것이다. 애플이 개인용 컴퓨터에서 스마트폰, 태블릿으로 상품군을 넓혔던 사례

사업 전개의 세 가지 방향

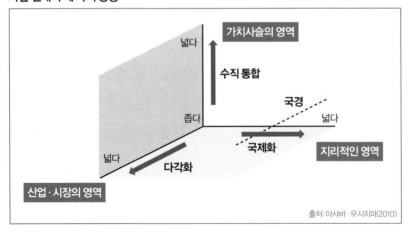

출처: 아사바·우시지마(2010)

가 대표적이다. 비슷 예로, 악기나 가구를 제조하던 일본의 야마하가 비행기 프로펠러와 엔진 개발 사업에 발을 내디딘 경우도 있었다.

한편 수직 통합, 즉 가치사슬에서의 영역 확대는 자사가 이미 제공하고 있는 상품과 서비스에서 부가가치를 창조하기 위해, 연쇄 구조에 있는 다른 사업을 새롭게 포함하는 것이다. 과거로 거슬러 올라가면 헨리 포드Henry Ford가 T형 포드를 생산할 때, 유리 정제공장과 제철소까지 산하에 두었던 예가 있다. 아마존도 이 경우에 해당하는데, 물류망이 충분히 갖춰지지 않은 나라와 지역에서는 자사의 배송망을 중점적으로 정비한다. 구글이 발전發電 사업에 뛰어드는 것 또한 비슷한 맥락으로 볼 수 있다. 발전 사업을 병행하면 막대한 수의 서버를 가동하는 데 필요한 전력을 직접 공급할 수 있기 때문이다.

마지막으로 지리적인 영역의 확대는 때때로 사업 전략을 초월해 전사적인 검토 대상이 된다. 특히 국경을 넘어 해외로 사업 영역을 확대할 때는 회사 전체의 자원을 배분하고 조정해야 한다.

이 세 가지 방향의 사업 전개를 동시에 병행할 수 없을 때 경영자는 선택의 기로에 놓인다. 먼저 새로운 산업 및 시장으로 사업 영역을 확대하는 방법은 가장 불확실성이 높지만, 기존 사업의 리스크나 기존 시장의 라이프사이클과 일정 수준 거리를 두게 되어 한결 자유로워진다. 가치사슬의 영역을 확대하는 방법은 기존 사업의 경쟁우위를 어느 정도 활용할 수 있다는 장점이 있지만, 특정 경영 자원을 내부에 포함함으로써 본업의 유연성이 훼손될 위험도 있다. 마지막으로 지리적인 영역의 확대는 같은 국가 안에서 진행할 경우, 세 가지 방향 가운데 불확실성이 가

장 낮다. 그러나 국경을 넘어서 다른 사업 환경에 진출하게 되면 그때부터는 불확실성이 크게 상승한다.[3]

GE와 지멘스의 성공적인 포트폴리오 교체 스토리

경영 자원은 한정되어 있다. 그렇기에 전사 전략은 연속적인 선택의 과정이 된다. 특히 사업이 장기간에 걸쳐 계속 성장할 경우 자원 배분에 관한 의사결정을 끊임없이 계속하게 된다. 이때부터는 단일 사업의 경쟁 환경에만 의존하지 않고, 복수 사업의 집합체로서 기업을 계속 재정의해나가는 작업이 필요하다.

사업 영역의 설정과 관리에서 가장 어려운 일은, 시대의 변천에 맞추어 사업 포트폴리오를 어떻게 교체해나가느냐 하는 것이다. 다각화된 사업의 관리 기법과 프레임워크에 대해서는 앞에서 이미 이야기했으므로, 여기서는 두 가지 사례로 설명을 대신하려 한다.

독일의 지멘스SIEMENS와 미국의 제너럴일렉트릭GE이 그 주인공인데, 두 곳 모두 사업 구조에 중대한 전환을 성공적으로 이루어낸 회사들이다. 두 회사의 최근 변화를 살펴보면, 중장기적인 사업 구조의 변화를 미리 읽고 15년 주기로 사업 구조 변혁을 실행했음을 알 수 있다.

먼저 지멘스는 2000년대에 매출액의 50퍼센트에 미치지 못했던 헬스케어, 공업, 전력 사업 영역을 이후 15년에 걸쳐 착실히 확대했다. 그

---

3 3장에서 소개한 앤소프 매트릭스에서는 지리적인 영역의 확대를 시장 침투라는 가장 기본적인 성장 벡터에 위치시켰다.

지멘스의 부문별 매출액 추이

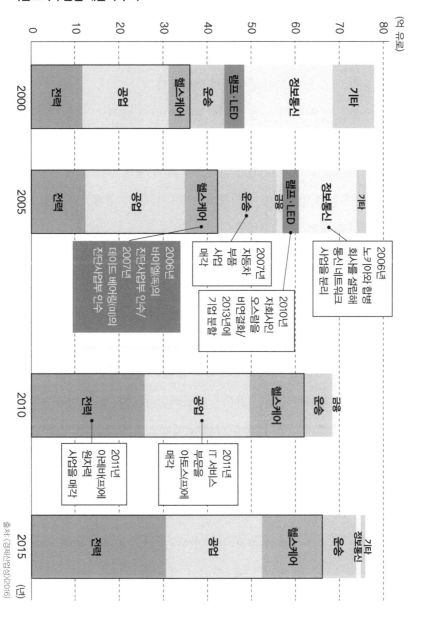

과정에서 다섯 차례에 걸친 대형 사업 매각과 두 차례의 사업 매수를 실시했으며, 자금을 중점 영역에 집중적으로 투입했다. 2000년에는 주력 사업 중 하나였던 정보통신과 램프·LED 사업을 거의 다 매각했고, 현재는 운송 영역 또한 핵심 분야에서 벗어났다.

흥미로운 점은 주력 사업 영역으로 정의한 곳에서도 성장 가능성에 한계가 있다고 판단한 사업들은 신속이 매각했다는 사실이다. 공업 부문의 IT서비스 분야(2011년)와 전력 부문의 원자력 사업(2011년)이 그런 경우다. 큰 틀의 방향성을 유지한 채, 각 사업 분야 내에서도 개별 사업의 장래성을 꼼꼼하게 검토하는 것으로 보인다.

한편 GE가 2000년부터 2015년에 사이에 실시한 사업 재편은 더욱 극적이다. 이미 2000년대까지도 GE는 제조업에서 금융업으로 극적인 변신을 이루고 있었다. 그러나 2000년부터 2015년에 이르는 과정에서, 2000년 당시 매출의 50퍼센트가 넘는 공헌을 하던 금융 사업을 거의 전부 매각하고 여기에서 얻은 자본을 헬스케어, 항공기, 에너지라는 세 가지 중점 분야에 투입했다. 금융 사업의 매각으로 한때 크게 위축되었던 매출액은 2017년 4/4분기에 1,220억 달러로 상승하면서, 성장 궤도로 복귀한 듯이 보인다.

GE는 한때 제조업 분야에서 경쟁력이 쇠퇴하면서 이를 계기로 근본적인 사업 구조를 전환한 경험이 있었다. GE가 고려해야 했던 또 한 가지 문제는, 당시 일어났던 금융 위기의 여파였다. 금융 위기 이후 융자 사업을 통해 자금을 제공하기가 힘들어졌으며, 정부 규제의 강화 때문

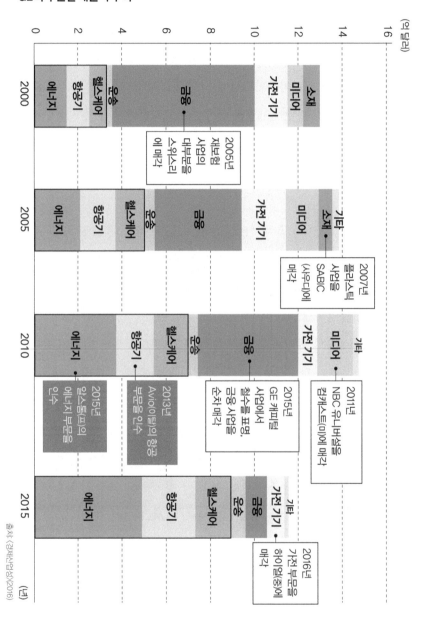

GE의 부문별 매출액 추이

(억 달러)

0 2 4 6 8 10 12 14 16

2000
- 에너지
- 항공기
- 헬스케어
- 운송
- 금융
  - 2005년 재보험 사업의 대부분을 스위스리에 매각
- 가전 기기
- 미디어
- 소재

2005
- 에너지
- 항공기
- 헬스케어
- 운송
- 금융
- 가전 기기
- 미디어
- 소재
- 기타
  - 2007년 플라스틱 사업을 SABIC (사우디)에 매각

2010
- 에너지
  - 2015년 알스톰(프)의 에너지부문을 인수
- 항공기
  - 2013년 Avio(이)의 항공 부문을 인수
- 헬스케어
- 운송
- 금융
  - 2015년 GE 캐피털 사업에서 철수를 표명, 금융 사업을 순차 매각
- 가전 기기
- 미디어
  - 2011년 NBC 유니버설을 컴캐스트(미)에 매각
- 기타

2015
- 에너지
- 항공기
- 헬스케어
- 운송
- 금융
- 가전 기기
  - 2016년 가전 부문을 하이얼(중)에 매각
- 기타

(년)

출처: 《경제산업성》(2016)

7장 전사 전략

209

에 금융기관으로서 규제 대상에 오를 가능성도 높아지고 있었다. 이런 이해를 바탕으로 GE는 핵심 사업인 금융 사업을 매각하고, 동시에 기발행 주식의 20퍼센트에 해당하는 500억 달러 규모의 자사주 매입을 단행하여 투자 여력을 회복한다는 의사결정을 내렸다. 단기적인 매출 규모만이 아니라 장기적인 사업의 영속성을 고려하면서 동시에 주주에 대해서도 설명의 책임을 다한, 훌륭한 사업 영역 재편 사례라 할 수 있을 것이다.

물론 지멘스와 GE, 두 회사의 사례는 결과론에 불과할 수도 있다. 이렇게 극적인 사업 구조 전환은 그만큼 급격한 실적 악화로 이어질 위험도 뒤따른다. 또한 주주들 가운데는, 단기적인 수익을 희생하면서까지 장기적인 사업 구조 재편에 뛰어드는 것에 불만을 품는 경우도 있을 것이다. 특히 GE의 변혁에 대해 주식 시장은 그리 호의적인 평가를 내리지 않았다. GE가 당초의 의도대로 재성장을 이룰 수 있을지는 지금부터가 중요할 것이다.

그러나 산업 구조가 극적으로 변화하는 시대, 즉 사업 포트폴리오를 동적으로 재편할 필요가 있는 경쟁 환경에서는 잡음이 일더라도 새로운 시도를 끊임없이 고려해야 한다. 조직의 장기적인 존속을 최우선으로 생각하는 경영자라면 그것이 당연한 일일 것이다.

경제 성장기에 성공을 구가하던 많은 기업들 중에도 이런 중장기적인 시각을 확보하지 못해 도태된 경우가 허다하다. 사업 구조를 변혁하고 재편하는 데 뒤처지면 결국 위기를 맞을 수밖에 없다. 사업을 좋은 가격에 팔 수 있을 때는 이해관계자의 반대에 밀려 매각하지 못하고, 회사 전체가 벼랑 끝에 몰린 뒤에야 비로소 매각을 검토하는 사례도 흔하다. 거꾸로 성장 여력이 있는 기간산업을 성급히 매각한 결과 미래가 보이지 않는 상황에 내몰린 기업이 언론을 장식하기도 한다.

이는 1960년대부터 1970년대 사이, 수많은 미국의 업체들이 걸었던 길이기도 하다. 그러나 그중에서 많은 기업들은 경영 자원이 무작위로 분산되는 상황을 극복하고 사업 영역의 설정과 관리, 재편의 노하우를 축적해 차세대의 성장으로 연결 지었다.

어쩌면 당연한 말일지도 모르지만, 가장 필요한 것은 과거에서 교훈을 얻어 다음 세대에 활용하는 일일 것이다.

평가의 기준이
곧 그 기업을 말해준다

무엇을 평가하고, 무엇을 평가하지 않을 것인가

마지막 요소인 '감독과 평가' 또한 기능 전략의 일부로 다루기도 하지만, 분명히 전사 전략의 범주에서 논의해야 할 내용이다. 기업이 그 활동 전반을 어떻게 감독하고 평가하느냐는 기업의 의사결정 전반에 중요한 영향을 끼친다. 현재 국경을 초월해 활동하는 기업들 중에는 국가를 능가하는 힘을 지녔다고 할 만한 업체도 존재한다. 이런 기업들은 국가가 제정한 법 규제를 준수하는 데 그치지 않고, 자발적으로 사회에 기여하는 존재가 되어야 한다. 물론 사회적 영향력을 무시한 채 자사의 이익만을 위해 사업을 전개할 수도 있다. 이런 기업들이 번창하면 사회의 안전을 저해하게 된다. 무엇보다 길게 내다봤을 때, 고객의 지지를 계속 얻지는 못할 것이다.

기업을 운영하는 가운데 무엇을 평가하고 무엇을 평가하지 않을 것인가. 이 가치판단 기준을 검토할 때 전통적인 회계 수치만을 좇는 것은 부적절하다. 기업의 조직 도메인에 부합하는 평가 기준을 세우고 끊임없이 되돌아보면서 다면적인 척도로 자기평가를 할 필요가 있다. 일례로 코카콜라의 경우 기업이 소비하는 최대 자원이 '물'이라는 사실에 기반해 물 소비의 효율성을 2020년까지, 2010년 대비 25퍼센트 수준으로 향상시킨다는 목표를 세웠다. 단순히 비용을 절감하는 차원이 아니라 사회, 경제, 환경에 기업이 끼치는 영향을 감사하고 평가한 뒤, 그것을 개선하기 위한 구체적인 목표를 제시하고 실행한 것이다. 이런 과정은 기업 활동의 자정 작용을 촉진하며, 넓게는 기업의 사회적 책임으로 이어진다.

비슷한 맥락에서, 맥킨지앤드컴퍼니의 주주협의회는 포천 500대 기업의 경영진 중에 자사의 졸업생은 몇 명인가를 지속적으로 모니터링한다고 한다. 회사에서 배출한 인재가 얼마나 왕성히 활약하는가를, 조직의 건전성을 평가하는 장기적인 척도로 삼는 것이다. 단순한 회계지표에 입각한 기업 활동 평가와는 전혀 다른 척도라 할 수 있다. 이 지표를 개선하기 위해 회사는 지속적인 지원과 투자를 실시하고 있다. 단기적인 성과에 좌우되지 않는 모범적인 의사결정 사례다.

올바로 평가해야 기업이 제대로 굴러간다

지금도 일부 기업들은 시대에 뒤떨어진 방식으로 사업 가치를 평가하곤 한다. 상대적으로 규모가 큰 프로젝트에서 순현재가치NPV(사업 선정을 위한 방법 가운데 하나로, 사업의 최종 년도까지 얻게 되는 순편익의 흐름을 현재가치로 계산하여 합계한 것-옮긴이) 수치를 구색 맞추기 정도로만 첨부하는 경우를 예로 들 수 있다.

신규 사업 영역에 투자할 때는 또 다른 접근법이 필요하다. 불확실성이 높은 반면 성공할 경우에는 큰 이익을 예상할 수 있는 신규 사업의 경우, 현금흐름할인법DCF(투자 사업의 경제성 분석에 사용하는 기법으로, 미래 영업 활동을 통해 기대되는 순현금흐름을 정적한 할인율로 할인하여 기업 가치를 산출하는 방법이다-옮긴이)보다 리얼옵션을 사용하는 편이 (기본적으로는) 사업 특성을 더 정확하게 반영하여 적절한 투자 가치를 산출할 수 있을 것이다. 또한 유력한 경쟁자가 몇 군데밖에 없고 고객에게 제시할 수 있는 가격이나 품질 등의 선택지가 한정적이라면 게임 이론 등 경제학의 방법론을 응용하는 것도 가능하다.

만약 기업 내부에서 시대에 뒤떨어진 척도로 사업을 평가한다면 전략은 제대로 형태를 갖추지 못한다. 그렇기에 기업의 특성에 준거해 평가 기준을 적절히 설계하고 조직 내에 뿌리 내리도록 하는 작업은, 당연히 전사 전략의 범주로 보아야 한다.

이런 논의에서는 내부 및 외부 감사 체제를 어떻게 구축할 것인가도 상당히 중요한 문제다. 단순히 엄격하게 기준을 따르도록 강제하기만 해서는 경쟁력을 깎아먹을 뿐이다. 복잡한 회계 절차를 적정 수준으로 진행하면서도 기업의 독자성을 살린 유연한 체제를 운영할 수 있어야한다. 또한 각각의 사업을 지원하는 기능을 어떻게 평가할 것인지 적절한 기준을 설정하고, 이에 기반해 기업을 어떤 형태로 운영할 것인지 논의를 지속해야 한다. 여기에 따라 그 조직이 '사업을 지속적으로 전개하는 틀'로서 기능할 수 있을지가 좌우된다.

물론 감독관청이나 증권시장 등 이해관계자를 파악하고, 관련 법 규제에 따라 내부 제도와 규약을 정비하는 것은 가장 기본적인 사항이다. 이렇게 공들여 착실히 만들어나간 제도들이, 전사 전략이라는 언뜻 모호해 보이는 개념에 숨을 불어넣는다.

지금까지 전사 전략의 범주에서 검토해야 할 네 가지 요소를 실무적인 관점에서 살펴봤다. 이 가운데 어느 것이 가장 중요한지는 그 회사가 놓인 상황, 조직의 특성, 조직 도메인에 따라 달라진다. 그러나 분명한한 가지는, 무엇 하나 소홀히 해서는 안 된다는 사실이다.

앞 장에서 소개한 전략 프레임워크 가운데 몇몇은 이 네 가지 요소를 검토할 때도 상당히 유용하다. 다만 논의의 큰 전제로서, 기업과 기업이 놓인 사업 환경을 먼저 파악해야 함을 잊어서는 안 된다. 여기에는 외부 환경(4장)과 내부 환경(5장)을 설명할 때 다룬 각종 개념들이 도움이 될 것이다.

다가오는 미래,
새로운 형태의 전사 전략이 등장한다

마지막으로, 앞으로 전사 전략을 검토할 때 큰 과제가 될 조류를 하나 소개하려 한다. 바로 '새로운 형태의 조직'이다. 아래의 표는 근대 기업이 성장해온 역사를 정리한 것이다. 기업들은 탄생 이래 규모를 착실히 확대해왔으며, 선택과 집중의 시대를 거쳐 현재 새로운 조직의 형태를 모색하기 시작했다.

과거에는 전략의 실행 과정에서, 조직 내부의 통치 구조를 선택하는 것이 중대한 의사결정 가운데 하나였다. 그 예로 사업부제나 기능별 조직, 컴퍼니 제도 등을 들 수 있다. 조직 문화나 구성원의 행동 방식, 판단의 방향성 등을 하나로 일치시키고자 했으며 이를 위해서 각 조직의 내

근대 기업의 성장과 경영 조직의 변천

	근대 기업의 탄생	대기업화 시대	선택과 집중의 시대	새로운 조직 형태의 성장
연대	19세기 후반~	20세기 중반~	20세기 후반~	21세기 전반~
경영 환경	시장화 경제의 성장	전국화 경영의 전문화	국제화 금융 시장의 발달	세계화 정보기술의 발전
조직 형태	소규모 중심 일부 대규모화	대규모 지향 다각화 수직 통합	대규모 지향 전문 특화 수평 통합	대규모 및 소규모 외부 자원의 활용 분산 협조
경영 목표	대규모 경영의 효율화	매출 확대 조직의 성장	경쟁력 최대화 주주가치 제고	변화에 적절히 대응 효율적인 사업 성장

출처: 고토사카(2015b)

부 구조, 의사결정 시스템을 어떻게 설계할 것인가를 오랜 기간 논의해 왔다. 집권적인 조직 구조를 만들 것인가, 아니면 분권적인 조직 구조로 만들 것인가 하는 공식적인 조직 설계는 내부 환경을 다룰 때 빼놓을 수 없는 요소였다.

그러나 점차 새로운 형태의 조직이 영향력을 키워나감에 따라 이런 기류에도 변화가 찾아왔다. 이제는 좀 더 분산된, 자율적이면서 협조적인 성격의 네트워크형 조직이 폭넓은 산업에서 실현되고 있다. 이런 상황에서, '전사 전략'이라고 할 때의 '전사'가 과연 해당 기업만을 가리키는 것으로 보아야 할 것인가 하는 단순한 의문이 생겨났다.

예를 들어 대형 자동차 회사의 사업력은 본사만이 아니라 무수히 뻗어 있는 공급자망과 딜러망이 함께 만들어온 것이다. 앞으로도 복수의 기업이 협력하여 부가가치를 창조하는 구조는 한층 더 발달할 수 있다. 그런 연쇄 구조를 구축하는 시대가 찾아온다면, 대규모 기업군을 최대한 활용해 세계적인 가치사슬을 장악하는 소규모 기업이 등장할 것이다. 만약 그렇게 된다면 전사 전략의 형태도 달라질 수밖에 없다.

그런 근미래에는 플랫폼이나 생태계, 클러스터 등 '관계의 연쇄'를 의식한 전략 구축이 중요해질 것으로 보인다. 그리고 조직이 직접 소유한 경영 자원뿐만 아니라, 영향을 끼칠 수 있는 다른 경영 자원, 그리고 협력하는 조직이나 개인의 집단까지 대상으로 하는 전사 전략이 요구될 것이다.

미래의 조직이 어떤 모습이 될지는 아무도 알지 못한다. 그러나 지금 존재하는 조직의 형태가, 긴 역사적 맥락에 존재하는 하나의 통과 지점에 불과하다는 것은 분명하다

8장

관리회계
경영 전선을 지원하는 고도의 무기

❧

지금부터 할 이야기는 좀 더 현대적인 경영 전략의 실천에 관한 것이다. 이 장과 다음 장을 할애해 '수치를 통한 관리'와 '문화를 통한 관리'라는 두 가지 측면에서 경영 전략의 실천에 관해 살펴보려 한다.

관리회계Management Accounting와 경영 전략은 같은 시기에 태어나 개별적인 진화를 거쳤지만, 2000년 전후를 기점으로 양쪽의 경계가 점차 모호해지고 있다. 어떤 측면에서는 두 영역이 서로 융합되는 중이라고도 말할 수 있을 것이다.

먼저 관리회계 분야에서는, 불확실성이 높은 환경에서 전략적 의사결정을 지원하고자 논의하고 있다. 이를 위해 비재무적인 지표까지 포괄적으로 다룬다. 한편 경영 전략의 흐름에서는 창발적인 경영 전략을 진전시키기 위해 논의 중이다. 전략적 의사결정의 자리에 어떻게 현장의 최신 정보를 구조적이고 효율적으로 전달할 것이냐를 주로 다룬다. 그리고 이러한 움직임을 배경으로 전략관리회계Strategic Management Accounting라는 연구 분야가 탄생하는 등. 관리회계와 경영 전략은 밀접한 관련을 맺기 시작했다.

관리회계에 관한 상세한 논의는 전문 서적에 양보하도록 하고, 이 장에서는 그것이 경영 전략과의 접합점에 도달하기까지 거쳐왔던 간단한 흐름, 그리고 현대의 경영 전략에서 '수치의 관리'가 담당하는 역할을 중심으로 이야기를 해보려 한다.

'과거'가 아닌 '지금'을 파악하기 위한 경영 수치에 주목하다

전략의 실행에서 관리회계는 하나의 뼈대가 된다. 관리회계란 한마디로 말해, 경영자의 의사결정을 지원하기 위해 분석하고 활용하는 회계 정보다.

가까운 개념인 재무회계의 경우, 외부의 이해관계자에게 개시하고 비교하기 위한 목적으로 사용하는 성격이 더 큰 까닭에 독자적인 방법이 아니라 일정한 규칙에 입각한 획일적인 지침 아래에서 운영된다. 그에 비해 관리회계는 내부의 개선에 도움이 되도록 각 기업이 서로 다른 지침 아래 운영한다. 관리회계는 경영 전략이라는 말이 일반화되기 훨씬 이전부터 조직 운영에서 매우 중요한 역할을 담당해왔다.

이것을 체계화하는 계기가 된 것은 1965년에 출판된 로버트 앤서니Robert N. Anthony의 책이다.[1] 1965년은 경영 전략을 체계화한 이고르 앤소프의《기업 전략》이 출판된 해이기도 하다. 앤소프가 전략적 의사결정을 체계화한 것과 마찬가지로, 앤서니의 책은 복잡해지는 경영 환경에서 회계 정보를 어떻게 활용할 것인가를 논의하면서 분권화된 조직의 계획과 통제에 관해 다루었다. 그러나 앤서니가 개척한 전통적인 관리회계 분야에서는 관리회계의 역할을 '책정된 전략을 어떻게 실행할 것인가'로 규정했으며, 회계를 전략에 부속되는 개념으로 간주했다. 그 결과 1990년대가 되기 전까지는, 전략의 실행으로 얻은 수치를 어떻게 다시 전략의 책정에 연결할 것인가에 대해 체계적이고 명확한 논의가 진전되지 못했다.

물론 전략의 실행으로 얻은 각종 경영 수치를 경영의 현장에 제공하고 이를 통해 의사결정을 촉진하는 관리회계 기법은 지속적인 발전을 이루었다. 이는 경제가 성장하고 국제화됨에 따라 조직이 복잡화, 대규모화되는 흐름에 부합한 현상이었다. 그러나 '경영 전략과의 접합'이라는 관점에서 보면 그 발전은 '플랜'으로서의 경영 전략(1장 참조)을 지원하기 위해 경영 숫자를 제공하는 것에 그쳤다. 다시 말해 '패턴'으로서의 경영 전략, 즉 창발적인 전략을 충분히 지원하지는 못했다. 경영 현장에서 전략을 수립하고 실행하는 데 활용할 좀 더 창발적인 경영 시스템은, 경영 전략의 영역에서나 관리회계의 영역에서나 모두 오랫동안 발달이

---

1 Anthony, 《Planning and Control Systems: A Framework for Analysis》(1965)

정체되었던 셈이다.

당시, 화폐 가치로 기록된 매출이나 비용은 경영 현장에서 발생하는 일들의 후행 지표에 불과했다. 그러므로 다음 계획을 입안하기 위한 참고 정보는 될 수 있었지만, 현재진행형인 전략의 방향에 어떤 의의를 부여하기는 어려웠다.

전략적 의사결정을 내릴 때 경영자에게 가장 필요한 것은 좀 더 정성적인 정보다. 경영 현장에서 '지금' 어떤 일이 일어나고 있으며, 앞으로 무슨 일이 일어날 것인지 파악하기 위한 선행 지표가 바로 여기에 해당한다. 사업 환경은 날이 갈수록 복잡해지고 변화의 속도도 빨라지고 있었다. 이에 따라서 후행 지표에 머물 수밖에 없는 회계 수치가 아니라, 선행 지표가 될 수 있는 경영 수치를 강조하는 목소리가 두드러지기 시작했다.[2]

이렇게 재무적 지표에 과도하게 의존하는 전통적 관리회계 이론 체계는, 경영 전략을 책정하는 논의에서 점차 그 역할을 잃어갔다. 물론 생산 현장에서나 업무 수행을 보조하는 역할로서는 착실히 개선이 진행되었지만 이는 별개의 이야기였다.

이런 상황에서 파문을 일으킨 인물이 토머스 존슨H. Thomas Johnson과 로버트 캐플런Robert S. Kaplan이다. 두 사람은 1987년에 공동으로 펴낸 저서 《관리회계 시스템의 적합성 상실Relevance Lost》에서 '재무적 지표 등의

---

2 예를 들어 아이젠하르트는 1999년의 논문에서 주장하기를, 불확실성이 높은 현대 시장에서는 회계 수치가 아니라 경영 수치를 이용해서 전략을 결정해야 한다고 했다.

후행 지표에 지나치게 의존하는 회계 방식'에 직접적으로 문제를 제기했다.

전략과 수치를 연결하는 방법들

토머스 존슨과 로버트 캐플런은 같은 문제의식을 품고 있었지만 이후 서로 다른 방향성을 만들어나갔다.[3]

존슨은 경영 활동에서 간접 경비를 적절히 배부하도록 돕기 위해 활동기준 원가계산ABC: Activity Based Costing이라는 방법을 개발했다.[4] 이것은 관리회계의 본류를 한걸음 발전시킨 시도였다.

한편 캐플런은 관리회계를 좀 더 전략적인 논의로 파악하고, 관리회계와 경영 전략이라는 두 분야를 융합하고자 균형성과표BSC: Balanced Scorecard를 제창했다.[5] BSC는 기업의 사명과 전략을 측정하고 관리할 수 있는 포괄적인 측정 지표다. BSC를 비롯해, 경영 전략과 맞닿아 있는 최근의 연구는 생산이나 판매 현장의 비재무적인 정보를 더 중시하며 그것을 전략 결정의 중심 요소로 보는 경향이 있다.

---

3 고스가, 〈전략 관리 회계 수법으로서의 균형성과표〉(1997)
4 투입 자원이 제품이나 서비스로 변환되는 과정을 명확히 밝혀 제품이나 서비스의 원가를 계산하는 방식이다. 전통적인 원가 계산 방식은 간접지원 비용을 인위적인 기준에 따라 배분함으로써 제품이나 서비스 원가를 왜곡했는데 이러한 문제점을 해결하고자 하는 것이 바로 ABC다.
5 BSC는 재무적인 측면과 더불어 고객, 내부 프로세스, 학습과 성장 등 기업의 성과를 종합적으로 평가하는 균형 잡힌 성과 측정 기록표다.

투자자본수익률ROI: Return on Investment이나 경제적부가가치EVA: Economic Value Added 같은 재무 지표가 과거의 단기적인 실적을 강조하는 데 비해, 비재무적인 지표는 미래 실적을 보여주는 선행 지표가 된다. 이런 비재무적인 지표를 더욱 객관적으로, 균형 있게 파악해야 한다는 이해가 자리 잡으면서 최근의 연구 동향에도 영향을 끼치게 된 것이다. 물론 그전부터 경영 현장의 비재무적인 정보는 전략적 의사결정에서 핵심적인 요소였지만, 대부분의 경우 경영 간부의 직감이나 '암묵적인 지식'에 맡길 뿐이었다. 그러나 조직의 규모가 점차 커지고 국제화될수록 직감이나 암묵적 지식을 통해서 비재무적 정보를 파악하고 관리하는 것이 점차 어려워졌다. 또 한 가지 중요한 변화는, 재무적인 정보에 잘 반영되지 않는 무형 자원, 지식, 기능 같은 요소가 기업 가치에서 점차 중요한 부분을 차지하게 되었다는 점이다. 그 결과 실무자들 사이에서도 전략적 의사결정에 도움이 되는 정보와 사실을 더 체계적이고 객관적으로 취득했으면 좋겠다는 바람이 더욱 강해졌다.

이런 요구에 따라 1990년대 중반부터는 내부 관리를 위한 실적 평가(대표적으로 BSC), 이익 계획, 조직 통제를 시스템화하려는 움직임이 뚜렷하게 형성됐고, 2010년대 중반에는 그런 수치를 외부에 보고하려는 목적으로 만들어진 통합보고서Integrated Reporting가 새로운 조류를 형성했다.[6] 두 가지 모두 경영과 조직을 '사실'에 근거해 이해하고, 그 '사실'을

---

6 미래 예측을 포함한 지표의 개발과 응용도 동시 병행적으로 진행되었다. 그렇기에 이제는 과거와 달리, 화폐 가치로 산출되었다고 해서 반드시 후행 지표라고 말할 수 없는 상황이 되었다.

기반으로 경영할 것을 지향하는 움직임이었다. 2000년대에 들어서면서 더 많은 기업들이 경영에 관한 '사실'을 다면적으로 제공하기 시작했다. 이를 통해 기업들은 투자에 관한 의사결정이나 이해 조정에도 회계 정보를 최대한 활용하고자 했다.

여기에서 말하는 '사실'은 수치로 나타내기 쉬운 금전에 관한 것만이 아니라 기업 활동에 관련된 폭넓은 정보를 포함하는 개념이다. 다시 말해, 경영 행동을 할 때 생산되는 정보를 제삼자도 객관적으로 평가할 수 있는 형태로 구조화한 데이터라 할 수 있다. 여기에는 금전적 가치로 변환된 재무적 데이터뿐만 아니라, 금전 가치로 변환하기 어려운 비재무적 지표까지 포함되었다.

재무적·비재무적 지표의 예

	인풋	프로세스	아웃풋
비재무적 지표			
신제품 개발	제조 시간	출하 목표 달성도	신제품 발매
주문 처리	콜센터 직원의 수	주문 접수 시간	주문 처리 수
부품 제조	부품의 사양서	조립 시간	정품률
재무적 지표			
신제품 개발	인건비와 원재료비	시제품 제조 비용	신제품의 매출액
주문 처리	직원의 급여	주문 처리 비용	주문 단위당 비용
부품 제조	재료 비용	조립 비용, 수선비	단위당 비용

균형성과표, 즉 BSC는 특히 '커뮤니케이션'을 중시한 발상이다.[7] 이를 통해서 기업은 조직 전체에 나아갈 방향을 전달하고 전략 목표를 제시할 수 있다. 즉, 수치를 단순히 실적 관리에만 이용하는 것이 아니라 그 수치를 이용해 조직의 벡터를 한곳으로 모으고 경영 전략을 지원한다는 것이다. BSC는 미국과 유럽을 중심으로 관리회계 분야에서 뚜렷한 흐름을 형성했으며, 실무자들 사이에서 응용 사례를 넓혀나가는 중이다.

균형성과표의 탄생과 진화

비재무적 지표에 주목하다

BSC라는 개념은 로버트 캐플런과 데이비드 노턴David P. Norton이 공동으로 개발했다. 두 사람은 1992년의 논문, 〈균형성과표: 실적을 높이는 경영 지표The Balanced Scorecard: Measures That Drive Performance〉에 이 개념을 처음 공표했다. 이 논고의 공헌은 경영과 관련된 각종 프로세스를 재무적 지표, 즉 금전적 정보만이 아니라 비재무적 지표, 즉 비금전적 정보를 통해서도 파악하는 것이 중요함을 제시한 것이다. 더불어 기업 조직의 모든 영역에서 이 지표를 균형 있게 수집해야 함을 이 논문은 강조했다. 다만 이 시점에는 비재무적 지표를 어떻게 구성해서 BSC를 만들 것인가 하는 설명이 불명확했다.

---

7 Malina·Selto, 〈Communicating and Controlling Strategy〉(2001)

이 비판에 대응하고자 두 저자는 1993년에 발표한 논문 〈균형성과표의 업무 활용Putting the Balanced Scorecard to Work〉에서 이론을 보완했으며, BSC를 활용할 때 전략적 성공과 연결된 지표를 선택하는 것이 중요하다고 설명했다. 그리고 BSC의 응용 사례를 수집해 1996년에《균형 성과표The Balanced Scorcard》라는 책을 출판했다. 이 책은, 전략을 구축하고 실천하기 위한 사고법으로서 BSC를 체계화했다.

그러나 BSC는 순수한 재무 정보와 달리 숫자로 나타내기 어려운 정성적인 정보도 다루기 때문에 실제로 운용할 때 난이도가 상당히 높았고, 따라서 전략 도구로서 일반화하기가 어려웠다. 특히 지표를 설계할 때는 개별 기업이 놓인 상황을 바탕으로 비전과 전략을 반영하여 백지 상태에서부터 시작해야 한다는 문제가 있었다. 이런 까다로운 부분 때문에 이후에도 BSC를 개선하려는 시도는 계속 진행되었다.

어떤 지표를 선택할 것인가

캐플런과 노턴이 2001년에 펴낸 책《전략 중심 조직The Strategy-focused Organization》은 초기의 그런 시도들을 집대성한 것이다. 여기에서 두 저자는 특히 '전략 지도Strategy Map'라는 개념을 응용해, BSC의 각 척도를 논리적 인과관계로 이루어진 연쇄 구조로 이해할 것을 제안했다. 즉, 전략의 성과로 삼는 척도와 그 성과를 이끌어내는 척도를 서로 연결하는 것이다. 책에서는 '전략은 연속된 절차의 한 단계'라고 강조하면서, BSC를 다음과 같이 설명한다.

"필요한 성과(후행 지표)를 이끌어내는 동인(선행 지표)을 확인하고 전략적인 가설을 체계화함으로써, 검증이 가능한 일련의 인과관계로서 설명한다."

후행 지표와 선행 지표의 인과관계

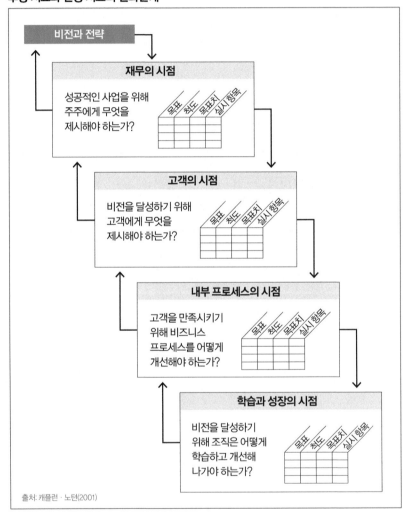

출처: 캐플런·노턴(2001)

책에서 말하는 '후행 지표와 선행 지표를 잇는 일련의 인과관계'를 단순화하면 왼쪽과 같은 개념도로 나타낼 수 있다.

이처럼 BSC라는 시스템에서는, 사업 전략이나 전사 전략이 그리는 비전과 전략이 재무의 시점뿐만이 아니라 고객의 시점, 내부 프로세스의 시점, 그리고 학습과 성장의 시점을 모두 반영하여 논리적인 인과관계로 연결된다. 다시 말해 서로 연결된 수치들이 '사실'을 통해 경영 전선과 의사결정의 무대까지 이어지는 것이다.

예를 들어 주주에게 영업이익률 개선에 관해 제안하는 경우를 생각해보자. 이때의 목표는 먼저 이익에 영향을 끼치는 '고객의 시점', 그리고 '내부 프로세스의 시점', '학습과 성장의 시점'에서 각각의 지표를 통해 반영된다.

'경영 전선의 최신 상황을 새로운 의사결정에 반영하기 위해, 비재무적인 정보까지 포함한 다양한 수치를 구조화하고 그 인과관계를 가시화한다. 그럼으로써 경영 전략의 실행을 지원한다.'

이 근본적인 발상은 캐플런과 노턴이 연구를 시작한 1990년부터 지금까지 바뀌지 않았다.[8] 'BSC의 전략 활용'에서 본질은 바로 이것이다. BSC의 배경에는, 재무적인 지표로는 완전히 파악할 수 없어 통제가 불가능한 활동을 관리하고 개선한다는 사상이 깔려 있다. 그리고 이를 위해서 각종 실적 지표로 예산 계획을 보완할 것을 제안한다. 단순히 각 부

---

8 BSC의 원점은 1990년에 KPMG의 조사 기관이었던 놀런노턴이 실시한 조사다. 미래의 조직에서는 재무 지표에 의존한 성과 평가가 도움이 되지 않으며, 비재무 지표를 활용함으로써 조직에 숨겨진 성장 가능성을 찾아낼 수 있다고 생각하고 그 방법을 탐색했다.

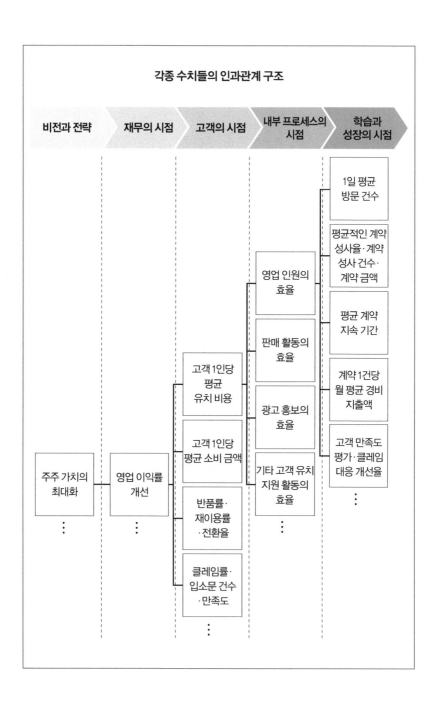

각종 수치들의 인과관계 구조

| 비전과 전략 | 재무의 시점 | 고객의 시점 | 내부 프로세스의 시점 | 학습과 성장의 시점 |

- 주주 가치의 최대화
  ⋮

- 영업 이익률 개선
  ⋮

- 고객 1인당 평균 유치 비용
- 고객 1인당 평균 소비 금액
- 반품률·재이용률·전환율
- 클레임률·입소문 건수·만족도
  ⋮

- 영업 인원의 효율
- 판매 활동의 효율
- 광고 홍보의 효율
- 기타 고객 유치 지원 활동의 효율
  ⋮

- 1일 평균 방문 건수
- 평균적인 계약 성사율·계약 성사 건수·계약 금액
- 평균 계약 지속 기간
- 계약 1건당 월 평균 경비 지출액
- 고객 만족도 평가·클레임 대응 개선율
  ⋮

서에 재무적인 목표를 할당하는 것이 아니라, 재무적인 수치의 원인이 되는 각종 비재무적 실적 지표를 함께 조합하는 것이다. 그럼으로써 목표 설정과 관리에 좀 더 근본적으로 접근할 수 있다고 설명한다.

왼쪽의 표는 전형적으로 사용하는 척도들을 간략하게 나타낸 것으로, 수많은 사례 중 일부에 지나지 않는다. 실제로 이런 지표들을 서로 연결함으로써 영업 인력의 학습 및 성장 수준을 파악하고, 내부 프로세스와 고객에 대한 대책을 전체적으로 조율하여 최종적으로 전략과 비전에 이르도록 할 수 있다.

전략과 수치를 연결하는 이런 사고법을 경영 전략을 실행하는 현장에 실제로 도입하기 위해서는 전사적이고 장기적인 노력이 필요하다. 다른 회사에서 기능했던 방법론을 단순히 모방한들 효과를 볼 수 없다. 어디까지나 자사의 특성과 지향점을 바탕으로 그 특성에 맞는 수치 관리 방법을 검토하고, 그것을 현실적으로 운용할 수 있게끔 하는 체제를 구축해야 한다. 무엇보다 필요한 목표를 설정하는 작업이 동반되어야 한다. 사업 구조나 사업 환경이 변화한다면, 당연히 그에 맞춰서 수치 관리 방법이나 체제, 목표도 끊임없이 경신해야 한다.

전략에 생기를 더하는 수치 활용법

전략과 회계를 융합하는 발상은 물론 BSC의 전유물은 아니다. 재무적인 지표와 비재무적인 지표를 논리적으로 접합함으로써 경영의 의사결정과 사업 현장의 괴리를 메우고자 하는 발상은 그 밖에도 많다. 가령

BSC와 대비되는 개념으로, 교세라Kyocera의 창업자인 이나모리 가즈오稲盛和夫가 제창한 '아메바 경영' 시스템을 꼽을 수 있다. 아메바 경영은 '시간당 채산관리'라는 독자적인 관리회계 개념을 사용했다.[9]

아메바 경영 시스템에서는 회사 조직을 '아메바'라는 소집단으로 나누고 직원들이 스스로 경영자 의식을 가지고서 소집단을 이끌어가도록 한다. 이런 경영 형태를 가능하게 하는 것이 바로 고유의 채산관리 제도인데 '시장에 직결된 부문별 채산 제도'를 매출이나 이익을 올리는 부문만이 아니라 조직의 최소 단위로 철저히 도입한다. 다시 말해 경영 상황을 '과거의 숫자가 아닌 현재의 살아 있는 숫자'로 파악하도록 한다는 것이다.[10]

이런 조직 운영 형태는 자포스Zappos나 에어비앤비 같은 스타트업 기업들도 적극적으로 채용하고 있다. 각각의 기업에서 독자적으로 운용하는 이런 경영 기법의 목적은 본질적으로 같다. 바로 '전략과 수치를 서로 연결한다'는 것이다. 수치는 의사결정자에게 필요한 정보를 제공하는 동시에 현장의 사원들에게 무엇을 우선해야 하는지, 어떻게 행동해야 하는지를 전달하고 유도하는 역할을 한다.

기업은 수치를 활용함으로써 형식에 얽매이지 않는 조직 구조를 실현할 수 있다. 이를 통해 조직은 유연하게 변혁을 이루고 전략을 신속하게 실천하게 된다. 이렇게 다면적인 수치 관리 시스템을 조직의 말단까지

---

9   미야 히로시, 《아메바 경영론》 (2003)
10   이나모리 가즈오, 《아메바 경영》 (2006)

확대하고, 여기에서 얻은 정보를 끊임없이 전략적 의사결정에 반영할 때 경영 전략을 명확하게 실행할 수 있다.

스타트업 기업들의 효과적인 도구, KPI 관리

급성장하는 기업의 경우, 사업 환경이나 조직의 형태가 시시각각으로 변화하기 때문에 BSC 같은 성과관리 시스템은 적합하지 않을 수 있다. 그보다는 중요한 경영 지표에만 주력하고 그 밖의 요소는 융통성 있게 처리하는 좀 더 단순한 방식이 효율적일 것이다.

특히 스타트업 기업은 불확실성이 높은 사업 영역에서 소수 정예로 사업을 전개한다. 무엇보다 창발적인 전략이 중요하기 때문에 핵심성과지표KPI: Key Performance Indicators 관리가 더 도움이 된다. 마찬가지로 규모가 큰 기업이라 해도 의사결정의 사이클이 짧고 프로세스를 표준화하기 용이하며, 현장의 재량이 실적을 좌우한다면 KPI 관리가 효과적이다.

KPI 관리를 어떻게 정의하느냐에 관해서는 의견이 다양하지만, 중요한 수치를 관리한다는 발상 자체는 BSC와 일치한다. 즉, 전략과 숫자를 연결함으로써 경영 효율을 개선한다는 것이다. 한 가지 다른 점이 있다면 KPI 관리의 경우 기업 실적을 나타내는 지표를 균형 있게 수집하고 평가하는 것이 아니라, 실적에 가장 큰 영향을 끼치는 중요한 변수군, 특히 기업 실적에 관한 선행 지표에 주목하고 그것을 중점적으로 관리함

스타트업의 KPI 관리 예

	KPI의 명칭	원어 표기	개요
고객 관련 지표	고객 획득 비용	CAC: Customer Acquisition Cost	고객 한 명을 확보하는 데 들어가는 비용
	고객 정착률	CRR: Customer Retention Rate	고객이 서비스에 정착하는 비율
	고객 생애 가치	LTV: LifeTime Value	고객이 이탈하기까지 자사에 소비하는 금액
	SNS 확산율	SNS Share Ratio	고객이 SNS에 자사 정보를 확산시키는 비율
UI/UX 관련 지표	태스크 성공률	Task Success Rate	고객이 필요한 절차를 성공적으로 완수하는 비율
	태스크 소요 시간	Time on Task	고객이 절차를 완료하기까지 걸리는 시간
	검색 / 내비게이션 비율	Search / Navigation Ratio	검색과 내비게이션의 이용 비율
	오류 발생률	Error Occurrence Rate	고객이 조작을 잘못할 확률
재무 관련 지표	LTV/CAC 비율	LTV/CAC Ratio	고객 생애 가치와 고객 획득 비용의 비율
	CAC 회수 기간	CAC Recovery Time	고객 획득 비용의 회수 기간
	번 레이트	Burn Rate	기업이 소비하는 현금의 양(월간·주간)
	런어웨이	Runway	기업이 자금을 다 쓰기까지의 날수
외형 정보	액티브 유저수	Active Users	이용 중인 고객 수(일·주·월)
	페이지뷰	Page View	서비스의 접속 수(일·주·월)
	유통/결제 총액	Merchandise / Transaction Volume	유통 또는 결제 총액

으로써 경영을 효과적으로 개선한다는 것이다.[11] 가령 인터넷 관련 스타트업 기업에서 전형적으로 사용하는 KPI 지표는 왼쪽과 같다.

오해하기 쉬운 부분은, KPI를 독립된 변수의 집합으로 보는 것이다. 실제로는 기업의 전략이나 사업 특성에서 가장 중요한 요소가 무엇인가에 따라, 각각의 KPI를 논리적으로 연결하고 구조화해야 한다. 일례로 일본의 최대 요리 정보 사이트 '쿡패드'는 유저 스토리에 기반한 KPI를 설정했는데, 자사를 이용하는 유저의 활동을 아래의 5단계로 분류했다.

①기사를 발견한다 ②기사를 읽는다 ③기사를 평가한다 ④관련 기사를 탐색한다 ④사이트를 평가한다

자사 고객의 핵심 체험을 '기사를 읽는 것'으로 정의하고 각 단계별로 좇아야 할 지표를 설정했으며, 개선에 따른 성과를 수치로 판단할 수 있도록 구조화했다.

쿡패드가 5단계의 유저 활동에 대해 각각 설정한 KPI는 다음과 같다.

①페이지뷰, 유니크 유저 ③스크롤 수, 완독률, 체류 시간 ③'좋아요' 수, 트윗 수, 북마크 수 ④탐색율(1회 방문 시 얼마나 많은 기사를 보고 읽느냐) ⑤공식 페이스북의 '좋아요' 수

---

11 경영 개선 이외에, 기업 IR 활동의 일환으로 기업의 현재 경영 상황을 효과적으로 투자자에게 전달하는 수단으로 사용될 때도 많다. PricewaterhouseCoopers(2007) 참조

이렇게 KPI를 설정한 다음에는 개별적인 개선 시책을 웹호스팅 시스템 깃허브GitHub로 관리한다. 구축된 시스템을 통해, 각 시책을 시행한 후 각각의 KPI가 어떻게 변화했는지를 즉시 확인, 검증할 수 있다.

이처럼 각각의 KPI를 독립된 변수가 아닌 사업의 중요한 프로세스 흐름 중 일부로 파악하는 것은 상당히 효과적인, 또한 정석적인 방법이다. 데이브 맥클루어Dave Mcclure가 2007년에 발표한 분석 기법 AARRR 또한 마찬가지다. 고객의 시점을 통해 프로세스를 구조화할 때 흔히 쓰이는 방법론인데, 여기서는 고객과의 관계를 획득Acquisition, 활성화Activation, 재방문Retention, 추천Referral, 수익Revenue의 5단계로 나눈다.

고객의 시점을 통해서 KPI를 구조화하는 방법 이외에 제품 및 서비스별로 KPI를 구조화하는 경우도 있으며, 연구개발을 중점으로 하는 기업들은 연구원의 생산성이나 활동 사항을 KPI의 중요 항목으로 삼기도 한다. 이처럼 KPI의 구조화에 정답은 없으며, 각 기업의 전략과 비전에 부합하게끔 독자적으로 편성해야 한다. 또한 같은 기업 내의 조직일지라도 창조성이 요구되는 연구나 개발 쪽보다는, 생산성이 더 중요한 판매 분야에 KPI 관리가 효과적일 것이다.

KPI를 이용한 사업 관리는, 근본적인 사업 프로세스를 구조적으로 파악하고 한정된 수치 정보를 지속적으로 수집하는 경영 기법이다. 요컨대 전략을 충실히 실행하고 다듬어나갈 수 있도록, 전략과 숫자를 연결하는 방법론이라 할 수 있다.

KPI의 유통기한에 주의하라

당연한 말이지만, KPI 관리를 도입하고 지속적으로 갱신하는 것은 간단한 일이 아니다. 특히 KPI를 구조화하는 작업은 담당자 한 명, 경영자 한 명이 할 수 있는 일이 아니다. KPI 관리를 도입하고 그것이 지속적으로 효과를 발휘하도록 만들려면 전사적인 노력이 필요하다.[12] 어떤 KPI를 중시할 것인가, 각각의 KPI를 어떻게 논리적으로 연결할 것인가는 각 기업의 전략이나 방침뿐만 아니라, 각 부문의 기존 업무 방식에도 크게 좌우되기 때문이다.

또한 규모가 큰 조직이나 변화 속도가 빠른 환경에 놓인 기업일수록 일시적으로 합의를 봤던 KPI가 단기간에 그 의미를 잃고 단순한 수치 보고로 퇴보하는 상황이 자주 발생한다. 각 부문의 당사자가 지표 하나하나의 배경에 있는 사상이나 전체의 구조를 이해하지 못하면 어느 순간 실태로부터 멀어지기 시작한 지표를 그대로 사용하게 된다. 그 결과 본질과 어긋난 수치를 부적합하게 운용하는 상태가 시작된다.

개개의 수치를 어떻게 구조화하고 어떤 수치를 가장 중요한 지표로 채용하느냐 하는 복잡한 논의를 정리하려면, 관련자 다수의 의견을 지속적으로 취합해야 한다. KPI 관리는 단순히 수치를 논리적으로 접합하는 것에 그치지 않는다. 의사결정자 한 사람 한 사람이 수긍할 수 있는 최적의 논리 구조를 구축하고, 변동하는 수치를 올바로 이해해야 하며,

---

12 BSC의 도입을 논의할 때도, 이 KPI의 설정에는 경영 상층부의 관여가 중요하다고 설명한다.

동시에 그 이해를 끊임없이 쇄신해나가야 한다. 현장의 사원들은 경제적부가가치EVA나 자기자본이익률ROE: Return On Equity, 내부수익률IRR: Internal Rate of Return 등의 수많은 지표에서 현실감을 느끼지 못한다. 이런 지표가 추상적인 목표가 되어서 애초의 의도와는 상반된 결과를 낳지 않도록 하려면, 관계자 한 사람 한 사람의 깊은 이해를 끌어낼 필요가 있다.

예를 들어 일본의 온라인 프리마켓 애플리케이션 메루카리Mercari 는 DAU(1일당 액티브 유저 수), 신규 설치 수, 신규 출품 수, 지속률, 출품률, 구입률, 상품 구입 금액, 신규 고객 획득 수, CPI(신규 고객 획득 효율), ROAS(광고비 대비 매출액), LTV(고객 생애 가치) 등의 전형적인 KPI를 채용한다. 이 회사는 LVT의 개선을 목표로 KPI를 재편성하고자 했을 때 어떻게 구조화할 것인가를 두고 고민에 봉착했다. 만약 기준을 신규 유저와 기존 유저로 나눈다면 단골인가, 첫 방문객인가 하는 구분이 중요해진다. 또한 상품별로 나눈다면 '고가 제품인가, 저가 제품인가', '새 제품인가, 중고품인가' 같은 기준을 중심으로 하게 될 것이다. 따라서 KPI는 단순히 논리적으로 올바른 인과관계로만 접근해서는 불충분하다. 먼저 의사결정자가 수긍해야 하며, 무엇보다 그 기업의 전략이 추구하는 방향에 부합하는 구조여야 한다.

메루카리는 이런 논리 구조를 논의하기 위해 임직원과 프로듀서, 데이터 과학자 등 의사결정자와 이해관계자들이 한데 모여 1박 2일 동안 합숙한 끝에 모두가 수긍할 만한 KPI 관리를 완성했다.

경영진이 하향식으로 KPI를 결정하면 그 의도가 현장에 충분히 전달되지 않으며, 담당자가 주인의식을 가지고서 그 수치를 다룰 수 없다. 반대로 각각의 담당자가 따로따로 KPI를 검토해서는 그것들을 하나로 모았을 때 기업의 전략이나 비전과 일치하지 않을 가능성이 높다.

어떤 측면에서는 KPI를 설정하는 작업 자체가 조직 구성원들에게 통일된 방향성을 제시할 수 있다. 수치를 조직에 도입하는 과정에서 개개인이 암묵적으로 인식하던 이해나 상식이 가시화되고, 조직 전체를 하나로 묶는 효과가 나타나는 것이다. 이는 BSC를 도입할 때와도 비슷한 효과라 할 수 있다.

이렇게 많은 난관을 극복하고 KPI 관리를 도입했더라도 아직 긴 여정이 남아 있다. 의사결정자와 이해관계자를 조율하는 작업은 기업이 변화하는 한 계속해야 하기 때문이다. 2013년에 《린 분석Lean Analytics》을 출판한 앨리스테어 크롤Alistair Croll과 벤저민 요스코비츠Benjamin Yoskovitz는 사업의 성장 단계를 공감Empathy, 흡인력Stickiness, 바이럴Virality, 매출Revenue, 확대Scale의 다섯 단계로 나눴다.[13] 그리고 스타트업은 이 다섯 단계마다 비교하기 쉽고 이해하기 쉬우며 수치로 표현할 수 있는, 그리고 행동으로 직결되는 KPI를 선택해 주력해야 한다고 말했다. 요컨대 조직이 가장 중요시해야 할 KPI는 상황에 따라 달라지므로 조직은 그 변화에 맞춰서 KPI 관리를 끊임없이 재검토해야 한다는 것이다. 그렇지 않으면 유통기한이 지난 KPI가 조직을 잘못된 전략으로 오도할 위험이 있다.

---

13 공감은 해결해야 할 문제를 명확히 하고 그 해결책을 찾아내는 단계다. 흡인력은 소수의 초기 고객을 위해 서비스를 공들여 만드는 단계다. 바이럴은 좀 더 거대한 고객층에 서비스를 판매하는 단계. 매출은 사업의 수익화에 몰두하는 단계이며, 확장은 사업의 확대에 집중하는 단계다.

전략과 수치를 연결하는 것은 결코 평탄한 과정이 아니다. 그러나 여기에 성공한다면 남들은 얻지 못한 정보를 손에 넣어 신속하고도 정확한 전략적 의사결정을 내릴 수 있을 것이다.

끊임없이 변하는 사업 환경 속에서 어떻게 길을 낼 것인가

KPI 관리란, 끝없이 방향을 조정하는 작업

스타트업 기업처럼 한정된 사업 영역에서 한정된 인원이 사업에 참여하게 되면 KPI의 논리 구조는 비교적 단순한 형태에 머물 수밖에 없다. 이런 경우, 기업이 수치 관리를 실천할 때 직면하는 가장 큰 어려움은 조직을 하나로 모으고, 계속해서 변하는 사업 환경과 자사의 조직 구조에 맞춰 KPI 관리를 적절하게 쇄신해나가는 일이다.

한편 조직이 더 복잡해지고 사업 규모가 확대되면 복수의 사업이나 무수한 제품군을 보유하게 되는데 이때는 또 다른 방향에 초점을 맞추어 KPI 관리를 해야 한다. 즉, 재무회계상의 수치와 관리회계상의 숫자를 좀 더 명시적으로 분리하고, 각 사업과 기능 부문의 책임자가 회사 전체의 방향성에 따라 의사결정을 하도록 유도할 필요가 있다.

비용이 투입되는 부문, 이를테면 총무나 인사, 경리 부문의 책임자는 단순히 자신에게 할당된 예산을 소화하는 것이 아니라 그 예산을 좀 더 효율적으로 활용해야 한다. 또한 이익이 발생하는 부문, 즉 영업부나 온라인 스토어, 판매촉진 부문의 책임자는 주어진 경영 자원을 전제로 하되 그것을 효과적으로 활용해 시책을 제안하고 매출을 향상시킬 의무가 있다. 그리고 양 부문을 통합하는 역할의 관리자는 양측의 조정을 꾀하면서 다른 부서, 다른 시간 축 사이에서 전체가 최적인 상태를 실현할 책무를 진다.

이처럼 서로 다른 책임과 권한을 가진 관리자들이 같은 방향을 향하도록 하기 위해서는, KPI 관리나 BSC의 일환으로 설정되는 각종 지표를 각 부서, 각 개인에게 적절히 분배해야 한다.

어떤 방향으로 힘을 쏟을 것인가가 중요하다

1970년대에 인텔이 채용했고 구글이나 페이스북 같은 실리콘밸리의 유명 기업들도 도입하고 있는 성과관리 기법 OKR Objectives and Key Results도 골격은 비슷하다. 회사 전체의 목표 및 활동이 각 부서, 각 개인의 목표 및 활동과 모순되는 지점이 없도록 관리하는 것이다. 여기서는 개개인이 주어진 수치를 달성하는 것이 중요하지 않다. 그 수치의 배경에 존재하는, 조직 전체가 중요하다고 생각하는 방향과 각 개인이 매일같이 힘을 쏟는 방향을 일치시키는 것이 중요하다.

강력한 실행이 뒤따르는 전략은 개개인에게 동기를 부여할 때도 일관성을 띤다. 기업 층위의 달성 목표가 각 사업, 각 부서, 각 팀, 그리고 개개인에게 전달되며, 그것이 서로 모순되지 않는다. 조직의 모든 구성원은 그 목표의 의의를 충분히 이해하고 현실적인 개념으로서 인식하여 달성하고자 한다. 즉, 각각의 사업이나 기능별로 책임을 명확히 하는 것은 단순히 이익 실현이나 내부 통제 등의 문제가 아니다. 더 중요한 것은 각 사업, 기능, 개인의 실적을 평가하고 그 평가의 틀을 통해 일정한 방향으로 동기를 부여하는 일이다.[14]

애플이나 유니레버Unilever, P&G, BP, 레노버Lenovo 등 높은 실적을 올리는 다국적 기업들 대부분은 회사 전체의 목적에 부합하는 동기를 조직에 부여하고 정비해나가기 위해 전문성 있는 경영 간부에게 고액의 보수를 지급한다. 이들 간부는 내부 시스템을 통해 단기간에 책임 있는 위치로 승진하며, 실적에 따라 막대한 인센티브를 받기도 한다. 물론 기대한 성과를 올리지 못할 때는 지체 없이 해고하거나 급여를 삭감한다는 것이 전제 조건이다. 이런 조건에 놓인 경영 간부는 실적이 호조일 때는 적극적으로 미래를 위한 투자를 실시하고, 반대로 저조할 때는 목표로 설정한 숫자를 달성하기 위해 온갖 수단을 검토한다.

당연히 성과주의에 따른 부작용도 생길지 모른다. 그러나 높은 실적을 올리는 많은 선두 기업들이 명확한 성과지표 그리고 그 지표와 연동되는 보수 체계를 통해 우수한 인재를 성공적으로 활용하고 있음은 분명한 사실이다. 아시아의 다국적 기업에서도 30대나 40대의 젊은 경영진이 활약하는 사례가 늘고 있다. KPI를 적절히 설정하고 평가한 것이 이런 결과에 적잖은 영향을 끼쳤을 것으로 보인다.

물론 돌발적인 사건이나 불확실성이 높은 사안에 대해서는 경영진과

---

14 KPI나 BSC에서 말하는 실적 목표의 적절한 구조화와 배분 외에, 개개인의 인센티브 설계 측면에서도 고려해야 할 요소가 많다. Daniel J. Simons(2003) 참조

본사의 주도 아래 KPI를 민첩하게 조정하거나, KPI의 범위 밖에서 필요한 경영 자원을 투입하는 것이 효과적일 수 있다.

경제 위기나 천재지변이 발생했을 때 본사 예산을 유동적으로 활용해 효과를 거두는 기업들이 있다. 경쟁사가 예산을 축소하고 몸을 사리는 와중에도 이들은 저렴한 광고 매체를 적극 이용하고, 텅텅 빈 점포에 신속히 상품을 조달한다. 기업 인수나 사업 개발에 필요한 자금을 본사에 미리 확보해놓고, 각 사업부들이 창의적인 궁리를 통해 그 자금을 획득하도록 경쟁을 유도하는 기업도 있다. 그런가 하면 전략 상품을 세계 시장에 공급하기 위해, 각 지역의 손익 책임과는 별개로 전략 상품의 광고비를 배분하는 기업도 적지 않다. 연구개발 예산과 인력에 여유를 둬서, 각각의 연구팀이 자유로운 발상으로 제품 개발에 임할 수 있도록 배려하는 기업도 많다.

중요한 것은 BSC나 KPI에서 정의하는 실적 지표를 조직과 개인에게 논리적으로 할당할 뿐만 아니라, 그것만으로는 접근하지 못하는 불확실성이나 창조성의 영역까지 다뤄야 한다는 점이다. 이를 위해서는 예산이나 그 밖의 경영 자원을 기민하게 활용할 수 있는 체제를 구축해야 한다. 논리적이고 구조적으로 설계된 수치 관리 프레임워크. 그리고 비전과 전략에 입각해 유연하게 활용하는 경영 자원. 이 두 가지를 모두 갖출 때 비로소 복잡하고 불확실한 사업 환경에서도 대규모 조직이 번영할 수 있다.

차별화를 만들어내는 수치란?

지금껏 이야기한 수치 관리를 활용할 때, 확보하기가 유독 힘든 수치들이 더러 있다. 특히 비재무적인 정보를 다룰 때 중요한 문제인데, 전략상 중요한 수치를 어떻게 입수하느냐가 승부를 가르는 분기점이 된다.

인터넷과 관련된 스타트업이라면 네트워크에 상시 접속된 단말기를 통해 다양한 데이터를 비교적 쉽게 취득할 수 있을 것이다. 또한 영업부서나 콜센터, 지원 스태프 등 사람이 정보를 취득해서 입력할 수 있는 사업 구조라면 역시 필요한 데이터를 어렵지 않게 수집할 수 있다.

그러나 대부분의 경우 가장 중요한 정보는 정성적이며, 개개인이 암묵적으로 이해하는 내용들을 포함한다. 그런 까닭에 얻기 어렵고 취득 비용도 방대해진다. 무형 자산으로 분류되는 지식이나 능력, 나아가 감정이나 인간관계를 데이터로 이해하기는 매우 어렵다. 따라서 만약 경쟁자보다 효율적으로 정보를 수집해 활용할 수 있다면 그 기업의 경쟁력은 비약적으로 높아질 수 있다.

전통적으로 KPI는 SMART의 머리글자를 따서 명확하고Specific, 측정할 수 있으며Measurable, 권한 이양이 가능하고Assignable, 실현 가능하며Realistic, 기한이 설정된Time-related 것이어야 한다고 생각했다.[15] 그러나 SMART라는 기준이 제창된 것이 1981년이었으니,[16] 그로부터 40년 가까이 시간

---

15 이것은 조지 도란(George T. Doran)의 1981년 해설을 바탕으로 한 것인데, 머리글자에 대해서는 그 밖에도 다양한 해석이 있다. 예를 들면 M을 '동기를 부여하는(Motivating)', A를 '합의된(Agreed)'이나 '도달할 수 있는(Attainable)', R을 '관련된(Relevant)', T를 '추적 가능한(Trackable)'으로 해석하는 경우도 있다.

16 Doran, 〈There's a S.M.A.R.T. Way to Write Management's Goals and Objectives〉(1981)

이 흐른 지금은 더 새로운 기준을 적용해야 할 것이다. 이제는 명확하고 측정 가능한, 정량적으로 파악하기 쉬운 수치만을 파악해서는 경쟁에 뒤처지는 시대가 되었다. 실제로 오늘날 본질적인 차별화를 만들어내는 데이터는, 명확하지 않고 계측이 어려우며 끊임없이 관리해야 하는 정보다. 이런 데이터는 정의하기 어렵고 입수하기도 까다롭다.

가령 호텔 체인 리츠칼튼이 명성을 쌓은 데는 '고객 데이터베이스의 활용'이라는 배경이 있었다. 리츠칼튼 호텔의 스태프들은 고객과 대화할 때 고객의 말 한마디 한마디에 귀를 기울여 다양한 각도에서 고객 정보를 수집했다. 그리고 이것을 당시에는 미성숙했던 고객 데이터베이스에 입력하고, 고객과 관련된 업무를 하는 모든 스태프가 참조할 수 있도록 했다. 이로써 리츠칼튼은 고객 한 사람 한 사람의 취향을 반영한 개인 서비스를 제공할 수 있었다. 이는 곧 리츠칼튼의 명성으로 이어졌고, 소규모 호텔 체인이라는 불리함을 거뜬히 만회할 수 있었다.

현대에는 네트워크에 접속된 소형 센서를 활용해 폭넓은 환경 정보를 취득하거나, 그전까지 활용하기 불가능했던 대량의 정비되지 않은 데이터를 시스템이 딥러닝deep learning(컴퓨터가 사람처럼 생각하고 배울 수 있도록 하는 기술-옮긴이)을 통해 자율적으로 해석하도록 만들 수 있다. 비용, 시간, 노력의 측면에서 충분히 실현 가능한 이야기다.

실제로 사물 인터넷IoT, 빅 데이터, 인공 지능이라고 부르는 기술 트렌드는 착실히 경영 현장에 침투하고 있다. 리츠칼튼 호텔이 정보를 무기 삼아 고급 브랜드 호텔의 기존 서열을 무너뜨렸듯이, 이런 데이터를 활용하는 기업이 새로운 세력으로 대두할 가능성은 얼마든지 있다.

적어도 가까운 미래에는, 새로운 기술을 활용해 수치와 전략을 연결하는 시도를 피할 수 없을 것이다.

9장

의사결정 프로세스
불합리한 인간을 합리적으로 유도하기

❧

8장이 숫자를 축으로 하는 내용이었다면 이번 장에서는 '인간'에 좀 더 주목해보려 한다. 최종적으로 경영 전략을 실행하는 주체는 (현 시점에서는) 인간이다. 그렇기에 경영 전략의 토양을 파악하기 위해서는 우리가 어떤 의사결정을 거듭하는지, 그리고 그것이 어떤 방향을 향하는지를 알아야 한다.

조직의 관습, 문화, 상식 등 '수치 관리'의 뒷면에 존재하는 요소들이 서로 연결되도록 설계하고 양성하는 일은 전략을 다루는 사람에게 빼놓을 수 없는 일상 업무다. 깊이 파고들자면 너무도 심원한 이야기이기에 이번 장에서는 조직 내 인간의 행동에 대해, 도입부로서 기본적인 개념을 다루려 한다.

인간을 이해하지 못하면
어떤 전략도 성공할 수 없다

완전히 합리적인 의사결정은 불가능하다

인간은 자신의 행동을 어떻게 결정할까? 이 근원적인 의문에 대해서는 여러 각도에서 다양한 연구가 진행되었다. 그중에서도 조직론과 조직행동론은, 앞 장에서 소개한 관리회계의 계보와 함께 제2차 세계대전 이후 급속히 발달한 분야다. 조직이 인간의 행동에 어떤 영향을 끼치는지, 또한 인간 행동의 집합체인 조직은 어떻게 행동하는지를 탐구하는 학문 영역이다.

이 연구의 기초를 제일 먼저 쌓은 인물은 경영학뿐만 아니라 다양한 연구 영역에 영향을 끼친 허버트 사이먼일 것이다. 사이먼은 기존의 경제학이 전제로 삼은 '합리적인 인간상'을 현실에 비추어 진화시켰다.

좀 더 거슬러 올라가면 그 상류에는 2장에서 소개한 프레데릭 테일러와 엘튼 메이요의 연구가 존재한다. 빼놓을 수 없는 또 한 가지 연구는 체스터 바너드가 1938년에 발표한 《경영자의 역할》이다. 이 뛰어난 저서는 경영 조직을 파악하기를, 개인이 협동을 통해 구축한 시스템으로 보았으며 '인간의 행동'에 관한 사이먼 등의 이론에 큰 영향을 끼쳤다.

사이먼이 1947년에 출판한 《경영 행동Administrative Behavior》은 이후의 연구에 초석이 된 작품이다. 이 책에서 그는 인간이 합리적이라는 점을 부정하지 않으면서도 인간은 완벽하지 않으며 인지 능력, 처리 능력, 가용 시간에 제한이 있는 까닭에 한정된 합리성밖에 담보하지 못한다고 설명했다. 그리고 인간의 이러한 본질을 '제한된 합리성(한정 합리성)'이라 이름 붙였다. 그는 이 개념을 주축으로 조직의 의사결정 프로세스를 연구한 공로를 인정받아 1978년에 노벨 경제학상을 받았다.

그가 파악한 조직이란, 제한된 합리성을 바탕으로 행동하는 사람들이 역할을 분담하고 서로 관계를 맺는 시스템이었다. 여기서 행동은, 인간이 어떻게 의사결정을 내리고 어떻게 상호관계를 맺는가 하는 특성에 좌우된다고 사이먼은 주장했다. 다시 말해, 인간은 완전히 합리적인 의사결정을 하지 못한다. 한정된 시간에 한정된 정보를 전제로, 그러나 최선의 답을 탐구한다. 인간은 최고의 답에 이르지 못하며, 항상 최선의 답에 근거해 행동을 결정한다는 이야기였다.

또한 인간과 인간의 관계는 공식적으로 규정된 조직 구조만으로는 특성을 완전히 파악할 수 없다. 각각의 커뮤니케이션과 관계의 패턴을 통해서 확립되기 때문이다. 한편 조직의 행동은 좀 더 복잡한 조정 프로세스를 통해서 결정되며, 그 프로세스가 개개인의 의사결정을 통합하고 좀 더 고차원의 의사결정을 가능케 한다. 이것이 사이먼의 주장이었다.

경영자는 어떻게 조직의 합리성을 끌어낼 수 있을까?

이처럼 사이먼은 인간의 행동을 합리성만으로는 설명하기 어렵다고 인정했다. 감정이나 윤리관 등 가치와 관련된 요소도 인간의 일상적 행동에 지대한 영향을 끼칠 수 있다. 그러나 조직에 귀속되어 그 틀 속에서 활동하는 사람은 어느 정도 합리적으로 행동하게 된다고 설명했다.

그 이유는 첫째, 조직의 온갖 제도가 개인의 가치에 관한 요소를 통제하고 개인이 행동하는 데 선택의 여지를 제약하기 때문이다. 둘째로, 여러 사람들의 조정 메커니즘이 함께 작용해 개인의 가치 요소가 중화되기 때문이다. 따라서 사람들 한 명 한 명을 따로 놓고 보았을 때는 비합리적인 요소를 포함할지라도, 개인이 모인 집단으로서 의사결정을 내릴 때는 제한된 합리성을 확보하게 된다. 다시 말해, 조직이 인간의 합리성에 토대가 되는 것이다.

이런 전제에서 보면, 경영자의 중요한 역할이 무엇인지 다시 생각하게 된다. 비록 한정적이라고는 해도 조직의 구성원들이 합리적인 의사결정과 행동으로 조직의 목표 달성에 기여하도록 조직을 정비하고 운영하는 것이 바로 경영자의 역할이다. 이를 통해 조직은 경영 전략을 실행에 옮길 수 있게 된다.

이를 위해서는 물론 앞 장에서 해설한 수치 관리를 기본으로 해야 한다. 그러나 지적 생산 활동을 하는 조직, 구성원들의 지적 수용력이 큰 조직일수록 사람들의 행동을 통제하기란 쉽지 않다. 따라서 단순한 경영 목표를 제시하는 것만으로는 효과를 얻을 수 없다. 개인의 합리성을 이해한 뒤 이를 바탕으로 조직을 설계하고 운용할 필요가 있다.

이미 이야기했듯이, 실행과 성과로 이어지지 않는 경영 전략은 의미가 없다. 인간의 집합체인 조직을 어떤 방향으로 나아가도록 설계하느냐는 경영 전략의 영역에서도 커다란 관심사다. 특히 현대는 경제 활동 안에서 부가가치의 원천이 고도의 지적 생산활동으로 점차 이행하고 있다. 그렇기에 인간 행동의 특성을 이해하지 않고서는 경영 전략을 실행했을 때 성과로 이어지지 못한다.

대리인 이론, 주인과 대리인 사이의 간극을
어떻게 메울 것인가?

인간이 제한된 합리성을 지닌 존재라는 전제를 바탕으로 그 행동을 이해함으로써 조직을 운영할 최적의 방법을 탐구하는 다양한 조류가 이어졌다. 그중에서도 가장 두드러진 것은 아마도 '대리인 이론'일 것이다. 대리인 이론에서 말하는 경영 조직은, 그 조직에 참여한 주체들의 계약 관계로 이루어진 집합체라 할 수 있다. 이 이론은 처음 주주와 경영자의 관계[1]를 다루면서 시작되었지만, 현재는 경영자와 직원의 관계,[2] 직원들 사이의 관계, 다른 이해관계자와의 관계까지 다루는 이론 체계로 성장했다.

대리인 이론은 '주인-대리인 이론'이라고 불리기도 한다.[3] 주인을 위탁하는 주체, 대리인을 위탁받는 주체로 보며, 양자의 관계를 대리 관계라고 부른다. 이 두 주체의 관계성을 논의하는 것이 바로 대리인 이론, 혹은 주인-대리인 이론이라는 학문 체계다.[4]

양자의 관계를 쉽게 설명하면 다음과 같다. 대리인은 주인을 상대로 특정 업무를 실시하는 계약을 맺지만, 양자의 이해가 반드시 일치하는 것은 아니다. 또한 주인과 대리인이 가진 정보량에는 격차가 존재하는

1 Jensen · Meckling, 〈Theory of the Firm〉(1976)
2 Ross, 〈The Economic Theory of Agency: The Principal's Problem〉(1973)
3 Jensen, 《A Theory of the Firm》(2000)
4 엄밀히는 주주나 채권자 등 외부인과 경영자의 관계, 즉 기업의 소유권 실태를 연구하는 계보를 실증적 대리인 이론이라고 부르고, 기업 내부에 초점을 맞추어 경영자와 종업원 등 좀 더 일반적인 주체 사이의 관계성에 주안점을 두고 논의하는 계보를 주인-대리인 이론이라 부름으로써 양자를 구별하곤 한다.

까닭에 좀 더 많은 정보를 가진 주체는 정보를 덜 가진 주체에 대해 우위에 서는 경향이 있다. 이 때문에 양자의 계약에는 각종 문제가 동반될 수 있으며, 여기에서 발생하는 비용이 경영 조직의 형태에 영향을 끼친다.

가령 대리인 이론에서 빈번히 다루는 문제로 '역선택Adverse Selection'과 '도덕적 해이Moral Hazard'가 있다. 역선택은 대리인이 자신에게 불리한 정보를 공개하지 않아서 주인이 그것을 모른 채 부당한 계약 관계를 맺게 되는 문제다. 한편 도덕적 해이는 주인이 대리인의 행동을 완전하게 관리 감독할 수 없다는 점을 이용해, 대리인이 주인에게 이롭지 않은 행동을 함으로써 생겨나는 문제다.

경영자는 종업원이 최대한 많이 일하기를 바란다. 그러나 종업원은 필요 이상으로는 일하고 싶어 하지 않는다(이해의 불일치). 경영자는 종업원의 업무를 최대한 관리하려 한다. 그러나 한편으로 종업원의 행동을 완전히 파악하기는 어렵다(정보의 비대칭성). 경영자는 매출액과 이익이 최대한 증가하기를 바란다. 그러나 종업원은 정해진 목표를 달성하면 그 이상은 노력하고 싶어 하지 않는다(이해의 불일치). 경영자는 방대한 수치 정보를 한정된 시간에 처리해야 한다. 그러나 한편으로 정말 중요한 현장의 정보는 종업원 한 사람 한 사람이 쥐고 있다(정보의 비대칭성).

대리인 이론은 조직을 운영할 때 피할 수 없는 이런 문제에 초점을 맞춘다. 그리고 모니터링(관리)과 인센티브(보수)라는 두 가지 측면에서 그 부작용을 줄일 수 있다고 설명한다. 단순하게 말하자면, 모니터링은 정보의 비대칭성을 완화하는 조치이고, 인센티브는 이해의 불일치를 해소하는 조치다.

이것은 앞 장에서 해설한 균형성과표나 KPI의 운용과도 통하는 측면이 있다. 모니터링이든 인센티브든 시스템에 일정 수준 이상 도입하고 조직화하여 지속적으로 실시하면, 합리적으로 행동하는 인간의 특성을 유도하는 것이 어느 정도는 가능해진다.

물론 모니터링도 인센티브도, 조직이 지향하는 방향과 일치해야 한다. 만약 사원 한 명 한 명과 신뢰로 연결된 조직을 지향한다고 하면서, 직원들의 행동을 과도하게 관리하고 매일같이 보고하게 한다면 조직 내에서 신뢰는 좀처럼 양성되지 않을 것이다. 마찬가지로 고객만족도를 최우선으로 한다면서 직원 평가나 연봉 협상을 할 때 매출만을 기준으로 삼는다면 어떨까? 고객만족도는 등한시하고 매출에만 집착하는 직원이 늘어나도 전혀 이상하지 않을 것이다.

한정적이라고는 해도 인간이 합리적인 선택과 행동을 한다는 것을 전제로 삼는다면, 당연히 그 조직의 모습도 이에 맞춰 바꿔나가야 한다. 구성원들이 경영 전략의 방향에 맞춰 합리적으로 행동할 수 있도록 조직의 틀을 정비해야 한다.

인간의 '비합리성'을 합리적으로 이해한다

합리성을 탐구하던 시대는 왜 저물었는가

조직 내에 수없이 존재하는 '주인과 대리인의 관계'를 축으로 인간의 행동을 설명하고자 하는 연구는 긴 시간 동안 큰 흐름을 형성했다. 그런데 최근 들어서는 인간이 합리적으로 행동한다는 전제에 얽매이지 않는 발상도 조금씩 세력을 키워나가고 있다.

어쩌면 이것은 당연한 흐름일지도 모른다. 인간이 일정한 제약 아래에서 합리적으로 행동한다는 전제는 지금으로부터 70년도 더 이전에 만들어졌다. 당시는 제2차 세계대전의 혼란이 채 가시지 않은 상태였다. 초강대국 미국은 한창 경제 발전 중이었지만 경영 조직의 형태는 지금과 크게 달랐다. 당시는 지금보다 생산 과정이 훨씬 단순했고 지식 노동에 종사하는 사람의 수도 한정되어 있었다. 화이트칼라라고 부르는 중간 관리직의 숫자도 그리 많지 않았다. 무엇보다도 오늘날에 비하면 산업 구조가 안정적이었다.

그에 비해 지금은 경쟁우위가 단기적으로밖에 지속되지 않고 정보통신 기술과 생산, 판매, 운송 기술의 진화로 의사결정 및 실행의 속도가 예전과 비교할 수 없을 만큼 빨라졌다. 사업 영역을 변혁하고 제품과 서비스를 끊임없이 쇄신해야 한다는 강한 압박 속에 놓인 현대의 경쟁 환경과 비교하면, 당시는 변화와 쇄신의 속도가 매우 느렸다.

또 한 가지 눈여겨볼 것은, 제2차 세계대전 중에 급속히 발달한 통계와 확률 분야다. 이 분야는 '인간은 한정적으로 합리적'이라는 인식과도 맥을 같이 했다. 운영 연구Operations Research라 부르는 이런 기법은 생산 공정의 생산성과 품질 향상, 선박이나 항공기의 항로 선택, 전술 목표의 수치적 평가 등에 널리 활용되었다.

통계나 확률론적 발상은 존 폰 노이만John von Neumann과 오스카 모르겐슈테른Oskar Morgenstern이 뒷받침한 기대효용 이론[5]과 만나면서 한층 체계화되었다. 불확실성이 높은 현실 세계 속 인간의 행동도 통계와 확률의 개념을 응용하면 합리성을 도출할 수 있다고 설명하는 이 이론은, 실제 조직 운용에 도입되어 상당한 성과를 올렸다.

　이런 시대 배경을 참고하면, 조직을 운영할 때 소수의 인간에게 자유와 발상, 변혁의 기회를 부여하고 조직 전체의 운영을 좀 더 과학적, 합리적으로 이해해야 한다는 주장은 지극히 자연스럽다. 사이먼이나 노이만, 모르겐슈테른이 인간의 합리성을 탐구했던 시대에 '합리성'이란 충분히 설득력 있는 개념이었다.

인간이 의사결정을 내리는 세 가지 방법

　그런다면 정말로 인간의 행동을 합리적인 의사결정만으로 설명할 수 있는 것일까? 제2차 세계대전이 끝나고 사반세기가 지난 1970년대부터 '인간은 정말로 합리적인 판단을 하고 있을까?'에 관한 연구가 활발하게 진행되기 시작했다. 그리고 1970년대 말엽이 되자 인간의 심리적인 측면을 조명하는 연구의 조류는 '전망 이론Prospect theory'[6] 등의 이론 체계에 도달했다.

　전망 이론을 창안한 행동경제학자 대니얼 카너먼Daniel Kahneman과 아모스 트버스키Amos Tversky는, 이 연구 분야의 일인자로 손꼽힌다. 1969

5　von Neumann · Morgenstern, 《Theory of Games and Economic Behavior》(1944)
6　Kahneman · Tversky, 〈Prospect Theory: An Analysis of Decision under Risk〉(1979)

년 말엽부터 공동 연구를 시작한 두 사람은 불확실성이 특히 높은 상황에서는 인간이 확률이나 통계에 입각한 의사결정을 한다고 전제하기 힘들다고 확신했다. 두 사람은 인간이 휴리스틱(경험이나 직감을 중시하는 경향-옮긴이)에 따르거나 혹은 의사결정의 지름길에 의존하며, 그것이 때로는 합리적인 판단으로 이어지기도 하지만 반대로 심각하고도 연속적인 오류를 낳기도 한다고 주장했다.

이 주장은 언뜻 아주 당연한 이야기처럼 들린다. 자신이나 주변을 탐색하여 정보를 최대한 수집한 다음 확률이나 통계의 발상을 이용해서 합리적으로 판단하는 사람이 세상에 과연 얼마나 있을까? 현실에서는 그 자리에서 갑자기 떠오른 생각이나 과거의 경험, 혹은 개인적인 취향에 따라 의사결정을 하는 경우가 훨씬 많다. 이것은 조직의 구성원으로서 일할 때도 마찬가지일 것이다. 현실적으로는 대부분의 사람이 자신의 성향과 취향이 강하게 반영된 의사결정을 내리며, 그 의사결정에 따라 행동하는 듯 보인다.

물론 최대한 정보를 확보한 다음 논리적 사고법에 따라 합리적인 판단을 내리려 하는 직원도 있을 것이다. 그러나 한편으로는 편견을 두려워하지 않고 개인적인 성공 체험에 의지하는 직원도 많다. 물론 어느 쪽으로도 분류할 수 없는, 이른바 '직감'으로 의사결정을 진행하는 경우도 있을 것이다.

중요한 것은 조직이라는 것이, 온전히 합리적인 인간만으로 구성되지 않는다는 사실을 이해하는 일이다. 물론 조직 설계의 기본은 합리성에 있지만, 그것만으로는 훌륭한 조직을 만들 수 없다. 실제로 크고 작은 수많은 기업들은 수치 평가가 아닌 대화를 중시한다. 관리자와 일반 사원이 일대일로 대화를 나누고 각자의 과제를 모색함으로써 획일적이 되기 쉬운 인사 제도의 약점을 보완하려 한다. 특히 불확실성이 높은 현장에서는, 때때로 합리적이지 않은 인간의 행동을 어떤 방향으로 유도할 것인지 고민하게 된다.

지금까지의 논의는 아래의 표와 같이 요약할 수 있다.

인간은 어떻게 의사결정을 하는가?

	제한된 합리성과 기대효용	휴리스틱과 편향	직감
의사결정의 구조	정보량과 의사결정 능력, 시간이 한정된 가운데 통계적, 확률적인 방법까지 활용해 합리적으로 판단을 내린다	기존의 성공 체험이나 사고방식에 의지하여 의사결정의 지름길을 선택한다. 그 결과 일정한 법칙성(패턴)을 띠는 의사결정을 내린다	사고보다 감각, 경험보다 직관에 따라서 의사결정을 한다
효과적인 분야	• 거액의 투자가 필요하며, 신뢰할 만한 데이터를 취득 가능한 경우(예: 에너지, 제약, 조선, 농업) • 다양성이 있는 거대한 조직에서 의사결정을 내릴 경우	• 안정적인 사업 환경에서 반복적인 행동으로 숙련할 수 있는 경우(예: 전통 공예) • 신속한 판단이 필요하거나 불확실성이 높을 경우(예: 투자 사업, 영업)	• 예측 가능한 규칙이 작용하는 상황에서 반복을 통해 학습할 수 있는 경우(예: 스포츠, 기계 조종) • 정보가 극히 한정적이고 전례가 없는 상황
한계	• 데이터가 항상 올바르다는 보장이 없다 • 불확실성에 약하다	• 경험에서 잘못된 결론을 얻을 경우 실패가 반복된다 • 과거 경험이 적용되지 않는 경우가 존재한다	신속한 의사결정이 필요하거나 불확실성이 높은 상황에서는 직감보다 경험이 도움이 될 수 있다

출처: Fox(2015)

인간의 의사결정을 크게 세 가지 유형으로 분류하면, 제한된 합리성과 기대효용으로 설명할 수 있는 의사결정, 휴리스틱과 편향Bias의 개념으로 접근할 수 있는 의사결정, 그리고 직감에 기반한 의사결정으로 나눌 수 있다.

먼저 제한된 합리성과 기대효용으로 설명할 수 있는 의사결정은 '대리인 이론'으로 다루기 쉬운 문제다. 수치 관리를 중심으로 하는 균형성과표나 KPI를 통해서도 어느 정도 방향을 유도할 수 있다.

이보다 다루기 더 어려운 것은 휴리스틱이나 편향, 직감에 기반한 의사결정이다. 이것을 단순히 조직 내의 잡음으로 간주할 것인가, 아니면 사원의 이런 특성에도 일정한 방향성을 부여할 것인가. 바로 이 지점에 중요한 도전이 존재한다. 이것을 활용하느냐, 활용하지 않느냐에 따라 경영 전략을 실행하는 데 큰 차이가 생길 수 있다. 인간이 지닌 불합리해 보이는 특성을 이해하고 그것을 활용하는 것은 과연 가능한 일일까? 그 답은 아직 도출하지 못했다.

센스메이킹 이론,
서로 다른 사람들에게서
어떻게 공통의 이해를 끌어낼 것인가?

휴리스틱과 편향의 개념은, 심리학 이론 가운데 경영학에 가장 많은 영향을 끼친 것으로 평가받는 '센스메이킹 이론'과도 밀접한 관련이 있다.

이 이론은 칼 와익Karl Weick이 1979년에 출판한 책[7]을 통해서 주목을 받았고 이후 하나의 이론 체계로 급속히 성장했다.[8]

센스메이킹 이론은, 이해관계자가 이해와 판단에 이르는 프로세스에 개인의 주관이 짙게 반영된다고 설명한다. 그 전까지의 조직론이 조직의 의사결정에 초점을 맞췄던 데 비해 와익의 이론은 조직화의 과정, 의미가 만들어지는 과정에 초점을 맞춤으로써 새로운 관점을 제시했다.

센스메이킹 이론은, 인간 한 사람 한 사람이 세상을 주관적으로 이해하는 바가 중요하다는 전제에서 출발한다. 인간은 절대적이며 객관적인, 유일무이한 이해에 도달하지 않으며 그 합리성은 각자의 독특한 해석이나 고유한 세계관의 영향을 받는다. 그렇기 때문에 분석이나 판단을 할 때 단일 척도를 사용하는 것은 적합하지 않다는 것이다. 인간은 주위 환경을 감지하고 그 환경을 해석해 자신의 행동을 결정한다. 그대로 내버려두면 저마다의 인식과 해석, 행동은 서로 다른 의미를 띠게 된다. 다시 말해, 자연 상태에서 상호간에 충분한 교류가 없다면 집단에 속한 개인의 방향성은 결코 한곳으로 모이지 않는다는 이야기다.

어떤 사람에게는 매출 10퍼센트 증가가 충분한 성장률일 것이다. 그러나 다른 사람은 그것을 실패로 해석한다. 어떤 사람은 직원의 행복을 가장 중요하게 생각하고, 어떤 사람은 조직의 성장을 가장 중요하게 생각한다. 같은 상태에 맞닥뜨리더라도 그 상태를 어떻게 지각하느냐는

---

7 Weick, 《The Social Psychology of Organizing》(1979)
8 Maitlis · Christianson, 《Sensemaking in Organizations》(2014)

개인마다 다르다. 센스메이킹 이론은 이런 현실을 배경으로, 합리성에는 다양성이 존재하며 인간은 절대적인 가치판단 기준에 따라서 행동하지 않는다고 주장한다. 그래서 이와 관련된 연구들은 조직의 구성원들을 어떻게 이해시키고 설득할지를 탐구한다. 각각의 구성원은 객관적이고 합리적인 판단이 아닌 저마다의 독자적인 판단을 내릴 수 있다. 휴리스틱에, 때로는 편향에 입각해 판단하더라도 그들을 수긍시키고 설득할 수 있다면 아무런 문제가 되지 않는다. 중요한 것은 그들의 행동이 조직에 어떤 기여를 하는가이다. 리더의 역할은 이런 프로세스를 이해하고 공통 인식을 만들어내며, 해석의 수렴 과정에 적극적으로 개입하는 것이다. 이것을 '센스기빙'이라고도 한다.[9]

현대 사회는 개인의 지성이 확고하며 저마다 자기만의 사고, 철학, 판단력을 갖추고 있다. 적어도 70년 전에 비하면 지식노동자의 비율은 현저히 증가했고 교육 수준도 매우 높아졌다. 개인이 입수할 수 있는 정보원도 다종다양해졌으며, 정보통신 기술의 발달로 사람과 사람을 연결하는 사회적 네트워크는 오래전에 지리적 제약을 극복했다. 이런 경영 환경에서는 구성원들의 인지와 해석이 각자 다양함을 전제로 조직을 설계하고 운영할 필요가 있다.

기업의 생산과 판매 활동이 더욱 복잡해지고, 부가가치를 창조하는 과정에서 지적 생산 활동이 차지하는 비중이 급격히 높아진 것도 이런 경향을 부채질하고 있다. 특히 불확실성이 높고 시시각각으로 상황이

---

9 Gioia · Chittipeddi, 〈Sensemaking and Sensegiving in Strategic Change Initiation〉(1991)

변하는 경쟁 환경에서는, 객관적인 정보를 바탕으로 조직 내 한 사람 한 사람의 합리적인 판단과 행동을 기대한다는 것은 비효율적인 정도가 아니라 비현실적이기조차 하다.

단순한 반복 작업은 로봇공학이나 인공지능 기술이 인간을 대체하고 있다. 이제 인간은 주로 지성에 의존하는 생산 활동을 담당하게 되었으며, 여기서 지성은 독창성과 개성을 담보할수록 높이 평가받는다. 그러므로 인간의 개성을 중심으로 하는 이해는 점차 그 가치가 높아지는 실정이다. 그럼 개성을 살리는 동시에 통제하려면 어떻게 해야 할까? 각 구성원의 독자적인 판단 축을 보장하는 가운데 이를 조직이 지향하는 방향으로 제어하는 것이 중요하다. 이 과제를 높은 차원에서 실현할 수 있는 조직이 경쟁우위를 유지하게 됨은 물론이다.

리더의 역할은 다양한 감각과 해석 체계를 보유한 구성원 개개인에게 사물을 바라보는 특정한 관점을 부여하고, 그 관점을 통해서 환경이나 현상을 이해하도록 만드는 것이다. 그 과정에서 합리적, 논리적 설득은 물론이고 때로는 감정에 호소함으로써 주변의 이해를 얻어낼 필요도 있을 것이다.

모호하고 인간적인 프로세스 다루기

조직 구성원의 행동이 휴리스틱이나 편향, 직감에 좌우된다면 경영 전략을 입안하는 입장에서는 어떻게 대처해야 할까?

센스메이킹 이론에서 말하듯 개개인을 설득하거나 이해시키는 과정이 중요하다면 무엇보다 조직의 문화를 양성하는 일, 즉 조직의 독특한 가치관이나 판단 기준을 확립하는 것이 매우 중요해진다. 실제로 조직 문화가 강력할 때 높은 실적으로 연결된다는 연구 결과가 적지 않다.

사실 기업의 미션, 조직 규범, 행동 헌장 같은 조직 문화는, 궁극적으로 조직 구성원의 이해를 의도적으로 유도하는 장치이기도 하다. 조례나 사내보, 신년회나 사원 연수, 사가社歌 제창에 이르기까지, 조직은 온갖 수단을 동원해서 그 구성원들이 입수하는 정보에 편향을 만들어내려 시도한다. 조직은 구성원이 일상적으로 접하는 정보를 통제함으로써 각 구성원의 인지, 해석, 판단을 특정한 경향으로 이끌 수 있다. 이것은 8장에서 이야기한 수치 관리와는 다른 이야기이며, 또한 모니터링이나 인센티브와도 다른 전략의 침투 프로세스다. 실제로 조직론 연구에서는 공식적인 조직 구조나 수치 관리, 실적 관리 등 눈에 보이는 지표 외에 더 모호하고 인간적이며 심리적인 프로세스에도 그 못지않은 관심을 할애한다.

조직의 성과를 좌우하는 것은 구성원들이 저마다 자유롭게 기량을 펼칠 여지를 남기면서도, 동시에 이들의 행동을 일정한 방향으로 집약하느냐에 달렸다. 좋게 표현하면 공감을 끌어내는 작업이며, 나쁘게 표현하자면 사고방식을 주입하는 일이라 할 수 있다. 이때 경영진뿐만 아니라 중간관리자와 현장의 리더가 그 세계관을 공유하고, 나아가 특정한 관점을 조직의 말단까지 확산시켜야 비로소 효과를 거둘 수 있다.

오랜 전통을 자랑하는 수공예품 업체를 생각해보자. 이런 노포老鋪 기업의 전통은 조직 구성원의 판단과 행동에 배어들어 자신감과 자부심으로 이어진다. 이는 곧 고객들에게 '높은 품질'의 제품을 제공한다는 약속이 되고, 그 자체로 높은 브랜드 가치를 만들어낸다. 그러나 시대가 변화함에 따라 이런 강력한 전통이 거꾸로 변혁의 추진력에 걸림돌로 작용할 수도 있다. 따라서 전통과 변혁이 어떻게 양립토록 하느냐는 경영 전략을 추진할 때 상당히 중요한 과제가 된다.

매력적인 스토리가 곧 전략이다

타인을 설득한다는 관점에서, 리더의 커뮤니케이션에 초점을 맞춘 연구도 활발히 진행되고 있다. 예를 들어 스티브 데닝Steve Denning은 2004년 〈하버드 비즈니스 리뷰〉에 발표한 논고에서 설명하기를, 사실의 분석이나 논리적인 해설보다도 디테일을 최소화한 단순한 이야기가 조직의 구성원을 끌어당기며 목표한 행동을 이끌어낼 수 있다고 말했다.

비슷한 맥락에서 피터 거버Peter Guber는, 무미건조하고 객관적이며 포괄적인 데이터보다도 말하는 사람과 듣는 사람에게 적용되는 이야기, 그 상황에 충실하며 본질적인 사명에 초점을 맞춘 메시지가 효과적이라고 말했다.

이들의 설명에 따르면 조직의 구성원뿐 아니라 주주, 투자자 등의 이해관계자를 설득할 때 효과적인 스토리와 화법은 다음과 같다.

효과적인 내러티브의 특징

목적	리더가 이야기해야 할 스토리의 특성	주의할 사항
행동을 이끌어낸다	과거의 성공한 변혁은 어떻게 실시되었는지 이야기하고, 듣는 사람이 자신의 상황에 대입하여 스스로 활용법을 창조하게 한다	상대방이 지금 안고 있는 과제로부터 이야기의 흐름이 벗어나지 않도록, 지나치게 상세한 언급은 하지 않는다
나의 사람됨을 보여준다	매력적인 드라마를 제시하고, 직접 경험한 내용을 바탕으로 자신의 강점과 약점을 보여준다	의미 있는 디테일을 들려주는 것이 중요하지만, 듣는 사람이 심리적으로나 시간적으로 여유가 있는 상태인지 확인해야 한다
가치관을 전달한다	듣는 사람이 친근감을 느끼도록 하고, 함께 추구할 가치관 때문에 발생할 수 있는 문제를 적극적으로 논의한다	가설일지라도 신뢰할 수 있는 인물을 내세워 상황을 묘사한다. 이야기와 말하는 이의 실제 행동이 서로 일치하도록 주의한다
협업을 촉진한다	상대방이 겪어봤을 법한 감동적인 사례를 들려주어서, 그 사람도 자신이 경험한 일을 모두와 나누게끔 유도한다	설정 과제가 경험담을 나눌 때 걸림돌이 되지 않도록 유의한다. 사람들이 경험담을 나누면서 발산하는 에너지를 적극 활용할 수 있도록 행동 방안을 준비한다

출처: Denning(2004)

타인을 어떻게 설득하느냐에 관한 논의는 비단 커뮤니케이션에만 국한되지 않는다. 어떤 연구에서는, 경영 전략을 입안할 때도 스토리를 적용하는 편이 효과적이라고 설명한다. 즉, 해당 기업을 주연으로 설정하고 관계된 여러 기업의 목표와 의사결정, 액션을 엮어서 대본을 쓰라는 것이다. 예를 들어 마이클 자코비데즈Michael G. Jacobides는 2010년의 논고[10]

---

10 Jacobides, 〈Strategy Tools for a Shifting Landscape〉(2010)

에서 기업의 전략에 관해 뛰어난 '대본'을 완성함으로써 전략을 재검토하게 되고 미래에 대비하는 행동 계획을 수립할 수 있다고 강조했다. 히토쓰바시대학의 구스노키 겐楠木建 교수 역시 "나도 모르게 사람들에게 이야기하고 싶어지는 재미있는 스토리"가 우수한 경영 전략이라고 언급했다.

이처럼 이야기가 경영 전략을 '실행'으로 이끄는 열쇠라는 주장은, 다양한 연구에서 확인할 수 있다. 특히 스타트업 기업처럼 내부 자원이 적고 조직의 역사가 미약한 경우 사업의 존재 가치나 경쟁력을 설명할 때, 실제 경쟁력보다도 사업 스토리나 비전, 미션이 중요하다는 것이 연구자들의 공통된 의견이다.[11]

어떤 경영 전략이 실제로 성과를 내기 위해서는 사람들의 행동에 그 전략을 연결시킬 필요가 있다. 그리고 이를 실현하려면 구성원이 개인적인 경험과 주관에 비추어 전략을 충분히 수용할 수 있게끔 만들어야 한다. 여기에 필요한 조직 내 시스템을 갖추는 것도 물론 필요하다. 이때 전략은 스토리로서 간결함과 재미를 갖추어야 하며, 쉽고 유연하게 전달할 수 있어야 한다. 스토리는 이해와 공감을 불러일으키는 동시에 그 속에 담긴 키워드나 에피소드가 구성원의 센스메이킹(공감 인지 구축)을 촉진한다. 공통의 지식이 집단의 행동을 하나로 묶고, 여러 구성원들이 환경을 더 유사한 방향으로 해석하도록 만든다는 점은 경영 전략에 반드시 참고할 만한 사항이다.

---

11 예를 들면 Cornelissen·Clarke(2010) / Navis·Glynn(2011)

매니지먼트의 시대에서 리더십의 시대로

조직을 탁월하게 이끌어 주목할 만한 성과를 올리는 경영자들 중에는 인간의 휴리스틱한 측면과 직감에 호소할 줄 아는 이들이 많다. 우수한 경영자가 지성과 논리를 구사해 사업계획을 제시하고, 그것을 뛰어난 매니지먼트 능력으로 추진하는 것은 자연스러운 일이다. 그러나 현대의 경영자에게는 여기에 더해 또 한 가지 요구되는 능력이 있다. 바로 조직 전체의 방향을 하나로 모으고, 구성원들의 자발적인 행동과 자유로운 발상을 키우는 리더십이다.

2장에서 소개한 경영 전략의 전사 시대이자 프레데릭 테일러의 시대에는 노동자가 종사하는 일이 한정적이었을 뿐 아니라, 이들이 누릴 수 있는 사회 활동도 풍요롭지 못했다. 매니지먼트라는 개념이 막 싹트던 당시, 개개인이 구축한 다양한 세계관을 깊이 고려할 필요는 그리 절실하지 않았을 것이다.

그러나 테일러가 1911년에 《과학적 관리법》을 출판한 후로 벌써 100년 넘는 시간이 흘렀다. 이미 세계는 피터 드러커가 '포스트 자본주의 사회Post-Capitalist Society'라고 명명한[12] 시대로 넘어가고 있다. 지식이 가장 중요한 생산 요소이고, 서비스 노동자가 부가가치를 창조하는 데 주축이 되는 시대다. 전문 지식을 가진 개개인이 그것을 결합하고 서로 협동하는 것이 부가가치를 창조하는 활동에서 핵심이 되고 있다.

---

12 드러커, 《자본주의 이후의 사회》(1993)

이런 시대에는 계층적 조직 구조 속에서 윗사람의 의사결정을 아래로 전달하는 기존의 매니지먼트가 아니라, 구성원 한 사람 한 사람이 전문성이나 독자적인 인간성을 최대한으로 발휘할 수 있도록 이끄는 리더십이 중요하다. 그러기 위해 팀 전체의 방향성을 제시하고, 관계자의 이해를 조정하며, 구성원들에게 동기를 부여해야 한다.

물론 조직의 계획성, 조직화, 관리 같은 매니지먼트의 측면을 무시하고 리더십만을 이야기할 수는 없다. 리더십 연구의 대가인 존 코터John P. Kotter는 매니지먼트와 리더십은 서로 대비 관계 이룬다고 말했다. 문제는 이 두 가지 역할을 한 사람의 경영자가 동시에 수행해야 한다는 것이다. 매니지먼트가 결여된 리더십은 조직을 혼란스럽게 만들고, 리더십 없는 매니지먼트는 조직이 멈춰 서게 만든다. 그렇기에 둘 사이에서 조화를 이루는 것이 중요하다.

매니지먼트와 리더십의 대비 관계

매니지먼트		리더십
계획을 짜고, 예산을 편성한다 (Planning and Budgeting)	⟷	방향성을 제시한다 (Setting a Direction)
조직화하고, 적절한 인사를 한다 (Organizing and Staffing)	⟷	관계자의 이해를 조정한다 (Aligning People)
관리하고, 문제에 대처한다 (Controlling and Solving)	⟷	사람들에게 동기를 부여한다 (Motivating People)

출처: Kotter(1990) / Simions(1995)

비약적인 변화가 절실한 시대일수록 수많은 경영 기능을 수행할 때 효과적인 매니지먼트뿐만이 아니라 리더십이 필요하다. 여기서 말하는 경영 기능은 기획이나 마케팅, 디자인, 제품 규격, 연구개발과 신규 사업 창출 등 현대 산업에서 부가가치를 창출하는 모든 영역을 가리킨다.

8장에서 이야기한 균형성과표나 KPI는 굳이 따지자면 매니지먼트와 관련된 논의다. 제한된 합리성이나 기대효용을 전제로 한 모니터링, 인센티브도 엄밀히 말하면 매니지먼트에 관한 개념이다. 그러나 이 장에서 이야기했듯이 인간은 반드시 합리적으로 행동하지 않는다. 불확실성이 높은 환경에서는 특히 그렇다. 지적 생산과 서비스 산업이 부가가치 영역에서 상당한 몫을 차지하는 오늘날, 조직의 미션이나 비전을 제시하고 훌륭한 서사를 부여할 수 있는 리더가 목표 달성을 위한 열쇠를 쥐고 있다고 해도 과언이 아니다.

실행과 성과가 따라오는 경영 전략을 입안하려면 인간과 그 인간들이 모인 집단인 조직을 반드시 이해해야 한다. '합리적으로 행동하는 인간'을 한 가지 전제로 삼으면서도, 때로는 '비합리적으로 보이는 판단이나 행동을 하는 인간'의 특성까지 최대한 활용할 수 있는 조직 운영이 필요하다.

앞으로 정보처리 기술과 센서 기술, 로봇공학이 더욱 진화하면 정보처리를 위한 중간관리직은 더 이상 필요치 않게 될 것이다. 지금까지 매니지먼트를 위해 필요했던 수많은 시스템이 사라지고, 인간의 활동에서 초점은 더욱 창조적인 작업으로 이동할 것이다. 이런 극적인 기술 변화가 일어나면 정보를 합리적으로 처리하고 판단하는 작업의 대부분은 인간이 아닌 존재가 담당하게 된다. 그리고 인간은 좀 더 고차원적인 틀을 고안해내거나 예기치 못한 상황에 대응하는 일, 좀 더 각자의 개성에 기반을 둔 활동을 통해 사회에 부가가치를 제공하는 존재가 될 것이다.

그런 세계에서는 리더십이 한층 더 중요해진다. 이는 곧 조직원의 인간적인 측면을 이해하고 이끌어내며, 하나로 묶고 전진시킬 수 있는 능력을 말한다. 그런 능력을 가진 리더가 경영 전략을 실행으로 끌어내고 성과로 연결시켜 나갈 것이다.

경영 전략, 기억해야 할 역사의 페이지

- 사업 전략의 골격은 외부 환경 분석과 내부 환경 분석을 토대로, 경쟁우위를 확립하고 유지하는 수단을 논의하는 것이다.
- 특정한 전략 프레임워크를 무조건 신봉하지 말고 기업의 환경과 조직 특성에 적합한가를 검토해 취사선택해야 한다.
- 이해와 판단, 행동이라는 사업 전략의 세 가지 요소 중에서도 현대의 산업 영역에서는 '행동'을 통합한 전략이 특히 중요하다.
- 전사 전략과 사업 전략을 비교했을 때, 전사 전략은 조직 전체의 방향성에 더 영향을 끼치는 것으로 앤소프가 말하는 '전략적 의사결정'에 가깝다.
- 실무자의 관점에서 전사 전략에 필요한 요소를 재정의한다면 다음과 같다. ①조직 도메인의 정의 · 주지 · 갱신 ②기능 전략의 검토 ③사업 영역의 설정과 관리 ④감독과 평가.
- 미래에는 분산된 형태의 여러 조직체가 함께 연계하여 사업을 창조할 가능성이 높다. 이 경우 '전사'의 개념을 어떻게 파악하고 어떤 전략을 검토해야 할지를 논의해야 한다.
- 1990년대 들어 관리회계와 경영 전략의 거리가 크게 줄어들었다.
- BSC와 KPI의 등장으로, 비재무적 정보를 재무 정보와 결합하는 움직임이 일어났다.
- BSC가 조직 전체의 수치 관리를 지향하는 데 비해, KPI는 중요 지표에 초점을 맞춘다.
- BSC나 KPI도 사업 환경이나 조직 구조의 변화에 맞춰 지속적으로 쇄신해야 한다.

- 인간은 완벽하지 않으며 인지 능력, 처리 능력, 가용 시간에 제한이 있는 까닭에 한정된 합리성밖에 담보하지 못한다는 이론이 힘을 얻었다. 인간의 이런 본질을 '제한된 합리성'이라고 한다.
- 모니터링과 인센티브는 완벽히 합리적이지 않은 인간의 행동을 통제하는 수단이다.
- 1970년대부터 인간의 휴리스틱한 측면과 편향에 관한 논의가 발달했다.
- 센스메이킹 이론의 전제는, 인간이 저마다의 고유한 세계관에 영향을 받아 판단을 내린다는 것이다.
- 다양한 해석 체계를 보유한 개개인에게서 공통의 이해와 방향성을 끌어내는 리더의 역할이 점차 중요해지고 있다
- 기업의 미션, 행동 규범, 조직 문화 등은 인간의 행동을 유도하는 수단이기도 하다.
- 조직 구성원을 설득하기 위해서는 커뮤니케이션과 스토리를 적절히 활용해야 한다.
- 오늘날은 매니지먼트의 시대에서 리더십의 시대로 넘어가고 있다.
- 인공지능 등 기술 발전으로 리더십의 중요성은 한층 높아질 것이다.

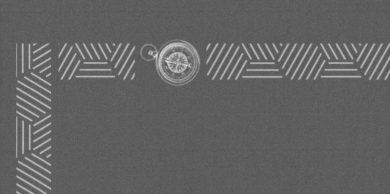

제 4 부

—

경영 전략의
미개척지

HISTORY

— OF —

BUSINESS

STRATEGY

나는 미래에 대해 생각한 적이 없다.
미래는 금방 오기 때문이다.

I never think of the future.
It comes soon enough.

−알베르트 아인슈타인 Albert Einstein

사회 곳곳에서 급속한 변화가 끊임없이 일어나고, 세계는 각자 독자성을 유지한 채 서로 연결되고 있다. 내일을 예측하기 어려운 치열한 경영 환경에서 최선의 경영 전략은 무엇일까?

4부에서는 특히 전통적인 경영 전략이 역할을 다하기 어려운 신규 기업의 전략에 관해, 그리고 급속도로 진전된 글로벌 사업 환경의 전략에 관해 논의하려 한다. 더불어 가까운 미래의 기술 진화가 경영 전략의 모습을 어떻게 바꿔나갈 것인지 생각해본다.

10장

신규 기업의 경영 전략
신규 기업에게 유리한 사업 환경은?

⚜

지금까지 경영 전략을 둘러싼 이론적 발전을 살펴보고, 경영 전략을 고려할 때 필요한 요소를 폭넓게 소개했다. 지금부터는 차곡차곡 쌓은 각 장의 토대 위에서, 세 가지 특수한 경영 환경에 대해 생각해보려 한다.

첫째는 신규 기업의 전략이다. 맨주먹으로 시작해 시행착오를 거듭하면서 성장하는 기업은 어떻게 경영 전략을 구축해나가야 할까?

둘째는 국제적인 기업의 전략이다. 다양한 특성을 지닌 글로벌 사업 환경에 어떻게 적응하고 이 환경을 어떻게 활용해야 할까?

셋째는 제4차 산업혁명이라고도 부르는 새로운 기술 혁신이다. 인공지능, 로봇공학, 센서 기술, 빅데이터 등 각종 기술들이 향후 경영 전략의 형태를 어떻게 바꿀 것인지 검토하려 한다.

어떤 특수한 상황이든 기본적으로는 지금까지 다룬 경영 전략의 개념들을 모두 적용할 수 있다. 그러나 각각의 상황에 일반적인 경우와는 다른 경영 전략을 추진해야 하는 순간이 있다. 이 장에서는 그중에서도 특히 사업 설립기의 전략에 대해 다룬다. 사업을 설립하는 초창기에는 특히 창업가 개인의 성향이 전략에 강하게 반영된다. 또한 이 시기에는 사업의 기반이 확고하지 않은 경우가 많고, 창업가가 통제할 수 없는 우발적인 상황에도 경영이 크게 좌우되기 때문에 '경영 전략'이 큰 의미가 없다고 말하는 사람조차 있다.

이 장에서는 지금껏 이 책에서 소개한 발상이나 이론을 사고의 기둥으로 삼으면서, 창업가가 어떻게 경영 전략을 추진해야 할지 그 큰 틀을 제시하고자 한다.

신규 기업에게 유리한 사업 환경은?

같은 신규 기업이라도 해도 상황은 회사마다 다르다. 창업 초기부터 수천 억 원의 예산을 보유하고 시작하는 경우도 있을 것이고, 처음에는 자금난에 시달렸지만 몇 년 만에 거액의 투자금을 유치하는 데 성공하는 사례도 드물지 않다. 그런가 하면 사람도 돈도 충분치 못한 상황에서 이상적인 사업의 형태를 오랜 기간 탐색하는 경우도 있다.

전략의 방향성은 그 기업이 어떤 사업 환경에 발을 들이느냐에 따라 자연스럽게 변화한다. 예를 들면 6장에서 설명한 '전략 팔레트'를 활용해서 환경을 이해할 수 있다. 전략 팔레트는 사업 환경의 특성을 '예측 가능성', '변혁 가능성', '생존 가능성'의 세 가지 기준으로 분류한다(174 페이지 도표 참조). 일반적으로 신규 기업의 경우 사업 환경은 이 세 가지 기준 가운데 무언가가 상당히 낮을 가능성이 크다.

신규 기업 중에는 완전히 새로운 사업 영역을 창조하는 경우도 있지만, 안정적으로 성장하는 산업 영역이나 혹은 쇠퇴하는 사업에 과감하게 도전하는 기업 또한 분명히 존재한다. 각각의 기업이 놓인 사업 환경은 다양하며, 따라서 신규 기업이 전략을 수립하기 위한 첫걸음은 바로 그 사업 환경의 특성을 이해하는 것이다.

예를 들어 사업 환경을 예측하기 쉽지만 변혁이 어려운 경우 전통적인 전략 프레임워크를 사용하는 것이 일반적이다. 이런 사업 환경은 성숙하고 안정적인 경우가 많으며, 기존에 자리 잡은 기업들이 영향력을 상당한 수준으로 행사할 가능성이 높다. 신규 기업이 이런 사업 영역에 새로 뛰어들어 성장하기 위해서는 충분한 자본을 확보해야 하며, 풍부한 식견과 경험 또한 필요하다. 새로 시작하는 기업이 이 요건을 모두 갖추기란 거의 불가능하므로, 상세한 사전 계획을 바탕으로 주도면밀하게 준비해야 한다.

한편 예측하기 어렵고 변혁하기도 어려운 사업 환경은 비연속적인 변화가 지속되는 상태라 할 수 있다. 경쟁력 있는 사업 모델을 발굴하거나, 기술과 시스템을 혁신하여 앞서나가는 데 성공한다면 기존 기업들을 훌쩍 뛰어넘는 경쟁우위를 확보할 수 있다. 그러나 경쟁자들보다 앞서서 업계에 변혁의 움직임을 일으키기 위해서는 상당한 영향력과 사업 규모가 필요하다. 작은 규모의 신규 기업에게는 이 역시 만만치 않은 조건이다. 따라서 대부분의 경우 '적응형 전략'을 구사하는 기존의 사업체가 강점을 발휘하게 된다. 신생 기업이 승부를 걸려면 초기 단계에 충분한 경영 자원을 활용해야 할 뿐만 아니라, 기존 기업과 합종연횡도 필요할 것이다.

반면에 사업 환경을 예측하기 쉽고, 변혁이 비교적 쉬운 상황으로 사업 구조가 전환되고 있다면 이는 신규 기업이 사업을 키울 수 있는 큰 기회다. '선구적 전략'이 효력을 발휘하는 이런 사업 환경에서는, 신기술이나 새로운 서비스로 환경의 구조를 변화시킬 수 있다. 예를 들어 정부가 정책적으로 전력 소매시장을 자유화하고 재생에너지 사용을 유도하는 상황을 생각해보자. 신규 참가자를 전면적으로 우대하는 이런 환경에서는 에너지 산업에도 다양한 신규 기업이 뛰어들 여지가 생긴다. 설령 일부 기업의 과점화가 이미 진행되었다 할지라도 신규 진출 기업들이 점유율을 상당 수준 확보할 수 있다. 변화의 방향을 이해하는 창업가라면 시의적절한 사업 모델을 추진하여 큰 성장을 이뤄낼 수 있다.

마지막으로 사업 환경을 예측하기 어려운 한편 변혁이 쉽게 이루어져서 기존 기업들도 생존하기 힘든 상황이라면 어떨까? 당연히 새로운 시장을 창출하려는 각종 신규 기업들의 전쟁터가 된다. 이런 환경에서는 '개척형 전략'이나 '재생적 전략'이 위력을 발휘한다. 기존 상식에 얽매이지 않는 발상, 즉 현재의 외부 환경이나 자사가 보유한 자원에 좌우되지 않는 새로운 사업 방향이 필요하다. 사업 환경이 자유로운 반면에 초기부터 확실한 계획을 수립하기는 거의 불가능하다.

어떤 사업 환경에서나 신규 기업은 분명히 성장할 수 있다. 그러나 신규 기업이 특히 주목받고 또 사업 성장을 이룰 기회가 큰 경우는, 불확실성이 높고 상황이 변화하기 쉬운 환경이다. 굳이 따지자면 이런 사업 환경에서는 선구적, 개척형, 재생적 전략을 구사하는 것이 적합하다. 모두 전통적인 예산 편성에 기반을 둔 경영 전략과는 거리가 있다. 끊임없이 움직이는 사업 환경을 이해하면서 기업의 사업 구조와 전략을 유연하게 전환해나갈 필요가 있기 때문에 신규 기업의 전략은 일반적인 경우와 다를 수밖에 없다.

신규 기업의 주된 전쟁터는 '슘페터형' 경쟁 환경

선진국을 중심으로 경제가 재편되는 오늘날, 자원이 한정된 신흥 기업들이 단기간에 경쟁우위를 얻을 수 있는 산업 영역은 제한적이다. 제이 바니가 분류한 '경쟁의 형태'로 설명하자면(6장 참조), 이노베이션이 경쟁 구조를 재편할 수 있는 '슘페터형' 경쟁이 가능할 때 신규 기업에게 성장의 기회가 돌아온다. 경쟁의 다른 두 형태, 즉 안정적인 산업 구조가 기업 사이의 경쟁을 유도하는 'IO형'이나 기존 업체들 사이의 경쟁 관계가 사업 환경을 규정짓는 '체임벌린형'은 신규 기업들에게 상대적으로 불리하다.

제이 바니가 제시한 '경쟁의 형태'

	IO형 경쟁	체임벌린형 경쟁	슘페터형 경쟁
분석의 단위	산업의 특성	산업과 기업의 특성	산업과 사업의 특성
핵심적인 개념	SCP 이론, 즉 산업 구조와 그것이 이끄는 기업의 행동	비독점 경쟁, 즉 기업 간 경쟁	창조적 파괴를 불러오는 이노베이션

출처: Barney(1986b)

IO형 경쟁이 벌어지는 사업 환경은 산업 구조가 비교적 안정적일 가능성이 높다. 이미 사업 모델을 확립한 기존 기업들이 존재하며, 이 사업 환경 속에 있는 다른 기업들의 전략도 장기간에 걸쳐 달라지지 않는다. 많은 경우 과점화가 진행되고 있어서 후발 업체가 사업을 확대하려 해도 기존의 구도를 깨기가 어렵다. 신규 사업이 성공하는 경우는, 인접한 다른 산업 영역의 사업자가 다각화의 일환으로 진입하는 경우가 대부분이다. 신흥 기업들은 설사 성공하더라도 산업의 일부 틈새 영역에 한정될 뿐, 그 이상 사업을 확대하기가 상당히 어렵다.

체임벌린형 경쟁 환경은 신규 기업에게도 어느 정도 가능성을 열어준다. 각 기업은 저마다 독자성을 바탕으로 사업을 하게 되는데, 기존 기업과 충분히 차별화할 수만 있다면 신규 기업에도 성장의 여지가 충분히 생긴다. 물론 그렇다고는 해도, 비교적 안정적인 사업 환경에서 이미 상당 수준으로 사업 규모를 키운, 경영 자원을 풍부하게 보유한 기존 기업과 경쟁해 승리하기란 쉬운 일이 아니다. 그런 까닭에 신규 기업 중에서도 한정된 일부 기업만이 성장을 실현하게 되며, 이는 예외적인 경우로 꼽히게 된다.

슘페터형 경쟁 환경은 흔히 '파괴적 이노베이션'이나 '창조적 파괴'라고 부르는 기술이나 사업 모델이 근본적인 혁신의 싹을 틔울 수 있는 환경이다. 전략 팔레트에서 말하는 '예측 가능성', '변혁 가능성', '생존 가능성'을 따져보았을 때 세 가지 모두 '상당히 어려운' 수준이라고 할 수 있다. 산업 구조가 크게 변화하는 중이거나, 혹은 기존 기업의 이노베이션이 정체된 상황이기에 무수한 신규 기업이 탄생하고 무수한 시행착오가 반복된다. 기업이나 사업이 우후죽순으로 생겨났다가 하루아침에 사라지는 환경이기 때문에 사업을 확장하려는 신규 기업의 주된 전쟁터가 된다.

전략의 방향타를 유연하게 조정하라

슘페터형 경쟁 환경에서는 외부 환경과 내부 환경을 이해한 뒤 경쟁우위의 원천을 파악한다는 기본적인 방법만으로는 현실에 대응할 수 없다. 즉, 창업 초기부터 정답을 이끌어내는 것은 매우 어렵다. 따라서 신규 기업들은 좀 더 창발적이고 유연한 전략을 검토하여, 끊임없이 변화하는 외부 환경에 유연하게 대응해야 한다. 동시에 조직의 성장과 함께 끊임없이 변화하는 내부 환경의 특성 또한 고려해야 한다.

이를 위해, 앞서 설명한 경영 전략의 기초로 되돌아가 보자.

① **외부 환경을 이해한다** 포터의 다섯 가지 힘 분석이나 PESTEL 분석, 시나리오 분석 등(4장 참조)

② **내부 환경을 이해한다** 자원기반관점이나 지식기반이론, 동적역량 등(5장 참조)

③ **경쟁우위의 원천을 결정한다** 차별화, 비용우위, 이노베이션의 세 가지 주된 방향을 고려한다. 특수한 경쟁 환경에서는 '경쟁자와의 관계'가 열쇠가 된다.

　신규 기업의 경영 전략을 생각할 때도 이 골격은 물론 유효하다. 그러나 신규 기업이 강점을 발휘할 수 있고 급속히 성장할 가능성이 높은 시장 영역에서는, 외부 환경의 구조가 반드시 안정적이라는 보장이 없다. 또한 기업의 어떤 자원이나 지식, 능력이 경쟁우위로 이어질지 특정하기도 어렵다. 다시 말해 외부 환경의 분석에서도 내부 환경의 분석에서도, 지속적으로 경쟁우위를 확보할 수 있는 전략의 방향을 유추하기가 힘들다.

　이 때문에 신규 기업의 전략은 소위 '창발적 전략'이라는 계보를 따라 독특한 발전을 이루게 된다. 이러한 논의의 출발점에 있는 민츠버그는, 경영 전략이 단순히 직선적인 경로를 거친다고 생각하지 않았다. 다시 말해, 경영자가 반드시 외부 환경과 내부 환경을 분석하여 엄격한 경영 전략을 실행하는 게 아니라는 것이다. 그에 따르면, 경영 전략은 매일 실천하는 가운데 서서히 만들어지고, 실무자가 실행 프로세스 속에서 성공 체험을 거듭하는 가운데 점차 방향성을 만들어간다. 회사 차원의 목표는 반드시 하향식으로 조직에 부여되는 것이 아니라 오히려 밑바닥에서 조직의 각 층에 침투하고, 그것이 결과적으로 회사 전체의 경영 전략을 형성할 수 있다. 민츠버그는 이렇게 경영 전략이 단계적으로 창출되는 프로세스를 그려냈다.

물론 신규 기업들은 창업 초기에 전략을 세울 필요가 없다는 이야기가 아니다. 다만 많은 신생 기업들이 사업을 시작할 때 맞닥뜨리는 슘페터형 경쟁 환경에서는, 끊임없는 혁신으로 경쟁우위를 재정의해야 한다는 뜻이다. 이런 사업 환경에서 최초의 전략에만 집착하면 경쟁에서 불리한 위치에 놓일 뿐이다. 그렇기에 신규 기업은 매일같이 실행을 통해 사업의 방향을 수정하고, 시시각각으로 변화하는 사업 환경에 적응하며, 전략의 방향타를 계속해서 유연하게 조종해야 한다.

실패를 허용하고 거기에서 배우라, 가설사고 계획법

비용을 들여 실패를 미리 경험한다

1995년, 리타 권터 맥그래스Rita Gunther McGrath와 이안 맥밀란Ian Mac-Millan은 〈하버드 비즈니스 리뷰〉에 '가설사고 계획법Discovery-Driven Planning'이라는 개념을 발표하여[1] 신규 기업의 성장 방법에 새로운 관점

---

1 McGrath · MacMillan, 〈Discovery-Driven Planning〉(1995)

을 제시했다.

가설사고 계획법은, 성공적인 사업에 대해 한 가지 가설을 상세하게 세우는 데서 시작한다. 그런 다음 이 사업의 매출이나 비용에 관한 예상치를 경쟁자나 시장 평균과 비교하면서 사업에 필요한 각각의 요소를 세밀하게 기술하고 구조화하는 방법이다. 이 과정에서 도출된 조건, 예를 들면 부품의 가격이나 배송 비용 등의 수치를 검증하고 최대한 현실적인 수치로 구체화한다. 이 숫자들은 사업을 추진하는 과정에서 끊임없이 재검토되며 최초의 계획도 함께 진화해나간다.

이 기법은 신규 업체가 사업 계획을 세우는 시점에는 정확한 정보를 확보하는 데 한계가 있다는 현실을 반영한 것이다. 불확실한 요소를 억지로 밝혀내려 하지 않고, 사업이 진행되는 양상에 맞춰 손에 들어오는 정보를 단계적으로 반영한다는 발상이다.

관료적이고 보수적인 조직에서 흔히 저지르는 실수가 있다. 딱 한 번 사업 가설을 검증해보고 그것이 충분한 성공으로 이어지지 않으면 쉽게 포기해버리는 것이다. 물론 후퇴와 전진의 경계선을 긋는 것은 어려운 일이지만, 이 방법론을 실천할 때 중요한 것은 실패를 허용하고 반복하며, 거기에서 배우는 자세다. 설령 최초의 전제 조건이 틀렸더라도 괜찮다. 최초의 가설은 단지 출발점에 불과하기 때문이다. 처음 세운 가설이나 전제 조건이 반드시 옳다고 믿고 그것을 증명해내려는 태도는 오히려 위험하다. 그것이 과연 적절하고 올바른지 검증하는 객관적인 자세가 필요하다.

가설사고 계획법의 첫 번째 목적은 어느 정도 비용을 미리 치름으로써 전면적인 실패를 방지하는 것이다. 이를테면 미국 시장에 스마트폰 앱을 출시할 예정이라면 먼저 최소한의 비용을 들여 오스트레일리아나 뉴질랜드에서 검증해볼 수 있다. 혹은 텔레비전 광고를 전국적으로 송출하기 전에 먼저 일부 지역에 내보내 반응을 살필 수도 있다. 이처럼 '테스트 마케팅'이나 '파일럿', 혹은 기간 한정 판매, 지역 한정 판매 등 다양한 명칭으로 실시하는 각종 실험적인 시도에 가설사고 계획법을 응용할 수 있다.

목적은 어디까지나 가설의 검증이므로, 뚜렷한 실적을 내지 못했다 하더라도 교훈을 얻어 다음 단계로 연결시킬 수 있다면 성공으로 볼 수 있다. 경영 계획에 관한 기존의 발상은 최초 계획으로부터 크게 벗어나는 것을 실패로 간주했지만, 가설사고 계획법은 그런 괴리를 자연스럽고 불가피한 것으로 생각한다. 여기에서 중요한 것은 사업 가설을 가능한 최소 단위로 검증하는 작업이다. 임시로 설정한 숫자나 계획을 적용하여, 본격적인 투자를 개시하기 전에 이를 현실의 숫자로 치환하고 가설의 정확도를 최대한 높이는 것이 목적이다. 검토 과정에서 우여곡절을 겪는 것은 충분히 예상해야 한다. 어떻게 보면 피할 수 없는 불확실성이므로 허용해야 한다는 것이다.

이 방법론은 특히 신규 기업이 사용하기 적합하다. 성숙한 기업들은 사업 모델이 확립되어 있고 시장에서 이미 일정한 포지션을 유지하고 있다. 사내 자원에서 비롯되는 제약도 큰 편이다. 스타트업의 전략은 이런 기업들과 달리 좀 더 불확실하다. 현재의 환경, 기업의 현재 상황을 전제가 아닌 어디까지나 가정으로 삼고, 그것이 수시로 재편성되는 현실에 바짝 다가선 발상이 필요하다. '만들면서 달린다'라는 표현이 어울릴 만한 전략이다.

반대로 말하면 이 기법은 규모 있고 무거운 대기업에는 적합하지 않다. 가설사고 계획법을 창안한 리타 귄터는 말하기를 "예를 들어 20억 달러를 들여 반도체 공장을 건설하는 프로젝트에는 이 방법이 적합하지 않다"고 했다. 사업의 형태를 창조적으로 만들어내는 신규 기업에 더 적합하다는 이야기로 해석할 수 있다.

방대한 초기 투자가 필요하고 이후 조정이 어려운 사업 영역에서는 이런 방법론을 사용하기가 확실히 어렵다. 가설사고 계획법이 한 번의 프로세스로 계획을 완성하는 것이 아니라는 점도 걸림돌이 될 수 있다. 도중에 계획을 변경하기 어려운 사업 영역이나, 조직의 방향을 유연하게 조정하기 어려운 경우라면 이 기법이 적절치 않을 것이다.

가설사고 계획법을 도입한다면 끊임없이 전제 조건을 다듬고 계획을 쇄신해나가야 한다. 다시 말해, 현재의 계획을 수시로 수정하면서 실행과 계획의 사이클을 단기간에 돌리는 것이 핵심이다. 덩치 큰 조직이 이 작업을 대대적으로 실시한다면 효율성이 크게 떨어져서 오히려 경쟁력을 잃을 위험조차 있다.

스마트한 경영 환경 속의 가설사고 계획법

가설사고 계획법이 처음 등장한 지도 벌써 20년이 넘었다. 분명히 이 발상의 근본적인 정신은 지금도 보편적인 가치를 지닌다. 그러나 시대가 변화함에 따라 오늘날의 경쟁 현실에 맞지 않는 요소도 드러나고 있다. 특히 미래를 지향한 전제 조건을 도입할 필요가 있다는 점, 사업의 경쟁우위를 얼마나 지속할 수 있을지 깊게 검토해야 하며, 가설을 검증하는 기간을 더 단축해야 한다는 점을 언급하는 목소리도 있다.[2]

20년 전에는 존재하지 않았던 기술이 보급되어 경영 환경 자체가 달라졌다는 사실도 고려해야 한다. 이제는 경영 전략을 한층 심층적으로 검증할 수 있게 되었다.

가령 고객 데이터의 수집, 관리, 분석에 필요한 기술 기반과 노하우가 고도로 발전함에 따라 고객의 취향과 반응을 실시간으로 파악하는 것이 어느 정도 가능해졌다. 스마트폰 앱이나 각종 온라인 서비스의 경우 그 서비스의 형태를 전체적으로, 게다가 순식간에 바꾸는 것도 가능하다. 3D 프린터를 포함해 제품을 개발하는 데 필요한 각종 지원 도구가 진화함에 따라, 복잡한 제품의 프로토타이핑(소프트웨어나 컴퓨터 하드웨어 시스템을 본격적으로 생산하기 전에 시험 삼아 미리 만들어보는 모형 제작 방법–옮긴이)도 용이해졌다. 각종 국제 규격이 정비된 결과, 조직의 벽을 넘나들어 제품을 개발하거나 부품의 사양을 검증하는 프로세스도 과거에 비하면 확실히 빨라졌다.

무엇보다 고객들의 취향이 한층 성숙해졌고 여기에 각종 법규제가 정비됨에 따라, 특히 선진국에서는 제품을 개발해서 판매하기까지 사전에 검토해야 할 내용이 훨씬 다양해졌다. 그러나 가설을 바탕으로 일단 사

---

2 McGrath · MacMillan, 〈The Origins of Discovery-Driven Planning〉(2014)

업 모델을 만든 다음 그것을 달려나가면서 다듬는 절차는, 현대의 경쟁에서도 반드시 필요한 일이다. 이런 현실을 반영해, 2000년대 후반부터는 스타트업의 실무자들이 좀 더 사용하기 편리하고 이해하기 쉽도록 만든 프레임워크나 경영 콘셉트가 다수 등장했다.

내놓고 얻어맞으며 성장한다, 린 스타트업

신규 기업의 초기 경영 전략은, '전략'이라기보다 오히려 이노베이션이나 비즈니스 모델, 프로토타이핑 같은 말과 잘 어울린다. 신규 기업의 경우 경영 전략을 세운다는 것은 핵심 사업을 설계한다는 것과도 거의 마찬가지 의미이기 때문이다.

2000년대 후반, 가설사고 계획법을 좀 더 사용하기 쉬운 프레임워크로 구체화한 '린 스타트업'이라는 개념이 등장했다. 2011년 에릭 리스Eric Ries의 저서 《린 스타트업The Lean Startup》을 통해 널리 알려진 이 개념은, 아이디어를 빠르게 최소요건제품(시제품)으로 제조한 뒤 시장의 반응을 살펴보고 다음 제품 개선에 반영하는 전략이다.

스티브 블랭크Steve Blank에 따르면,[3] 린 스타트업 전략의 요점은 다음 세 가지로 압축할 수 있다.

---

3 Blank, 〈Why the Lean Start-Up Changes Everything〉(2013)

① 사업 모델로 연결되는 가설이나 전제 조건을 구조화한다

가설사고 계획법이 복잡하게 얽힌 가설이나 전제 조건을 각 사업별로 백지 상태부터 검토했던 것에 비해 린 스타트업은 이것들을 한정된 요소로 정리한다는 점에서 차이가 있다. 이때 '비즈니스모델 캔버스[4]'라고 부르는 전략 프레임워크를 활용하는데, 실전에서는 각 기업이 각자의 사업에 적합한 독자적 캔버스를 고안하는 것이 가장 이상적이다.

② 창업 초기에는 그 가설이나 전제 조건을 검증하는 데 집중한다

사업 초기, 신규 기업은 첫 번째 단계에서 구조화한 가설과 전제 조건을 매일같이 검증하는 작업에 돌입해야 한다. 처음 수립한 경영 전략의 유효성을 최대한 신속하게 검증하는 것이 관건이다. 이때 모든 요소를 총체적으로 치밀하게 검증할 필요는 없다. 정밀하지 않을지라도, 가설의 큰 뼈대를 구성하는 중요한 요소로 범위를 좁혀서 신속하고 효율적으로 탐색한다. 어디까지나 전체의 틀을 검증하는 것이 중요하며, 상세한 부분의 완성도는 어느 정도 규모를 갖춘 뒤에 높여도 늦지 않다. 창업 초기에는 핵심적인 사업 개요, 그리고 사업의 수익성을 좌우하는 근본적인 요인을 검증하는 것이 중요하다. 더불어 그와 관련된 요소를 제대로 구성해야 한다.

---

4 비즈니스 모델 캔버스는 알렉스 오스터왈더(Alex Osterwalder)와 예스 피그누어(Yves Pigneur)가 고안한 개념이다(Osterwalder · Pigneur, 2010).

비즈니스모델 캔버스를 이용한 가설의 구조화

주요 사업 파트너	주요 활동	가치 제안	고객과의 관계	고객층 분석
• 주된 사업 파트너는 누구인가? • 주요 공급자는 누구인가? • 사업 파트너가 제공하는 주요 자원은 무엇인가? • 사업 파트너는 주요 활동 가운데 무엇을 담당하는가?	• 기업의 가치를 실현하기 위해 꼭 필요한 활동은 무엇인가? • 유통 채널하는 활동은 무엇인가? • 고객과의 관계를 유지하기 위해 필요한 활동은 무엇인가? • 매출을 유지하지 위해 필요한 활동은 무엇인가?	• 고객에게 어떤 가치를 제공할 것인가? • 고객이 안고 있는 문제 가운데 무엇을 해결하고자 하는가? • 각 고객층에 어떤 제품이나 서비스의 조합을 제공하고 있는가? • 어떤 고객 니즈를 충족시키고 있는가? • 최소기능제품(MVP)은 어떤 요소를 포함해야 하는가?	• 고객과 어떤 관계를 확립했는가? • 그 관계는 비즈니스 모델의 다른 요소와 어떻게 연결되어 있는가? • 비용이 어느 정도 들어가는가?	• 누구를 위해 가치를 창조하는가? • 가장 중요한 고객은 누구인가? • 전형적인 고객은 어떤 유형인가?
	주요 자원		**유통 채널**	
	• 기업의 가치를 실현하기 위해 꼭 필요한 자원은 무엇인가? • 유통 채널이 요구하는 자원은 무엇인가? • 고객과의 관계를 유지하기 위해 필요한 자원은 무엇인가? • 매출을 유지하지 위해 필요한 자원은 무엇인가?		• 기업이 대상으로 하는 고객층은 주로 어떤 채널에서 거래를 희망하는가? • 다른 회사는 현재 어떤 채널을 이용하고 있는가? • 어떤 채널이 가장 잘 기능하고 있는가? • 비용 대비 효율이 가장 높은 채널은 무엇인가? • 고객의 생활 패턴과 채널을 어떻게 조화시킬 것인가?	

비용 구조	주요 수익원
• 이 비즈니스 모델에서 필연적으로 발생하는 중요한 비용은 무엇인가? • 주요 자원 가운데 무엇의 비용이 가장 높은가? • 주요 활동 가운데 무엇의 비용이 가장 높은가?	• 고객은 어떤 가치에 흔쾌히 비용을 지급하려 하는가? • 현재 고객은 무엇에 비용을 지급하고 있는가? • 수익 모델은 어떤 것인가? • 어떤 가격 전략을 이용할 것인가?

출처: Blank(2013)

③ 고객을 끌어들여 시장에서 검증한다

먼저 작은 시장을 대상으로 잠재 고객을 적극적으로 만나본다. 동시에 사업이 확대될 경우 협업할 거래처 후보와도 의견 교환을 거듭해야 한다. 이는 모두 창업 초기에 필요한 일이다. 여기에서 얻은 정보를 끊임없이 사업에 반영하고, 시장 속에서 가설을 계속 시험하면서 다듬는다.

물론 이렇게 불완전한 제안을 고객에게 몇 번이고 반복하는 방법이 적절치 않은 분야도 있다. 이를테면 정부 기관 등 극히 한정적인 고객을 대상으로 한다거나, 제품 하나하나를 각 고객의 요청에 따라 설계해야 하는 경우라면 위의 방법은 현실적으로 불가능하다. 이 전략은 빠르게 변화하는 신규 기업들의 전쟁터에 알맞다. 이런 사업 영역에서는 '탐색'과 '실행'이라는 2단계 접근법이 효과적이다.

신규 기업에게 효과적인 2단계 접근법

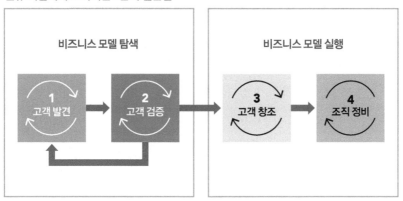

고객과 대화를 통해 전략을 만들어내고, 그 결과에 따라 자원을 투입한다.   출처: Blank(2013)

먼저 '탐색' 단계는 비즈니스 모델을 시장에서 반복적으로 검증하는 단계다. 여기서 큰 틀을 확인한 후에는 '실행' 단계로 넘어간다. 이때부터 판매촉진 활동을 본격적으로 시작하고 조직을 빠르게 정비한다.

린 스타트업이라는 발상은 위와 같은 사업 가설을 신속하게 반복하며 다듬어나갈 것을 권한다. 완성도를 최대한 높인 차세대 제품과 서비스를 지향하는 것이 아니라, 최초의 사업 가설을 조금씩 다듬으며 끊임없이 빠르게 개선해나가는 데 집중한다.

이는 '도요타 생산 방식'과도 일맥상통한다. 도요타 생산 방식은 고객에게서 받은 피드백을 끊임없이 반영하고 이를 통해 단계적으로 제조 현장을 개선해나가는 것을 골자로 한다. 마찬가지로 신규 기업들은 고객을 발견하고 고객과 대화하면서 효과적인 경영 전략을 찾아낼 수 있다. 가설이 틀렸을 때는 경영 전략의 근본적인 방향을 전환하는 것도 불가능하지 않다. 만약 가설이 유용하다는 결론을 얻었다면 이에 맞추어 조직 체제를 정비하면서 방향을 확고히 할 수 있다.

린 스타트업과는 정반대로 '기밀 유지'를 최우선으로 삼는 사업도 물론 있을 것이다. 경영 전략이 외부로 누설되지 않도록 엄밀하게 정보를 관리하면서, 제품이 상당한 완성도에 도달한 뒤에 고객의 의견을 구하는 방법도 때로는 가치가 있다. 경쟁자에게 모방당하면 치명타를 입을 수 있는 사업들이 특히 그렇다.

그와 달리 린 스타트업이라는 발상은 기밀 유지보다 현장의 정보에 가치가 있으며, 혼자서 몰래 궁리하기보다 시장에 내놓고 두들겨 맞는 편이 낫다는 사고방식을 토대로 한다. 신규 기업들 가운데 기술적 우위가 압도적이거나 사업 모델에 확고한 자신감이 있는 경우는 아마 드물 것이다. 때문에 사업을 갓 시작한 회사가 경영 전략을 검토할 때는, 일단 실천하면서 시행착오를 통해 완성도를 높이고 시대의 요구를 반영할 방법을 찾아내는 편이 더 적절한 접근법일 것이다.

비즈니스 모델의 탐색, '궁합'부터 살피라

비즈니스 모델의 탐색 단계에서 중요한 이정표는 제품과 시장 사이의 궁합, PMFProduct-Market Fit를 확립하는 것이다.[5] 중요한 사실은, 좋은 제품이나 좋은 시장만으로는 PMF를 확립할 수 없으며 무엇보다 제품과 시장의 조합이 중요하다는 것이다. 제품을 축으로 시장을 찾는 '프로덕트 아웃(제품중심적인 확장 전략-옮긴이)'도, 시장을 축으로 제품을 생각하는 '마켓 인(소비자가 요구하는 상품개발-옮긴이)'도 아닌 제품과 시장 사이의 정합성, 즉 '궁합(피트)'을 지향하는 것이 핵심이다.

아무리 우수한 제품이나 서비스를 고안해도 시장이 존재하지 않는다면 가치를 갖지 못한다. 마찬가지로, 아무리 가능성 있는 시장을 찾아내더라도 그 시장에 최적의 제품이나 서비스를 제공하지 못한다면 의미가 없다. 어떤 제품이나 서비스의 가치를 찾아내는 것은 시장이며, 그 시장

---

5 PMF(프로덕트 마켓 피트)라는 용어는 유명한 투자자 마크 안드레센(Marc Andreessen)이 2007년 6월 25일, 자신의 블로그에서 처음 사용한 것으로 알려져 있다.

의 잠재성을 발굴하고 성장을 가속시키는 것은 제품과 서비스다. 따라서 제품과 시장의 상호작용을 통해 양측이 서로 보완하는 구조를 찾아내야 한다.

이 구조를 발견하기 위해서는 좀 더 근원적인 과제와 해결책 사이의 궁합, 즉 PSFProblem-Solution Fit를 찾아내는 것이 우선이다. 이때 해결책은 기본적으로 과제와 연결되어 있으며 무수히 존재한다. 따라서 정확한 PSF를 발견하려면 먼저 과제부터 시작하는 것이 효과적이다.

또한 과제와 해결책은 각각 '현재'와 '잠재', '기존 방법 재구성'과 '새로운 방법 개발'이라는 두 가지 기준으로 크게 구분할 수 있다. 과제와 해결책 사이의 궁합을 찾는, 이 네 가지 기본적인 조합을 표로 나타내면 아래와 같다.

PSF를 발견하기 위한 4가지 기본적인 접근법

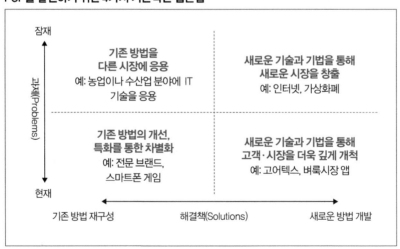

첫째는 '기존 방법의 개선, 특화를 통한 차별화'다. 예를 들어 최근에는 다양한 브랜드의 상품을 모아 구성한 '셀렉트숍'들이 특정 경향이나 디자인 콘셉트에 초점을 맞춤으로써, 특화된 영역에서 고객을 확보하고 있다. 이렇게 재편성이나 개선을 통해 다른 회사와 차별화를 꾀하는 방법은 시장 구조가 비교적 안정적인 사업 환경에서 유용하다.

둘째는 '기존 방법을 다른 시장에 응용'하는 방향이다. 애그리테크(농업agriculture과 기술technology을 결합한 신조어-옮긴이)나 핀테크(금융finance과 기술technology을 결합한 신조어-옮긴이), 리걸테크(법률legal과 기술technology을 결합한 신조어) 같은 개념들이 대표적이다. 원래 인터넷 서비스를 통해 개발된 기법이나 기술을 응용하여, 그런 기술이 침투하지 못했던 다른 사업 영역에서 잠재적인 과제를 발굴하고 해결하는 것이다. 이런 시도들 또한 산업 구조가 비교적 안정적인 사업 환경에 새로 진입할 때 효과적이다. 사업을 다각화할 때도 폭넓게 활용되는 접근법이며, 특히 창업자나 창업팀의 과거 경험과 지식을 적극적으로 응용할 때 성공률이 높아진다.

셋째로 '새로운 기술과 기법을 통해 고객과 시장을 더욱 깊게 개척'하는 방향이 있다. 새로운 기술이나 기법을 이용해 이미 현실화된 니즈에 도전하는 방식이다. 예를 들어 고어텍스는 방수성과 투습성(옷감의 습기를 방출하는 성질-옮긴이)이라는 상반된 두 가지 특성을 하나의 소재에 모두 담음으로써 아웃도어 애호가들에게 압도적인 지지를 받았다. 급속히 성장하는 벼룩시장 앱 역시 기존의 옥션 서비스에 비해 상품의 출품과 낙찰에 소요되는 시간과 수고를 크게 줄임으로써 호응을 얻고 있다.

물론 '새로운 기술과 기법을 통해 새로운 시장을 창출'하는 것도 불가능하지 않다. 소수의 일부 업체들은 인터넷이나 가상화폐처럼 완전히 새로운 개념으로 새로운 시장을 만들어낼 수도 있을 것이다. 그러나 일반적으로 이런 시장은 단독으로 이루어내기 어려우며, 각 분야의 관계자들과 협력하여 접근해야 한다.

신규 기업이 반드시 해결해야 할 '숫자'의 문제

'제품과 시장 사이의 궁합'이나 '과제와 해결책 사이의 궁합'을 현실에 적용하기 위해서는 극복해야 할 간극이 있다. 경영자마다 지론이 있겠지만, 공통점을 한마디로 정리하면 '숫자가 맞느냐?' 하는 문제로 귀결된다. 먼저 과제와 해결책을 취합하여 만든 제품, 또는 서비스에 대해 일정 수준 이상의 성장을 기대할 수 있는가를 확인해야 한다. 아무리 훌륭한 제품이나 서비스라 해도 지극히 한정된 수의 고객만이 존재한다면 사업이 성립되지 못한다. 적어도 투자에는 걸맞지 않다.

둘째로, 사업이 일정 규모에 이르렀을 때 제품이나 서비스를 제공함으로써 얻는 수익이, 그것을 만드는 데 들어가는 비용을 웃돌 것인가도 중요하다. 이것은 '유닛 이코노믹스Unit Economics(특정 단위를 기반으로 하는 비즈니스 모델에서 수익과 비용을 고려하는 분석을 가리킴-옮긴이)'라고 부르는 개념을 이용해 검증할 수 있다. 경제학이나 관리회계 분야에서 예전부터 사용하는 개념으로 치자면, 한계비용이나 한계수익에 가깝다.

위의 두 가지 전제 아래, 특별한 노력을 하지 않아도 판매량이나 계약 건수가 지속적이고 자연스럽게 증가하는 상태에 이르렀다면(혹은 그럴 조짐이 보이면) 탐색 단계는 빠르게 (적어도 일단은) 끝내야 한다.

'숫자가 맞는' 상태에 이르는 길은 매우 험난하며, 예측하기도 어렵다. 이 발상과 검증 프로세스를 효율화하는 기법도 다수 존재한다. 가령 미국의 디자인 이노베이션 기업 아이데오IDEO가 제창한 '디자인 사고Design Thinking'⁶ 접근법은 이 과정을 착상Inspiration, 관념화Ideation, 구현 Implementation이라는 3단계로 분해한다. 각 과정에서는 제품이나 서비스의 프로토타입 제작과 사용자 테스트를 반복함으로써 실제 사업화할 경우의 적중률을 최대한 높이려 한다.

또한 애시 모리아Ash Maurya가 2012년에 펴낸 책《린 스타트업RUNNING LEAN》처럼 린 스타트업의 방법을 실천적인 측면에서 제안하고, 제품과 시장 사이의 궁합을 최적화하는 법을 설명하는 책도 많다.

그로스해킹, 작은 개선들이 쌓여 혁신을 불러온다

과제와 해결책을 '설명'할 수 있는 상태에 이르렀으면 '실행' 단계로 넘

---

6 Brown, 〈Design Thinking〉(2008)

어간다. 다른 말로 하면 '자원 투입 단계Resources Mobilization Stage'라고도 할 수 있다. 여기에서 중요한 점은 '설명'으로 충분하며 '증명'하려 해서는 안 된다는 것이다. 특히 신규 기업이 놓인 사업 환경은 시시각각으로 변화하며 유동적이다. 무수한 신규 세력이 발흥했다가 사라져가는 상황에서는 제아무리 가능성 있는 경영 전략이라 해도 그것이 옳음을 증명하기가 불가능에 가깝다.

경험이 부족한 창업가가 종종 저지르는 실수가 있다. 자금 조달을 위해 사업계획서를 산더미처럼 작성하고 데이터를 동원해 자신의 사업이 옳음을, 즉 제품과 시장 사이의 궁합을 최대한 증명하려 하는 것이다. 대부분의 신규 기업이 놓인 사업 환경에서 이것은 별 의미가 없는 행위이며, 그런 자료를 높게 평가하는 투자자는 적어도 내가 아는 범위에서는 한 명도 없다.

물론 실행 단계로 넘어간 뒤에는 '설명'이 조금씩 '증명'에 가까워져 간다. 이때는 경영 자원을 투입해 고객을 모으고 제품이나 서비스를 단계적으로 개선해나가는 단계다. 창발적인 단계에서 조직적인 단계로 이행하는 지점이며, 좀 더 과학적이고 정량적인 접근법이 효과를 발휘하는 시기다. 8장에서 소개한 핵심성과지표는 특히 이 단계에서 유용하게 쓰인다.

수치에 근거하여 사업 모델을 구조적으로 파악하고, 동시 병행적으로 개선해나가는 접근법은 스타트업 사이에서 '그로스해킹Growth Hacking(상품 및 서비스의 개선 사항을 수시로 모니터링하고 즉각 반영하여 성장을 유도하는 온라인 마케팅 기법-옮긴이)'이라는 말로 잘 알려져 있다. 실증 데이터를 바탕으로 가설 검증을 반복하는 기법으로, 제품이나 서비스만이 아니라 회사 전체의 비용·수익 구조를 대상으로 한다. 고객을 모집하는 수단이나 운용 수단도 물론 여기 포함된다.

그로스해킹이라는 명칭은 미국의 사업가 숀 엘리스Sean Ellis가 2010년 쓴 글에 처음 등장했다. 그는 제품과 시장 사이의 궁합이 이미 검증된 사업이라면, 정량적인 가설 검증을 반복하는 접근법을 통해서 높은 확률로 사업 성장을 이룰 수 있다고 주장했다.

그로스해킹의 상징이라고도 할 수 있는 분석 기법은 A/B테스트다. 이것은 제품이나 서비스, 혹은 광고나 캠페인을 본격적으로 실시하기 전에 여러 선택지 가운데 무엇이 가장 효과적일지를 미리 검증하는 것이다. 현재는 옵티마이즐리Optimizely나 카이젠플랫폼KAIZEN Platform 같은 서비스를 이용해 이런 정량적인 검증을 손쉽게 실행할 수 있는 환경이 갖춰지고 있다.

여기서 강조하고 싶은 사실은, 신규 기업의 구체적인 경영 전략은 실행 과정 속에서 형태를 갖춰나간다는 점이다. A/B테스트 같은 검증 도구를 통해 각각의 기능과 시스템을 수정해나가는 작업을 매일 실천할 때 서비스 전체가 재편성되고, 인력이나 조직 체제에 혁신이 이루어지며, 나아가 기업이 제공하는 가치를 새롭게 정의하는 결과로 이어질 수 있다.

물론 사업 기간만 수십 년이 걸리고 일단 투자를 결정하면 설계를 재검토하기 어려운 인프라 사업, 자동차처럼 기초 설계부터 제품 판매까지 5년 이상의 기간이 소요되는 사업 등은 이런 접근법을 사용하기 어렵다. 또한 사업의 규모가 커질수록 제품이나 서비스의 근본적인 설계를 재검토하는 비용은 빠른 속도로 증가한다. 그렇기 때문에 신규 기업이 장기적인 경쟁우위를 구축하기 위해서는, 초기 단계에 무수한 실행을 통해 전략을 끊임없이 개선하고 변화시켜 나가는 것이 중요하다.

신규 기업이 성숙한 기업으로 전환할 때

신규 기업은 언제까지나 신규 기업에 머물 수 없다. 열 명 정도로 이루어진 조직이라면 경영진과 전 직원이 한데 둘러앉을 수 있을 것이다. 능력 있는 경영자라면 직원 100명 정도까지는 이름과 얼굴을 일일이 기억할 수도 있다. 그러나 500명, 1,000명 규모가 되면 이야기가 달라진다. 경영진, 관리직 이외의 어떤 힘이 구성원을 끊임없이 하나로 모아주어야 한다. 바로 이것이 경영 전략을 조직에 스며들게 만드는 작업이다.

　신규 기업의 경우 특히 창업 초기에는 경영 자원이 매우 한정된 상태이며 경영의 방향성도 매일같이 달라진다. 따라서 획일적인 평가 기준이나 세밀한 인센티브 설계보다도, 빠른 변화 속에서 근본적으로 신뢰할 가치, 그러니까 구성원 전원이 공유해야 할 밸류나 미션이 핵심이 된다. 물론 창업 초기에는 이런 것들을 그리 중요하다고 느끼지 않을지도 모른다. 그러나 조직 문화, 제도, 풍토 같은 조직의 정성적인 요소는 하루아침에 양성할 수 있는 것이 아니다. 창업 초기부터 만들어 숙성시키는 수밖에 없다.

커뮤니케이션의 개념 역시 중요하다. 조직이 작을 때는 커뮤니케이션을 시스템화할 필요가 없지만, 급성장하는 조직에서 이것을 등한시하면 어느 순간 구성원들과 멀어지고 만다. 그리고 일단 멀어지기 시작한 뒤에는 그때 가서 시스템화를 시작한들 소용이 없다. 그러므로 커뮤니케이션 역시 창업 초기부터 실행해야 하는 중요한 과제다.

이처럼 조직의 하체를 단련하는 노력을 게을리 하면 중심 인물들의 마음이 조직으로부터 멀어질 뿐만 아니라, 의사결정의 방향도 일그러져 버린다. 조직이 커질수록 경영 간부 한 사람 한 사람의 자율적인 의사결정에 의존할 수밖에 없게 되는데 그 개별적인 의사결정을 통제하는 것이 바로 밸류나 미션 같은, 그 조직이 공유하는 가치관과 사고방식이며 또한 커뮤니케이션이다. 커뮤니케이션의 경우 경영진이 날마다 발신하여 차곡차곡 쌓는 것만이 방법이다.

신규 기업도 언젠가는 성숙한 기업이 된다. 처음에는 사업 전략과 전사 전략이 크게 겹치는 시점도 있지만, 점차 전사 전략이 각각의 사업 전략으로부터 독립해나간다. 영속적인 조직으로 발돋움하기 위해서는 전사 전략이 반드시 필요하다. 그리고 여기서 중심이 되는 것은 이미 이야기한 미션이나 밸류의 확립, 그리고 조직 내 커뮤니케이션을 통해 도메인을 정의하고, 주지시키며, 경신하는 일이다. 그 토대 위에서 각 사업 기능을 성장에 발맞춰 재편성해야 한다. 사업 영역의 설정과 관리를 지속해나가고, 자사의 활동을 감사하고 평가하며 통치하는 일이 필요하다. 그럴 때 신규 기업은 단일 사업의 성장을 초월해 기업 가치를 최대화할 수 있다.

충분히 성장한 기업이 주식 상장을 앞둔 시점이 되면 또 한 번 변화를 맞이하게 된다. 상장 기업으로서 조직 체제를 정비하는 과정에서 그 기업의 방법론, 조직 문화, 운영 기법이 스타트업 특유의 모습에서 이른바 전형적인 대기업의 그것으로 바뀌는 현상을 피할 수 없다.[7] 물론 주식 상장 이후에도 기업은 시장과 대화를 거듭한다. 사업 규모가 확대되고, 조직의 운영은 더 다양한 구성원의 손에 맡기게 된다. 이렇게 성숙한 기업으로 전환하고 나면 기존 사업의 생산성을 끌어올릴수록 거꾸로 신규 사업에 대한 창조성은 발휘하기 어려워진다.[8]

언젠가 창발적인 전략 검토가 필요한 순간은 다시 찾아온다. 어떤 사업이든 끊임없이 변화하는 사업 환경에서 영속적인 가치를 제공할 수는 없기 때문이다. 그렇기 때문에 이노베이션이 정체되어 경쟁력을 잃어버린 성숙한 기업들은 다양한 방법을 동원해 초기의 탐색 단계로 회귀하는 노력이 필요하다.

---

7 Kotosaka · Sako, 〈"The Evolution of the ICT Start-up Eco-system in Japan〉(2017)
8 고토사카, 〈기업은 창조성과 생산성을 양립시킬 수 있는가?〉(2014)

11장

글로벌 기업의 경영 전략

통합과 적응이라는 두 마리 토끼를 모두 잡으려면?

이 장에서는 국제적인 사업 환경에 관해 이야기를 하려 한다. 신규 기업과 마찬가지로, 국제적인 사업 환경의 경우도 이 책에서 지금까지 다룬 논의를 적용할 수 있다. 검토할 대상의 골격이나 경영 전략의 기본적인 역할은 다르지 않다. 하지만 국제적인 사업 환경, 즉 둘 이상의 국가를 넘나들며 사업을 하는 상황에서는 단일 국가에서라면 검토할 필요가 없는 여러 가지 요인이 경쟁우위의 직접적인 원천이 되며, 차별화의 가장 중요한 요소가 되곤 한다.

글로벌 사업의 경영 전략은 어떻게 다르며 어떤 어려움과 가능성이 있을까? 지금부터 살펴보도록 하자.

현대는 세미글로벌리제이션의 시대

평평해진 세계에서 일어나는 놀라운 일들

2005년에 출판된 《세계는 평평하다The World Is Flat》에서 토머스 프리드먼Thomas L. Friedman이 그린 '평평해진 세계'는, 이제 경영의 새로운 상식이 되었다. 그가 말하는 평평해진 세계란 구舊식민지의 독립과 냉전 종식, 중국의 경제 개방, 그리고 제3세계의 발전이라는 새로운 국제 협조 체제와 자유무역의 흐름이 만들어낸 세계다.

그 배경에는 1970년대 중엽 이후 급속히 진행된 경영 환경의 네 가지 변화가 존재한다.[1]

먼저, 정보통신과 미디어어가 급성장했다. 텔렉스(인쇄 전신기를 사용하여 통신할 수 있는 전신 서비스-옮긴이), 국제전화, 국제 팩스가 도입되었고 특히 1990년대 이후에는 인터넷이 보급되어 세계의 정보망을 급속히 발전시켰다. 정보통신 서비스가 확대되기 위해서는 그 이면에서 물리적인 인프라가 뒷받침해주어야 한다는 사실도 중요하다. 예를 들어 해저통신 케이블이나 위성 통신망의 급속한 대용량화 및 저가격화가 동시에 진행되었다.

또한 제트 여객기가 대중화되고 컨테이너선이 보급되었으며 이와 함께 공항·항만의 표준화와 대규모화가 진행되었다. 이를 통해 정기적으로, 확실하게, 게다가 신속하게, 그리고 저렴한 가격에 사람과 물건이 전

---

1 〈닛케이 비즈니스 온라인〉(2014년 11월 26일)

글로벌리제이션을 견인한 네 가지 요인

	네 가지 요인이 불러온 변화	관련 인프라 및 기구
정보통신과 세계적인 미디어의 성장	·저렴하고 즉각적인 양질의 정보를 통해 기업들이 실시간으로 연대하게 됨 ·국가 간에 정보를 유통함으로써 전 세계 고객들이 동일한 취향을 공유	·해저 케이블(~1900년대) ·통신 위성(~1950년대) ·인터넷(~1990년대)
사람과 물건의 이동 수단 진화	·정기적이고, 신속 정확하며, 비용이 저렴하면서도 안정성이 높은 물류·교통수단 덕분에 국제 사업의 운영 비용이 크게 절감됨	·컨테이너선(~1970년대) ·제트 여객기(~1960년대)
국제표준의 정비와 모듈화	·국제표준의 제정으로, 모르는 기업이 모르는 장소에서 만든 제품이나 서비스의 신뢰도를 담보함	·IEEE(1963년) ·ISO(1947년) ·IEC(1906년)
국제 법규 정비와 시장 통일	·계약 시 발생하는 문제를 줄임 ·세관 부담 감소 ·국경 통과 시간의 감소	·예: WTO/GATT(1948년) ·IMF(1945년) ·양국 간 자유무역협정

세계 어느 곳으로도 이동할 수 있게 되었다.

사람들이 간과하기 쉽지만 경영 환경에서 빼놓을 수 없는 또 한 가지 변화는, 인공 언어가 정비되고 보급되어 생산 활동에서 정보 교환이 원활해졌다는 점이다. ISO(국제표준화기구)나 IEEE(미국 전기전자학회) 등의 국제표준, 나아가 프로그래밍 언어 등을 통해 모르는 사람이 모르는 장소에서 만든 제품이나 자재라도 일정 기준을 충족한다면 신뢰할 수 있게 되었다. 전 세계에서 공통의 고객 인터페이스와 플랫폼으로 사업을 전개할 수 있게 된 것과도 이런 변화를 바탕으로 한다. 이로 인해 국경을 초월한 협업과 의사결정이 수월해졌고, 세계적인 서비스와 제품이 등장할 수 있는 토대가 형성되었다.

아울러 생각해야 할 마지막 변화 요인은, 국제 무역이 활발해지고 국제 법규가 꾸준히 통일된 방향으로 정비되었다는 점이다. 이런 요인들이 작용하여 적어도 현 시점까지는 글로벌화를 추진할 수 있었다. '적어도 현 시점까지'라는 단서를 단 이유는, 현재 완전히 글로벌화된 경제 체제는 존재하지 않기 때문이다. 이것은 중요한 사실이다.

세계화 너머에 존재하는 서로 다른 세상

다양한 요인들이 세계 경제를 하나로 연결함으로써 기업의 국제화를 강력하게 견인하고 있지만, 한편으로 세계 각지의 독자성은 여전히 살아 있다. 다양성을 유지하려 하는 힘 또한 강력하게 작용하기 때문이다. 가령 나라별 시장경제의 자유도를 분석하는 지표인 '경제자유지수Index of Economic Freedom'를 보면, 각 나라에 여전히 큰 차이가 있다는 사실을 확인할 수 있다.

경제자유지수를 측정할 때는 '법치Rule of law', '정부 규모Government size', '규제의 효율성Regulatory efficiency', '시장 개방도Market openness'라는 네 개 부분의 12가지 항목을 평가하며, 그 결과를 100점 만점의 수치로 산출한다. 다음 페이지의 지도는 세계 각국의 경제자유지수를 보기 쉽게 표현한 것이다.

이 지도를 보면 세계 시장에는 아직도 다양성이 많이 남아 있음을 알 수 있다. 경제 격차, 사람들의 생활 수준, 건강 수준, 문화의 차이뿐만 아

세계 각국의 경제자유지수

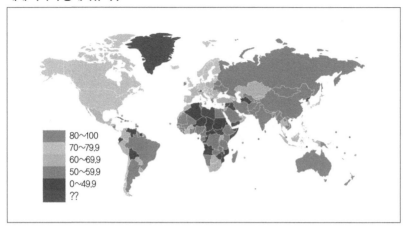

니라 기업이 활동할 때 중요한 시장의 규제 수준을 봐도 세계가 단일 시
장에 가까워지고 있다고는 결코 말할 수 없다. 이런 경향은 세계은행이
측정하는 '세계 거버넌스 지수World Governance Indicator'나 국제투명성기구
Transparency International가 매년 발표하는 '부패인식지수Corruption Perceptions
Index'에서도 확인할 수 있다. 아직도 세계 곳곳의 시장에는, 우리가 상식
으로 여기는 상습관이나 전제가 성립하지 않는 곳들이 많다는 것을 유
추할 수 있다.

특히 최근에는 영국에서 브렉시트Brexit(영국을 뜻하는 'Britain'과 탈퇴를
뜻하는 'exit'의 합성어로 영국의 EU 탈퇴를 의미한다. 브렉시트는 2012년 하순 EU의
재정 위기가 심화되자 불거져나오기 시작했다-옮긴이) 시행을 결정하고, 미국의
트럼프 정권이 국수주의적인 보호무역 정책을 지지하는 등 세계시장 통
합을 거스르는 움직임이 두드러지고 있다. 경제적인 자유도가 상승하는

상황에서 상대적 빈곤에 허덕이는 사람들 또한 증가하고 있다는 사실도 무시할 수 없다.

한편에서는 기술의 진보와 세계 경제의 발전이 세계 각지를 밀접하게 연결시키려 하지만, 다른 한편에서는 다양한 사회와 경제 체제가 굳건히 자리를 지키는 상황이다.[2]

스페인 IESE 경영대학원 교수, 판카즈 게마와트Pankaj Ghemawat는 2003년의 논문[3]에서 이런 세계시장의 상태를 '세미글로벌리제이션Semi-globalization'이라고 명명했다. 한마디로 세미글로벌리제이션이란, 글로벌리제이션이 진행되면서도 세계가 완전한 하나의 시장으로 통합되지 못한 중간 상태를 가리킨다. 국경을 초월해 사업을 전개하는 기업들은 이러한 세계 시장의 이질성에 직면하게 된다.

세계가 좀 더 균등한homogeneous 상태라면 국제적인 환경에서 사업을 할 때도 지금까지 이 책에서 소개한 발상을 그대로 활용하기만 하면 될 것이다. 그러나 현실은 그렇지가 않다. 수많은 개인과 조직이 국가를 넘나들며 활동하는 지금도, 세계에는 무시할 수 없는 이질성heterogeneity이 존재한다. 그 이질성이 만들어내는 복잡성 때문에 국제적인 환경에서는 또 다른 경영 전략을 검토해야만 한다.

---

2 〈닛케이 비즈니스 온라인〉(2014년 12월 17일)
3 Ghemawat, 〈Semiglobalization and International Business Strategy〉(2003)

글로벌 사업의 승패를 좌우하는
두가지 힘

국제경영 전략은 일반적인 경영 전략과 어떻게 다를까? '세미글로벌리제이션'이라는 용어를 만들어낸 게마와트는 설명하기를 '국제'가 붙은 사업 전략과 전사 전략은 결국 세계 시장의 이질성을 가미한 전략이며 따라서 한 차원 더 복잡한 검토가 필요하다고 말했다.

  복수의 국가나 지역에서 사업을 운영할 때 발생하는 가능성과 어려움을, 글로벌 사업의 경우에는 포괄적으로 다루어야 한다.

  여기서 말하는 '가능성'이란, 기업의 우위를 구축하고 사업 확대를 이룰 기회가 전 세계로 확대된 것을 의미한다. 매출이 확대되는 동시에 사업 리스크는 분산되며, 다양한 지역을 통합적으로 운용함으로써 규모의

경영 전략과 국제 경영 전략의 비교

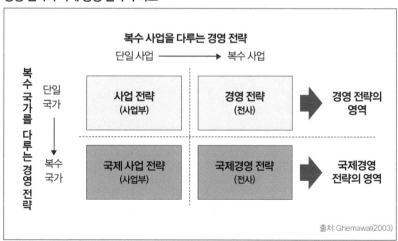

출처: Ghemawat(2003)

경제를 실현할 수 있다. 한편 글로벌 사업의 '어려움'이란, 온갖 다양성이 뒤섞인 세계 시장을 상대로 사업을 최적화해야 하는 문제를 가리킨다. 모국과 다른 환경에서 경쟁에 이기려면 국경을 초월해서 사업을 운영할 때 발생하는 추가적인 부담을 감당해야 한다. 예를 들어 현지의 환경에 정통하지 않다거나 현지의 이해관계자와 아무런 연이 없다는 약점을 넘어설 만큼, 현지 기업 이상의 경쟁력을 유지해야 한다.

가장 큰 딜레마는 '통합'과 '적응'이 서로 트레이드오프(두 개의 정책 목표 가운데 하나를 달성하려고 하면 다른 목표의 달성이 늦어지거나 희생되는 경우의 양자 관계-옮긴이) 관계에 있다는 것이다.

예를 들어 세계 각지의 조직에 단일 시스템을 구축하면 운영 비용을 줄일 수 있지만, 한편으로는 현지의 특수한 사정에 대응하기가 어려워진다. 반대로 각각의 지역에서 독자적인 제품을 개발·판매하면 원재료

통합과 적응의 트레이드오프

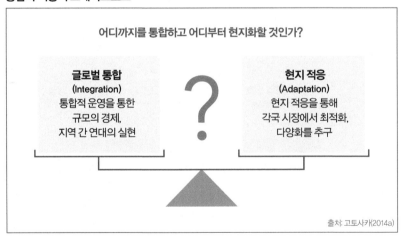

출처: 고토사카(2014a)

조달, 생산, 판매, 판촉의 표준화가 진행되지 않아 세계 진출에 따른 규모의 경제효과를 누릴 수 없게 된다.

세계에는 다양한 시장이 존재하는 까닭에 단순히 규모를 확대하기만 해서는 현지의 경쟁에서 승리할 수 없다. 그렇다고 현지마다 개별적으로 경쟁해서는 사업 전개에 소요되는 비용이 급속도로 불어나기 때문에 매출이 오르더라도 이익을 내기가 힘들다. C. K. 프라할라드와 이브 도즈Yves Doz는 이러한 국제경영 전략의 문제를 이미 1960년대에 일찍이 언급했다.[4] 이 개념을 '통합-적응 모델Integration Responsiveness Framework'이라 하며 머리글자를 따서 'I-R 모델'이라고도 부른다. 이 모델은 1987년에 출판된 두 사람의 공저《다국적 기업의 사명The Multi-national Mission》[5]을 통해 일반에 알려졌다.

여기에서 말하는 '통합'은 '글로벌 통합Global Integration'이라고도 하며, 국제경영에서 발생하는 통합에 대한 압력을 총칭한다. 각국의 경쟁자나 고객과의 관계, 제품시장의 글로벌화 수준, 비용 절감에 대한 압박 등이 그 원인이 된다. 한편 '로컬 적응Local Responsiveness'이라고도 부르는 '적응'은 마찬가지로 국제경영에서 현지 시장에 적응할 때 발생하는 모든 종류의 압력을 가리킨다. 각 시장의 고객 취향과 판매 채널, 산업 구조, 현지 정부나 법규제의 특성 등에서 이런 압력이 발생한다.

국제경영 전략은 이 두 가지 힘에 대해 어떤 답을 끌어내느냐에 좌우

---

4 Devinney(2000)에 따르면, 이 개념은 Lawrence · Lorsch(1967)까지 거슬러 올라갈 수 있다고 한다.
5 Prahalad · Doz, 《The Multinational Mission》(1987)

된다. 1970년대 후반 이후 기업의 해외 진출과 다국적화에 가속도가 붙으면서, 이러한 '통합과 적응의 트레이드오프'에 관해 다양한 논의가 진행되었다. 다만 아직까지 어떤 통일된 견해에는 이르지 못한 상태다.

사업의 이점을 최대화하는 글로벌 환경 파악하기

국제경영에 관한 많은 책들은 I-R 모델을 통해서 글로벌 환경의 특성을 이해하도록 안내한다. 다음 페이지의 그림은 모나 마키자Mona Makhija 등이 정리한 '산업의 글로벌화 유형'으로, 역시 I-R 모델을 이용해 국제 경영 환경을 네 가지 유형으로 분류했다.[6]

어떤 기업의 환경이 '멀티도메스틱 이행 산업군'에 속한다면 글로벌 통합의 압력도, 로컬 적응에 대한 압력도 약한 상황이다. 국경을 넘어 사업을 전개하는 기업들의 숫자가 한정되어 있고 지역 간의 고객 취향이나 산업 구조 차이가 사업을 전개하는 데 큰 장벽이 되지 않는다. 국제화의 진전이 비교적 늦은 자동차 수리업 등 각종 수리 서비스와 토목·주택 건설 등의 분야가 전형적인 예다.

이런 사업 영역에서는 애초에 국제적으로 사업을 전개하는 것의 이점이 그리 뚜렷하지 않을 때도 많다. 모국을 초월해서 활동하려고 해도 각

---

6 Makhija et al.(1997).

국제적인 경영 환경의 네 가지 유형

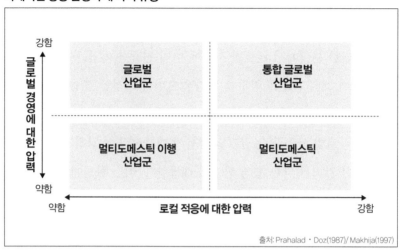

출처: Prahalad · Doz(1987)/ Makhija(1997)

국가의 특성이 크게 다르기 때문에 여기에 대응하는 비용이 소요된다. 또한 다국적으로 협업을 전개하는 경우도 드물기 때문에 굳이 모국을 벗어날 필요를 느끼지 못한다. 다른 회사보다 앞서서 해외로 진출한다면 선점자 우위를 확보할 수 있을 테지만, 그 길은 매우 험난하다.

다음으로 '멀티도메스틱 산업군'의 경우, 다국적으로 사업을 전개하는 거대 기업이 많기는 하지만 대부분은 통합적인 운영이 아니라, 각국의 고객 니즈에 맞춘 제품이나 서비스를 각지에 제공하는 형태다. 현지의 언어나 문화가 영향을 끼치는 콘텐츠 사업, 음료수나 식료품, 통신 등 행정 당국의 감독과 규제가 엄격한 산업이 이 분류에 해당된다.

이런 사업 영역은 다국적으로 사업을 전개하는 이점이 분명히 존재한다. 각 시장에서 배양한 노하우와 자원으로 조직 전체가 성장하므로, 한

국가에서만 사업을 운영하는 경우보다 우위에 설 가능성이 높다. 원재료를 일괄 구매해 원가를 절감할 수 있다는 것도 유리한 부분이다. 무엇보다 동일한 분야에서 글로벌 사업에 이미 진출한 기업들이 많기 때문에, 애초에 해외 진출을 염두에 두지 않으면 장기적인 경쟁에서 살아남기가 힘들다.

다음 '글로벌 산업군'은 글로벌 통합에 대한 압력이 강하지만 로컬 적응에 대한 압력은 약한 경영 환경에 해당한다. 이런 환경에서는 세계를 무대로 치열한 경쟁이 벌어지며 글로벌 시장의 과점화가 활발히 진행된다. 그런 까닭에 규모의 경제를 활용하지 못하면 살아남기 힘들다. 여객기, 조선, 공작 기계, 손목시계, 화학, 철강, 자원, 금융 등의 영역이 여기에 해당한다.

여러 나라에서 사업을 전개할수록 백오피스(후방에서 일선 업무를 지원하고 도와주는 부서, 혹은 업무-옮긴이), 연구개발, 구매 생산 등 각 사업 기능을 효율화할 수 있으며, 외부에서 자원을 조달하는 비용은 절감할 확률이 높아진다. 그렇기에 다른 많은 국가에서 사업을 전개하는 기업들은 자연스럽게 경쟁력을 키워나가게 된다. 각국의 규제가 강하다는 이유로 모국에만 머무는 기업들도 일시적으로는 경쟁이 가능할지 모르지만, 일단 규제가 철폐되면 따라잡기 불가능할 정도로 경쟁력의 격차가 벌어지고 만다.

실제로 현재 많은 산업이 '통합 글로벌 산업군'으로 이동하고 있다. 이 영역은 글로벌 통합에 대한 압력도, 로컬 적응에 대한 압력도 강한 경쟁 환경으로, 강력한 다국적 기업들의 무대가 되고 있다. 자동차나 일용 소비재 산업이 여기에 해당된다. 이런 사업 영역에서는 상당히 이전부터 국제경영이 경쟁의 전제 조건이었다. 경영의 노하우도 착실히 축적되어서, 각 기업들은 사업을 다국적으로 전개할 때의 이점을 최대한 활용한다. 신규 기업이 처음부터 이런 사업 영역에 정면으로 도전하는 것은 상당히 어려운 일이다.

기업들은 진출하고자 하는 나라의 사정과 상황에 맞추어 사업을 전개하면서도, 글로벌 사업의 이점을 최대한 끌어내야 한다. 이를 실현하는 기업과 그렇지 못한 기업 사이에는 커다란 격차가 생기기 때문에 국제경영 전략을 어떻게 세우느냐가 말 그대로 승패를 좌우한다.

글로벌 전략의 큰 방향 검토하기

기업의 각 사업 영역이 놓인 글로벌 환경을 이해했다면, 이제 국제경영 전략의 기본적인 방향을 논의할 차례다. 다음 페이지의 도표는 앞에서 제시한 '산업의 네 가지 글로벌화 유형'에 각각 대응하는, 네 가지 기본적인 국제경영 전략의 방향을 나타낸 것이다.

기업이 '멀티도메스틱 이행 산업군'에 속한다면 모국 시장을 중심으로 삼으면서 그 사업 모델을 해외로 옮기는 단순한 '모국 복제 전략'이 기본이 된다. 만약 '멀티도메스틱 산업군'에 있다면 각국 지사에 권한을 대폭적으로 이양하고 본사는 전체의 자원 관리에 주력하는 '멀티도메스틱 전략'이 바람직하다. '글로벌 산업군'이라면 단순한 조직 구조를 채택

산업 특성에 따른 국제경영 전략의 네 가지 방향

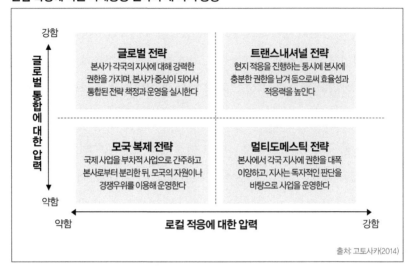

글로벌 통합에 대한 압력 (세로축: 약함 → 강함)

글로벌 전략
본사가 각국의 지사에 대해 강력한 권한을 가지며, 본사가 중심이 되어서 통합된 전략 책정과 운영을 실시한다

트랜스내셔널 전략
현지 적응을 진행하는 동시에 본사에 충분한 권한을 남겨 둠으로써 효율성과 적응력을 높인다

모국 복제 전략
국제 사업을 부차적 사업으로 간주하고 본사로부터 분리한 뒤, 모국의 자원이나 경쟁우위를 이용해 운영한다

멀티도메스틱 전략
본사에서 각국 지사에 권한을 대폭 이양하고, 지사는 독자적인 판단을 바탕으로 사업을 운영한다

로컬 적응에 대한 압력 (가로축: 약함 → 강함)

출처: 고토사카(2014)

하고 본사에 권한을 집약하면서 세계 각지에서 통일된 전략을 추진하는 '글로벌 전략'이 효과적일 것이다.

기업이 '통합 글로벌 산업군'에 속할 때는 '글로벌 통합'과 '로컬 적응' 사이에서 최적의 균형을 모색해야 한다. 이런 산업군에서는 '트랜스내셔널 전략'이라고 부르는, 국가의 경계를 뛰어넘은 조직 운영이 필요하다. 이를 '글로컬 전략'이라고도 하는데, 말 그대로 지역 특성을 살린 세계화 전략으로서 한층 복합적인 대안을 마련해야 한다.

이런 전략 검토는 전사 층위에서만이 아니라 사업 층위, 기능 층위에서도 각각 실시해야 한다. 예를 들어 애플은 전사 층위에서는 전 세계적으로 단일 상품만을 판매하지만, 사업 층위에서는 나라와 지역에 따라 유연한 방식을 채택한다. 일본 시장의 경우를 예로 들면, 아이폰을 판매

할 때는 이동통신 사업자와 제휴를 맺는 일본 특유의 사업 모델을 채택하는 반면에 전자결제 서비스 '애플페이'의 경우는 국제적으로 통용되는 단일 모델을 그대로 도입했다. 기능 층위에서도 애플은 마찬가지 전략을 구사한다. 마케팅이나 브랜딩은 세계적으로 통일하는 반면에, 사업 추진이나 상품의 판매 방법은 로컬화를 진행하고 있다. 이처럼 전사적인 시점만이 아니라 각 사업, 각 기능의 시점에서도 최적의 방향을 선택할 필요가 있다.

물론 애플의 사례는 하나의 예에 불과하며, 절대적으로 옳다고 할 수 없다. 무엇보다 경영 전략을 입안하는 주체가 스스로 사고의 축을 확보하는 것이 중요하다. 국제경영 전략에 관한 책은 산더미처럼 많으며 그 하나하나가 각기 다른 프레임워크를 제시한다. 복수의 프레임워크를 비교, 검토하면서 자사가 놓인 상황이나 사업의 특성, 전략의 방향성에 가장 적합한 것을 토대로 자사만의 사고의 축을 만들어야 한다.

최적의 균형을 만들어내는
AAA트라이앵글

판카즈 게마와트 교수는 여기서 시점을 살짝 틀어 'AAA트라이앵글 전략'이라는 개념을 소개했다.[7] 이 전략은 '현지 적응Adaptation', '거점화Aggre-

---

7 Ghemawat, 《Redefining Global Strategy》(2007)

gation', '차익거래Arbitrage'라는 세 방향성이 최적의 균형을 이루도록 검토하고, 그 조합을 통해 시장의 다양성으로부터 최대한의 이익을 얻는다는 발상이다.

먼저 '현지 적응' 전략은 각국의 특수성에 최대한 적응하고, 각국 고객들에게 소구하기 위해 상품의 매력도를 최대한 높이는 방향이다. 이것은 I-R 모델에서 말하는 '적응'의 방향성과도 일치한다.

한편 '거점화' 전략은 I-R 모델에서 말하는 '통합'과 마찬가지로, 국제적인 운영 구조를 하나로 단일화함으로써 비용을 최소화하고 경쟁우위를 만들어낸다는 방향이다.

마지막 '차익거래' 전략이란 각 국가 사이에 존재하는 차이를 통해서 경쟁우위를 만들어내는 방법이다. 쉬운 예로 인건비나 광열비 등의 생산 비용 차이를 고려하여, 개발도상국에서 생산해 선진국에서 판매하는 형태를 생각할 수 있다.

만약 멀티도메스틱 산업군이라면 현지 적응 전략이 중심이 될 것이고, 글로벌 산업군이라면 거점화 전략이 핵심이 될 것이다. 또한 진입한 지역의 생산 비용이나 판매 가격 등이 타국과 격차가 크다면 그 차이를 이용해 편익을 꾀하는 차익거래 전략도 염두에 둘 수 있다. AAA트라이앵글은 이 세 가지 요소를 조합함으로써 최적의 국제경영 전략을 이끌어낸다.

다시 한 번 말하지만, 이와 같은 이른바 '정석'은 경영 전략에서 어디까지나 출발점에 해당된다. 기업이 각국의 시장 특성을 이해하고 그 국가와 지역의 조합을 통해 얻을 수 있는 편익을 최대화하기 위해서는 더 깊은 검토가 필요하다. 바둑이나 체스가 그렇듯이, 정석이라는 기반 위에서 다양한 전략을 검토할 때 가장 효율적인 수를 고안할 수 있을 것이다.

해외 시장에서 기업을 짓누르는
두 가지 '부채'

타국의 낯선 현지 시장에서 사업을 진행하다 보면, 모국 시장에서 배양한 경쟁우위가 전혀 통하지 않는 상황이 종종 발생한다. 어떤 면에서 외국 기업들은 현지 기업에는 해당하지 않는 '부채'를 떠안아야 한다. 이 현상을 '이질성의 부채Liability of Foreignness'라고 부른다. 스릴라타 자히르Srilata Zaheer는 이 부채의 특성을 다음의 네 가지 요소로 정리했다.[8]

① 지리적인 거리와 직접 관계된 비용(예: 여행 경비, 운송비, 통신비)

② 현지의 환경을 잘 몰라서 발생하는 비용(예: 시장 조사비, 운영의 비효율)

③ 현지의 환경 특성 때문에 발생하는 비용(예: 외국 기업에 대한 경계심, 시장의 폐쇄성)

④ 모국의 환경 특성 때문에 발생하는 비용(예: 군수품 등의 수출 규제, 무역 마찰)

---

8 Zaheer, 〈Overcoming the Liability of Foreignness〉(1995)

현재 이런 비용은 글로벌화를 통해 조금씩 감소하고 있다. 특히 여행 경비나 운송비, 통신비가 대폭 개선되었으며, 많은 영역에 국제경영이 침투했고, 각국 시장의 특성에 대응할 수 있는 전문적인 경영 인재의 층이 두터워지고 있다. 또한 시장의 폐쇄성이나 무역 마찰 등 국가 간의 대립 역시 기복은 있지만 1990년대에 비하면 극적으로 상황이 개선되었다.

그러나 이런 네 가지 비용이 최소화되더라도 '외부자의 부채Liability of outsidership'가 남기 때문에 외국 기업은 현지 시장에서 어려움에 직면할 수밖에 없다는 주장도 있다.[9] 다국적 기업이 직면하는 부채는 비단 지역 특성과 관련된 비용에 국한되는 것이 아니라, 관계 및 네트워크의 특수성과 관련된 비용으로 번져나간다는 것이다. 외국 기업은 현지 사람들이나 기업과 유대가 희박하며, 또한 현지의 사회적인 네트워크로부터 신뢰를 얻기 힘들다. 이런 요인은 그곳에서 사업을 구축하고 추진할 때, 지식이 없다거나 거리가 멀다는 점 이상으로 무거운 부채가 될 수 있다. 특히 우수한 인재를 채용하거나 현지 기업과 손을 잡으려 할 때 이는 커다란 장벽으로 작용한다.

그러므로 해외 진출을 할 때는 현지 기업에 비해 경쟁 열위에 있다는 것을 전제로 해야 하며, 그것을 상회하는 진출 이유를 제시할 수 있어야 한다. 만약 그 이유를 찾지 못한다면 최선의 전략은 '해외 진출 포기'가 될 수도 있다.

---

9 Johanson · Vahlne, 〈The Uppsala Internationalization Process Model Revisited〉(2009)

기업은 왜 해외 시장에 진출하는가?

해외 진출에 이런 부채와 사업상의 어려움이 뒤따른다면, 기업들은 어떤 경우에 글로벌 사업에 뛰어들 수 있을까? 대표적인 개념[10]으로 존 더닝John H. Dunning이 제창한 'OLI 패러다임(절충 이론)'이 있다. 1976년 노벨 심포지엄에서 처음 발표된 OLI 이론은, 이후 오랫동안 해외직접투자FDI와 다국적기업 연구에서 대표적인 이론적 틀로서 역할을 해왔다.

이 이론에 따르면, 해외 진출을 검토할 때 영향을 끼치는 요인을 다음의 세 가지로 생각해볼 수 있다.

OLI 이론의 세 가지 요소

> **아래의 세 가지 요소가 해외 시장 진출 여부를 좌우한다**
>
> · **독점적 우위 요인**(Ownership-Specific Advantages)
> · 기업이 내부에 보유하고 있는 지식, 기능, 능력, 물리적인 자산, 관계성에서 발생하는
>   경쟁우위
> · **입지 특유의 우위 요인**(Location-Specific Advantages)
> · 진출할 국가가 생산국 또는 소비국으로서 지니는 상대적 우위성
>   예를 들면 그 나라의 천연자원, 인적 자원, 시장의 매력도 등이 있다
> · **내부화 우위 요인**(Internalization Advantages)
> · 해외의 생산 설비, 판매 물류망, 그 밖의 부가가치 창출 프로세스를
>   조직의 내부에 수용함으로써 얻을 수 있는 우위성
>
> 출처: Dunning(1981)

---

10 같은 시기에 성립된 '내부화 이론'도 OLI 이론과 마찬가지로 대표적인 개념이라고 할 수 있다. 그 개요에 대해서는 Rugman(1981)에서 자세히 설명한다.

'독점적 우위 요인'은 그 기업이 보유한, 해외 시장에서도 충분히 기능하는 경쟁우위를 가리킨다. 특허나 저작권처럼 특별한 권리를 부여받은 기술이나 정보가 여기에 해당한다. 이런 것들은 법적으로 보호를 받으며, 진출 기업은 현지에서 독점권을 인정받을 수 있다. 만약 그런 특별한 권리가 없더라도 현지의 기업이 만들지 못하고 흉내 내지 못하는 상재나 서비스가 있다면, 기업은 이질성이나 외부자의 약점을 극복하고 이윤을 확보할 수 있다.

'입지 특유의 우위 요인'은 이질성에서 오는 약점보다 더 큰 보상을 해당 국가나 지역이 제공하는 경우를 말한다. 쉬운 예로, 아프리카 국가에서 산출되는 희소 광석을 들 수 있을 것이다. 사업 환경이 매우 위험하고 리스크도 크기 때문에 참여 비용은 높다. 그러나 그곳에서 얻게 될 자원이 그 이상으로 매력적인 까닭에 위험성이나 리스크마저 허용할 수 있다. 미국이나 중국 등의 거대 시장도 마찬가지다. 진출 비용이 큰 이상으로 높은 성장 가능성을 점칠 수 있기 때문에 진출할 만한 이유를 충분히 찾을 수 있다.

'내부화 우위 요인'은 현지의 기업에 생산이나 판매를 위탁하는 것이 아니라, 자사가 직접 운영할 때의 우위에 관해 설명한다. 독점적 우위나 입지 특유의 우위가 존재하더라도, 자사가 굳이 현지 시장에 직접 뛰어들 필요 없이 현지의 기업에 맡기는 것이 편리한 경우도 있다. 하지만 멀리 떨어진 현지 기업을 계약 관계만으로 관리·감독하는 데는 분명히 한계가 있고 어려움도 따른다. 따라서 자사가 직접 진출해 현지의 사업 활동을 강력하게 통제할 때 확실한 이점을 누릴 수 있다.

해외 시장에 진출할 때는 기업이 그곳에서 직면할 이질성이나 외부자로서의 부채를 떠안을 만큼 타당한 이유가 있는지 꼼꼼하게 검증해야 한다.

실제로 대부분의 경우 그 정도 이유를 찾아내기란 쉽지 않다. 다른 회사를 압도할 만큼의 독점적 우위를 보유한 기업은 소수에 불과하기 때문이다. 또한 입지 특유의 우위를 얻을 수 있는 지역은 전 세계에서 수많은 경쟁자들이 모여들 가능성이 크다. 내부화의 우위 역시, 국제경영의 노하우가 충분히 누적되어야만 도달할 수 있기에 결코 만만한 요소가 아니다.

그런 까닭에 오랫동안 대부분의 기업들은 국제경영이라는 영역에 발을 내딛지 않았다. 지금도 세상의 수많은 기업들 가운데 국외에서 자원을 조달하고 적극적으로 판매를 실시할 수 있는 경우는 극히 소수에 불과하다. 분명히 기술의 진화는 더 많은 기업들에게 국제경영의 문호를 넓혀주고 있다. 물론 어떤 기업이든, 여기에 도전하겠다는 판단을 손쉽게 내릴 수는 없겠지만, 미래를 내다보았을 때 국제경영은 피할 수 없는 선택일 것이다.

해외 시장에서 얻을 수 있는 부가가치란?

해외 진출의 매력은 매출 확대나 비용 절감에만 그치지 않는다. 글로벌 사업의 이점을 다면적으로 파악하고 검토할 때는 'ADDING 가치평가표'라는 판카즈 게마와트가 제안한 도구가 유용하게 쓰이곤 한다.[11] ADDING 가치평가표는 해외시장 진출을 통해 얻을 수 있는 부가가치를 한눈에 보여주는 도구로, 앞에서 소개한 AAA트라이앵글과 함께 실무자들에게 높은 평가를 받고 있다.

OLI 이론이 국제경영을 연구하는 사람들에게 실증 연구를 위한 이론적 틀을 제공하는 데 비해, 게마와트가 고안한 이 모델은 이해하기 쉬운 사고 프로세스로서 경영 현장에서 폭넓게 참조된다.[12]

ADDING 가치평가표에 따르면, 해외시장 진출을 통해 얻을 수 있는 부가가치는 'ADDING'이라는 머리글자가 각각 대표하는 여섯 가지 요소로 설명할 수 있다.

ADDING 가치평가표

A = 판매량의 증가 또는 사업의 성장
D = 비용의 절감
D = 차별화 또는 구매 욕구 자극
I = 산업 매력도 또는 거래 협상력 개선
N = 리스크의 평준화 또는 최적화
G = 지식, 자원, 또는 능력의 획득이나 활용

출처: Ghemawat(2007)

---

11 Ghemawat(2007), 해외 진출의 유인에 관해서는 ADDING 가치 스코어카드 이외에도 Dunning(1988)이 참고가 된다.
12 가령 저명한 국제경영 연구자였던 앨런 러그만(Alan M. Rugman)은 게마와트의 책을 평가하기를, 실무자에게 높은 평가를 받고 있지만 과거의 학술적 발전을 충분히 참조하지 않은 까닭에 학문적인 가치는 제한적이라고 말했다.

ADDING에 해당하는 여섯 개의 부가가치는 '판매 증가Adding volume', '비용 절감Decreasing cost', '차별화Differentiating', '산업 매력도 향상Improving industry attractiveness', '리스크 정규화Normalizing risk', 그리고 '지식 창조 Generating knowledge'다.

해외 진출을 검토할 때 출발점은 '판매'의 경우 매출 확대이며(A), '제조'의 경우 비용 절감이다(D). 그러나 해외 진출을 통해서 얻을 수 있는 이점은 그것만이 아니다. 예를 들어 고급 브랜드가 적자를 보면서도 파리나 뉴욕, 런던에 지점을 두는 이유는 브랜드를 차별화할 수 있고, 자국 시장에서 고객들의 구매 욕구를 충분히 끌어올릴 수 있기 때문이다(D).

또 어떤 국가에 진출하는 것 자체는 흑자가 되지 않더라도, 그 결과가 자사의 시장점유율 향상으로 이어져 거래 협상력이 개선될 때가 있다(I). 해외에 진출했다는 사실 자체가 경쟁자를 견제하는 효과를 내서 자국 시장의 경쟁 환경이 개선되는 경우는 얼마든지 있다.

한편 델몬트Delmont나 돌Dole 같은 기업을 생각해보자. 이 국제적인 기업들은 세계 각지에 농장을 여러 곳 소유하고서 각기 다른 기후에서 작물을 재배하는데, 이것이 리스크를 평준화하는 효과를 가져온다(N). 기후가 불순하거나 재배 조건이 악화되더라도 수확량이 급격히 저하되는 리스크를 피할 수 있기 때문이다. 프랑스의 와인 생산자들이 지구온난화에 대비해 칠레 등의 지역에서 재배를 시작한 것 또한 마찬가지 이유 때문이다.

마지막으로 특정 산업의 최첨단 지역, 예를 들면 인터넷 산업이 발달한 실리콘밸리나 뉴욕의 금융가, 밀라노의 패션가 등에 진출하는 것은 해당 분야의 지식과 자원, 혹은 능력을 획득하는 데 큰 도움이 되기 때문이다(G). 설사 해외 진출이 매출액 증가나 비용 절감으로 직결되지 않더라도, 여기에서 얻은 것들이 경쟁우위의 원천이 되리라는 것은 상상하기 어렵지 않다.

ADDING 가치평가표 같은 프레임워크는 해외 진출에 따라오는 부가가치를 다면적으로 이해하는 데 도움이 된다. 이렇게 좀 더 넓은 시야로 국제 사업의 이점을 파악하면, 글로벌 경쟁력을 한층 확대하는 데 도움이 될 것이다.

신흥국, 시장 밖에서의 싸움이
모든 것을 결정한다

시장 안에서만이 아니라 시장 밖에서 싸움이 필요한 이유

특히 신흥국에 진출을 검토할 때는, 그 나라의 독자적인 요인도 함께 감안할 필요가 있다. 신흥국의 인구 증가와 경제 성장이 지속되고, 해외 사업의 운영 비용은 계속 감소함에 따라 1990년대 후반부터 신흥국은 중요한 시장으로 주목을 받고 있다. 그러나 신흥국 시장에 진출하는 것은 결코 쉬운 일이 아니다. 선진국 시장과 비교했을 때 신흥국 시장은 이질성이나 외부자로서 감당해야 할 약점이 훨씬 더 크기 때문이다.

먼저 도로, 철도, 항만, 전기 · 가스 · 수도 등 사업에 전제 조건이 되는 인프라가 제대로 정비되지 않았으며, 시장 경제의 각종 기능을 뒷받침하는 '제도'가 충분히 발달하지 않았거나 적어도 선진국과 크게 다르다는 점이 부담이 된다. 타룬 칸나Tarun Khanna와 크리쉬나 팔레푸Krishna Palepu는 2010년에 출판한 책[13]에서, 시장 경제의 각종 기능을 뒷받침하는 제도를 다음의 여섯 가지로 정리했다.

① 신용을 보증하는 제도(예: 각종 인증기관, 감사 법인)
② 정보 분석과 조언을 하는 제도(예: 경제지, 신용 정보기관, 리서치 회사)
③ 집약과 유통을 담당하는 제도(예: 대규모 소매점, 투자신탁, 농협, 중간유통업자)
④ 거래 지원 제도(예: 증권거래소, 도매 시장, 신용카드 회사)
⑤ 중재·심판을 하는 제도(예: 법원, 조정기관, 업계 단체)
⑥ 규제하는 제도(예: 규제 당국, 공적 기관, 각종 위원회)

성숙한 시장 경제에서는 이런 제도들이 서로 밀접하게 연계되어 중요한 기반으로서 역할을 담당한다. 그러나 미성숙한 시장 경제에서는 이런 제도들이 충분히 기능을 하지 못하며 때때로 사업의 운영에 치명적인 장벽이 되기도 한다. 칸나와 팔레푸는 이것을 '제도적 공백Institutional Voids'이라 명명하고 이런 제도의 부재나 미정비 상태를 어떻게 극복하느냐가 신흥국 진출 전략의 열쇠라고 주장했다.[14] 두 사람의 발상은 경영

---

13 Khanna 외, 《Winning in Emerging Markets: A Road Map for Strategy and Execution》(2010)
14 Khanna 외, 〈Strategies That Fit Emerging Markets〉(2005)

전략에서 중요한 것이 비단 제품이나 서비스의 가격과 품질을 놓고 시장에서 경쟁하는 것만이 아님을 시사한다. 다시 말해, 시장 전략뿐만이 아니라 시장 밖에서 정부나 규제 당국, 각종 미디어, 그 밖의 이해관계자와 밀접한 연대를 맺고 조정을 꾀하는 것이 때때로 무엇보다 효과적이라는 이야기다.

아프리카에서 이동통신 사업에 성공하려면

이처럼 시장 경제가 아니라 시장을 정비하기 위한 비非시장 경제에 주목하고, 그것을 전략 검토의 프로세스에 포함해야 한다는 논리는 데이비드 바론David P. Baron이 1995년에 발표한 논문[15]에서 그 원형을 확인할 수 있다. 이 논문은 시장 환경을 정비하기 위한 '비시장 전략', 그리고 제품 및 서비스의 가격 또는 품질로 승부하는 '시장 전략'을 하나의 전략으로 통합해서 운용해야 한다고 주장한다. 여기서 전자인 비시장 전략의 예로는 관세 인하, 규제 철폐, 보조금 확보 등 정부나 규제 당국과의 교섭을 들 수 있다.

신흥국의 경우 시장 환경이 충분히 정비되어 있지 않고 타국의 기업들이 이용하기도 어렵기 때문에 이러한 관점이 특히 중요하다. 이 경우 시장에서 경쟁하는 것으로는 애초에 승패가 결정되지 않는다. 그보다는 비시장 요인이 승패의 열쇠가 되며, 제품이나 서비스의 절대적 차이가 경쟁우위로 직접 연결되지 않을 가능성이 있다.

---

15 Baron, 〈Integrated Strategy: Market and Nonmarket Components〉(1995)

시장 전략과 비시장 전략의 연대를 꾀하는 통합 전략

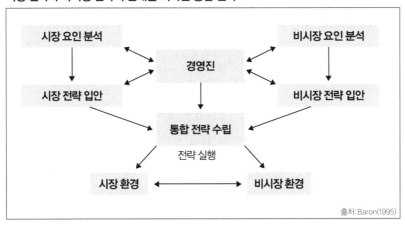

출처: Baron(1995)

예를 들어 아프리카 15개국에 이동통신 서비스를 제공한 셸텔Celtel(현재는 바하티 에어텔의 산하)은 사업에 필요한 인프라를 직접 정비함으로써 휴대전화 통신망을 무無에서부터 만들어냈다.[16] 도로가 정비되지 않았기 때문에 기지국의 기재를 헬리콥터로 운송하고, 전력망이 없었기에 기지국에 발전기를 설치하고서 연료와 냉각수를 매일 보충했다. 또한 정부기관과 교섭을 거듭함으로써 국경을 초월한 통신망을 정비하고 국제통신 가격을 대폭 인하해 경쟁사와 격차를 벌렸다.

뿐만 아니라 시장 확대를 원활히 하기 위해 지역 공헌 활동에 활발히 나섰으며, 학교와 병원을 직접 건설하기도 했다. 이와 같이 비시장 요인이 경쟁력을 좌우하고 때때로 승패를 결정하는 것은 신흥국 시장에서 드문 일이 아니다. 권력기관의 합의를 이끌어내는 데만 성공하면 국가

---

16 Ibrahim, ⟨Celtel's Founder on Building a Business On the World's Poorest Continent⟩(2012)

의 제도나 법 규제도 대폭 개선할 수 있다. 따라서 신흥국 시장의 경영 전략에서는 경쟁의 전제 조건을 단순한 '전제 조건'으로 생각하지 않고 적극적으로 혁신하려는 태도가 중요하다.

승차 공유 서비스인 우버나 빈 집을 단기 여행자에게 빌려주는 에어비앤비 등 최근의 국제적인 스타트업을 둘러싼 논의에서도 비시장 전략의 중요성은 부각되고 있다.[17] 두 회사 모두 세계 각지에서 해당 지역의 법 규제 및 업계 단체와 싸우고 있다. 이들은 많은 국가와 지역에서 법 규제의 그레이존(어느 영역에 속하는지 불분명한 집단, 지역 등을 지칭하는 용어-옮긴이)을 이용해 사업을 전개했다. 차근차근 정보를 축적하고 로비 활동을 적극적으로 전개하는 한편으로, 규제 당국과 교섭을 거듭해왔다. 관계자와 물밑 교섭을 진행하고, 나아가 호의적인 여론을 형성하기 위한 노력도 게을리 하지 않았다.

두 회사의 방침은, 반드시 기존의 제도를 전제로 삼을 필요가 없다는 데서 출발한다. 과거, 어떤 필요에 의해서 확립된 제도일지라도 기술의 진보나 사회의 변화에 발맞춰 쇄신해야 할 시기가 찾아온다. 그 쇄신은 시장 경쟁의 전제 조건을 근본부터 뒤엎기 때문에 이것을 주도할 수 있다면 기업으로서는 막대한 경쟁우위를 얻게 된다.

특히 국제적인 사업 환경에서 제도란 유일하고 절대적인 것이 아니라 무수히 존재하는 상대적인 개념으로 보아야 한다. 기업들이 경영 전략을 통해서 원하는 방향으로 얼마든 유도할 수 있는 요소라는 의미다. 제

---

17 〈닛케이 비즈니스온라인〉(2015년 12월 9일)

도를 움직일 있는 변수로 파악하고 적극적으로 전략을 검토할 때, 시장 경쟁에만 시선을 쏟는 다른 경쟁자들에 비해 효과적으로 우위를 점할 수 있다.

메타네셔널의 시대가 온다

2020년을 맞이한 현재, 기업 경영에서 글로벌화는 한층 직접적인 과제가 되었다. 이제 국제경영은 일부 거대 기업에만 허용된 특권이 아니다. 창업한 지 얼마 안 된 스타트업 기업들도 이를 염두에 두어야 한다.

창업 초기 단계부터 해외시장을 목표로 하는 기업을 '본 글로벌Born Global'이라 하는데, 현재 다수의 산업 영역에서 이런 유형의 기업을 찾아볼 수 있다. 본 글로벌 기업들은 창업 초기부터 해외 조달뿐만 아니라 해외 판매를 개시해 사업을 국제적으로 성장시켜 나간다. 현대는 언어와 문화가 다른 사람들이 국경을 초월하여 협력하고 부가가치를 생산하는 것이 일반적인 일이 되었다. 수많은 나라의 기업들이 국경을 몇 개씩 넘나들며 연대를 맺는 시대다.

'글로벌 가치사슬Global Value Chain'이라고 부르는 다음 페이지의 도표는, 전 세계를 거쳐 부가가치가 생산되는 연쇄구조를 단순하게 나타낸 것이다.

실리콘에서 컴퓨터가 만들어지기까지의 가치사슬

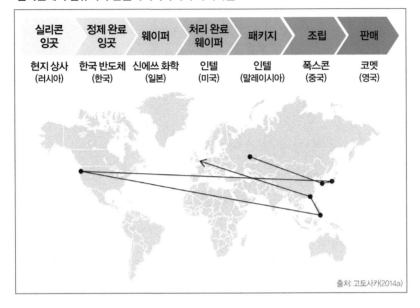

실리콘 잉곳	정제 완료 잉곳	웨이퍼	처리 완료 웨이퍼	패키지	조립	판매
현지 상사 (러시아)	한국 반도체 (한국)	신에쓰 화학 (일본)	인텔 (미국)	인텔 (말레이시아)	폭스콘 (중국)	코멧 (영국)

출처: 고토사카(2014a)

가령 1970년대에 일본의 컴퓨터 제조회사는 실리콘을 해외에서 수입한 뒤 잉곳(태양광전지의 핵심 소재-옮긴이) 정제부터 웨이퍼 가공 등, 메모리나 마이크로컴퓨터 등의 반도체 제조 공정을 전부 자국 내에서 완결했다. 그러나 지금은 이것을 세계 각지의 기업이 분업해서 담당하는 시대로 변모했다.[18] 이런 세계적인 가치사슬의 구조로 제품을 생산하고 서비스를 제공하는 움직임은 반도체 이외의 분야에서도 활발히 일어나고 있다. 보잉787 같은 거대한 항공기도 주요 부품과 자재를 한국, 일본, 캐나다, 오스트레일리아, 영국, 이탈리아, 프랑스, 스웨덴 등 세계 각지에서

---

18 〈닛케이 비즈니스 온라인〉(2014년 9월 24일)

조달한다. 또한 컨설팅 회사, 변호사나 회계사 사무소 등의 전문 직종에서도 단순한 조사 공정이나 자료 작성 작업을 인도나 동유럽 등의 해외 거점에서 실시하곤 한다.

이처럼 국적을 초월하여 활동하는 기업을 '메타내셔널Metanational 기업'이라 한다.[19] IBM의 CEO 새뮤얼 팔미사노Samuel J. Palmisano는 같은 의미에서 이런 기업들을 '글로벌 통합기업'이라고 이름 붙이기도 했다.[20] 핵심은 동일하다. 미래의 경쟁력을 담보하기 위해서는 전 세계에 사업 기능을 효율적으로 분산시켜야 한다. '적정한 장소에서 적정한 시기에 적정한 가격으로' 상품이나 서비스를 제공하는 체제를 운영해야 한다는 것이다.[21] 실현하기 어려운 과제인 만큼, 일찌감치 이 시스템을 장착하는 조직이 각지의 시장에서도, 또 세계 경쟁에서도 앞서 나갈 수 있다.

세계에는 여전히 시장의 이질성이 존재한다. 이것은 어려움인 동시에 가능성이기도 하다. 분명히 대다수의 기업들에게 글로벌 경영은 멀게만 느껴지는 개념일지 모른다. 그러나 세계 각지의 특성을 이해하고 이것을 자사의 활동에 알맞은 형태로 구성하며 끊임없이 쇄신해나가는 일이 반드시 필요한 시대가 조금씩 다가오고 있다.

---

19 Doz 외, 《From Global to Metanational: How Companies Win in the Knowledge Economy》(2001)
20 Palmisano, 〈The Globally Integrated Enterprise〉(2006)
21 〈닛케이 비즈니스 온라인〉(2015년 1월 28일)

12장

미래의 경쟁우위

기술은 경영 전략의 모습을 어떻게 바꿀 것인가?

마지막 12장에서는 기술 진화가 경영 전략에 미치는 영향에 대해 생각 해보고자 한다. 선사시대의 경영 전략이든 현대의 경영 전략이든 '인간 의 집단인 조직이 일정한 목표에 도달하기 위해서 설정한 경로'라는 사 실은 변함이 없다. 다만 그 전제는 크게 다르다.

현대는 한 사람 한 사람의 지적 역량뿐 아니라 개개인이 속한 조직이 처리할 수 있는 작업 총량 또한 급속도로 증가했다. 과거에는 상상조차 할 수 없었던 대규모 작업을 높은 정확도로 실현하도록 돕는 각종 기술 또한 제공되고 있다. 이처럼 사람과 사람이 사용하는 도구인 과학기술, 그리고 그 과학기술이 생산한 기술과 시스템이 크게 변화했다면, 여기 에 기반을 둔 사람의 행동 또한 달라지는 것이 당연한 일이리라.

미래를 예측하기는 매우 어렵다. 또한 장기적인 기술 동향을 상세히 나열하는 것은 경영 전략의 논의에서 벗어나는 일이기도 하다. 따라서 지금까지 이야기한 경영 전략의 개념을 토대로, 기술이 경영 전략의 미래를 어떻게 바꿀 수 있을지 생각하는 것으로 이 책을 마무리하려 한다.

기술이 경영 전략에 영향을 끼치는 세 가지 경로

기술은 경영 조직에 어떤 영향을 끼치는가? 린 마르쿠스M. Lynne Markus 와 대니얼 로비Daniel Robey는 1988년 〈매니지먼트 사이언스Management Science〉에 투고한 논문[1]에서 정보 기술이 조직에 영향을 끼치는 경로를 다음의 세 가지로 정리하여 설명했다.

1. 기술이 전략에 미치는 직접적인 영향

기술이 조직에 직접적으로 영향을 끼칠 때 가장 기본적인 경로는, 지금까지 곤란했던 활동을 용이하게 만드는 것이다. 그 영향은 크게 두 가지로 분류할 수 있다.

- 투입 비용에 비해 성과를 증가시킨다(효율성의 향상)
- 기대했던 성과를 거둘 확률을 개선한다(불확실성의 감소)

---

1 Markus · Robey, 〈Information Technology and Organizational Change〉(1988)

먼저, 기술이 효율성을 향상시킨 대표적인 예로는 기원전 4000~3000년경에 탄생한 수레바퀴, 서기 1700~1800년경에 실용화된 증기기관, 1900년을 기점으로 급속히 진화한 내연기관을 들 수 있다. 수레바퀴가 발명된 후, 적은 숫자의 말이나 사람이 수백 킬로그램이나 되는 물자를 운반할 수 있게 되었다. 또한 증기기관은 안정적이고 거대한 동력을 우리에게 제공해주었다. 이후 연료가 훨씬 적게 들고 운반하기도 편한 내연기관의 발명으로 인류는 고출력화를 실현할 수 있었다.

이로써 상거래의 핵심인 사람과 물자가 자유로이 이동할 수 있게 되었다. 이렇게 이동의 효율성이 비약적으로 향상되면서 지리적으로 더 넓은 지역을 아우르는 사업 전개 또한 가능해졌다. 거래 상대를 선택할 때 더 멀리 떨어진 지역까지 고려할 수 있게 되어 선택의 폭이 그만큼 넓어진 셈이다. 더불어 물자를 대량으로 운송하고, 큰 동력이 필요한 생산 설비를 가동할 수 있게 됨으로써 경영의 효율성은 크게 향상되었다.

효율성 향상과 더불어, 불확실성을 감소시키는 것 또한 기술의 중요한 역할이다. 가장 쉬운 예로는 정보의 기록 및 전달 수단의 발전을 들 수 있을 것이다. 한때 인류는 석판처럼 운반하기 힘든 매체에 정보를 기록했지만 파피루스 등이 발명되면서 기원전 3400~3200년 무렵까지 문자를 기록하는 방법이 체계화되었으며, 매체 또한 운반성이 높은 방법으로 대체되었다. 같은 시기에 전서구(군용 통신 등에 이용하기 위해 훈련된 비둘기-옮긴이)를 이용한 통신이 실용화되고 역참제(원 태종 때 정비한 교통 통신 체계로, 공공 업무를 수행하기 위해 설치되었다. 일정한 거리마다 숙소, 말 등을 준비하여 여행자의 편의를 제공했다-옮긴이)가 발전하면서 멀리 떨어진 지역의 상황을 확실하고 신속하게 파악하는 수단이 갖추어졌다. 18세기에는 전신電信이 실용화되었고, 19세기 말에는 해저 통신 케이블이 전 세계를 연결하면서 세계적인 통신망이 완성되었다.

이렇게 정보의 기록 및 전달 수단이 보급됨에 따라 거대하고도 복잡한 조직을 원활히 운영할 수 있게 되었다. 로마 제국이나 몽골 제국 같은 거대 국가를 경영할 수 있었던 것도, 거리와 시간을 초월해 필요한 정보를 정확하게 전달할 수 있게 된 덕분이라 할 것이다.

불확실성이 과도하게 높은 상황에서는 일정 규모 이상의 조직이 기능하기 어렵다. 그런 측면에서 기술은 효율성을 높이고 불확실성을 감소시킴으로써 영리 조직이 활동할 수 있는 가능성을 꾸준히 넓혀왔다.

나침반, 육분의, 활판 인쇄, 전기, 무선 통신, 제트엔진, 컴퓨터, 인터넷······.

이처럼 과거의 경영 전략과 현재의 경영 전략 사이에는 다양한 기술의 축적이 만들어낸 간극이 존재한다.

2. 기술이 전략에 미치는 간접적인 영향

기술의 진화가 경영 전략에 끼치는 영향 가운데 직접적인 변화는 눈에 잘 보이며 직감적으로도 이해하기 쉽다. 그러나 더 심대한 영향은 간접적인 변화, 즉 경영 환경의 변화에서 나타날 가능성이 크다. 새로운 기술이 등장하고 보급되면 경쟁의 전제 조건을 구성하는 요소가 바뀐다. 이에 따라 경영 전략을 검토하는 프로세스도, 그 결과로 도출되는 의사 결정도 자연스럽게 변화한다. 무엇보다 경쟁우위의 원천이 달라진다.

특정 자원, 능력, 지식의 경쟁우위는 감소하고 새로운 기술의 활용을 전제로 하는 자원, 능력, 지식의 가치는 상승한다.

예를 들어 프로판가스가 보급되기 전에는 장작이나 연탄을 사용하여 불 조절을 잘하는 것이 아주 중요한 조리 능력이었다. 그러나 즉시 불을 붙일 수 있고 화력을 자유자재로 조절할 수 있는 프로판가스라는 기술이 등장함에 따라 상황이 바뀌었다. 불 조절로 승부하던 수많은 요리사들은 강점을 잃어버렸고, 이제 불 조절은 누구든 자유자재로 할 수 있다는 것이 전제가 되었다. 대신에 조리 기술 자체가 뛰어난 요리사가 경쟁 우위를 갖게 되었다.

자동차 생산 공정에서도 철판을 프레스기로 찍어서 성형하는 프로세스가 보급되기 이전에는 철판을 두들기고 잡아당기고 용접하는 판금 기술이 중요한 차별화 요인이었다. 그러나 프레스기의 가격이 하락하고 성능이 향상됨에 따라 판도는 바뀌었다. 숙련된 판금 기술자를 고용하는 것이 경쟁우위로 이어지던 시대는 막을 내렸고, 기술자의 개인기에 의존하던 많은 자동차 제조사가 경쟁력을 잃었다. 이런 변화는, 컨베이어 시스템 같은 새로운 생산 방식 및 과학적 관리법과 맞물려 또 다른 변화를 불러왔다. 자동차의 제조 비용이 크게 낮아졌으며, 대량 생산·대량 판매를 실현하는 자동차 회사가 경쟁 우위를 차지하게 되었다.

기술의 발전으로 과거에 각광받던 직업이 소멸하는 일은 드물지 않다. 전화교환원은 한때 인기 직종이었지만 자동교환기가 등장함에 따라 자취를 감췄다. 엘리베이터 안내원도 비슷한 경우다. 안전성이 보장된 자동 엘리베이터가 보급됨에 따라 이제는 거의 볼 수 없게 되었다. 특정 시점에는 경쟁력의 원천이었던 요소도, 기술이 진화하면 그 가치를 언제든 잃을 수 있다.

이런 변화는 5장에서 소개한 VRIO 프레임워크를 적용하여 생각해볼 수 있다. VRIO 프레임워크는 '가치 있고', '희소성이 있으며', '모방이 어렵고', '조직에 부합한다'는 네 가지 요소를 포함한 자원이 조직의 경쟁우위에 공헌한다는 발상이다. 여기에 비추어 생각한다면 기술이 진화하는 것은 곧 VRIO의 전제 조건이 변화하는 것으로 이해할 수 있다. 그리고 VRIO의 전제 조건이 변화한다는 것은 조직의 경쟁우위에 공헌할 자원이 달라진다는 의미가 된다.

가령 철의 양산이 실현됨에 따라 청동의 실용적인 '가치'는 큰 폭으로 저하되었다. 과거에 중동의 바레인에서 생산된 천연 진주는 고가의 보석으로서 수출 경쟁력을 지녔지만, 진주 양식 기술이 보급된 뒤로는 그 '희소성'이 하락했다. '모방'하기 어려운 소고기 육질이, 해외로 생체와 유전자가 유출되어 널리 양산되기도 한다. 또한 새로운 기술을 기반으로 조직을 운영하게 되면 '조직에 부합하는' 경영 자원도 변화한다. 개인용 컴퓨터를 이용한 업무 프로세스가 상식이 되고 전자 데이터로 문서를 손쉽게 주고받는 시대가 되면서, 회사 밖 어디에서든 업무 처리가 가능해졌다.

이처럼 기술이 진화하면 경쟁의 규칙이 바뀌고, 조직의 생존에 필요한 요건이 바뀐다. 손목시계 산업을 예로 들자면 기술의 진화가 일정 수준을 넘어서면서, 내구성과 정확성이 우위를 차지하던 시장은 디자인이나 브랜드가 중요한 시장으로 변화했다. 최근 들어서는 웨어러블 디바이스가 주목을 받으면서, 네트워크 기능이나 소프트웨어가 중요한 시대로 넘어가고 있다.

기술 혁신의 직접적인 영향은 현재의 연장선상에서 쉽게 예측할 수 있다. 그에 비해 간접적 영향은 한층 극적인 변화로 이어질 수 있으며, 경영 전략의 미래를 훨씬 더 가늠하기 어렵게 만든다. 때때로 그 영향은 조직의 존망까지 좌우할 수 있다.

3. 기술이 전략에 미치는 우발적인 영향

기술이 진화하는 과정에서는 우발적으로 일어나는 사건이나 현상이 중요한 영향을 끼치기도 한다. 사회를 혁신하는 기술이 보급될 때는 그것을 이뤄낸 개인이나 조직이 우상화되곤 한다. 스티브 잡스Steve Jobs나 엘론 머스크Elon Musk의 삶의 방식이 찬사를 받으며, 구글의 조직 운영법을 세계 여러 기업들이 모방하기도 한다. 그들이 중요한 기술 혁신을 일으켰다는 공로 때문에, 다른 요소에 대해서도 자동적으로 높이 평가하는 것이라고도 볼 수 있다. 사실 이들의 개인적인 성향이나 행동 양식이 정말 중요한 성공의 요인이었는지는 확인할 수 없는 일이다.

다시 말해 어떤 특정 기술이 진화하는 과정에서는 여기에 공헌해 주목받은 조직이나 개인의 부수적인 행동 양식과 사고방식 또한 중요하게 부각된다. 이 때문에 다른 많은 사람들의 행동 양식, 나아가 경영 환경에까지 큰 변화가 일어날 수 있다.

이처럼 논리적으로 예측할 수 없는 요소들이 때때로 의도치 않은 경로를 통해 사회와 경제에 큰 영향을 미치고, 현재 우리가 존재하는 세상을 만들어나간다.

기술은 경영 전략의 모습을 어떻게 바꿀 것인가?

지난 30년간 이루어진 기술 발전은 이후 30년 동안 이루어질 발전의 초석을 쌓았다. 전 세계의 조직과 개인이 밀접하게 협업해 수많은 기술 혁신을 동시에 실현할 수 있는 시대가 다가오고 있다. 인터넷과 모바일 디바이스가 널리 보급된 지금, 다음 변화의 가능성으로 기술적 특이점이나 제4차 산업혁명이 꼽힌다. 다음 30년 동안에는, 최소한 과거 30년과 비슷하거나 혹은 그것을 능가하는 변화가 일어나지 않을까 하는 기대와 불안감이 커지고 있다.

그렇다면 현재 주목받고 있는 기술은 경영 전략에 어떤 영향을 끼치게 될까? 미래를 단정 지을 수는 없지만, 세 가지 중요한 방향성에 관해 예상해볼 수 있다.

1. 인간이 경영에 관여하는 부분이 줄어든다

가장 명확한 것은 조직의 온갖 계층에서 인간이 경영에 관여하는 부분이 축소되리라는 점이다.

생산 현장의 변화는 예상하기 쉽다. 네트워크를 통해서 서로 연결된 로봇들이 골고루 배치된 센서를 통해 정보를 읽어 들일 것이다. 인간의 관여를 거치지 않고 자율적인 판단을 거듭함으로써 작업을 차근차근 개선해나갈 것이다.

또한 중간관리층의 역할이 제한될 것으로 보인다. 멀리 떨어진 곳에 흩어진 다수의 사람들은 더욱 저렴한 비용으로 원활하게 커뮤니케이션을 하게 될 것이고, 따라서 조직 내에 상주하며 정보를 중계하거나 일정 규칙에 근거해 판단을 내리는 역할은 상대적으로 가치가 하락하지 않을까 한다.

나아가 경영층에서는 형식화된 의사결정에 할당하는 시간이 단축되어, 좀 더 비정형적이고 창조적인 의사결정에 시간을 쏟을 수 있게 될 것으로 보인다. 경영 간부의 숫자도 압축될 가능성이 크다. 단순한 관리직에 대한 니즈는 더욱 감소할 것이다.

조직의 슬림화와 맞물려 '코드'를 통해 디자인하는 소프트웨어 시스템과 그것을 구성하는 알고리즘의 중요성은 한층 상승할 것으로 예상된다. 그 결과 경영 전략을 검토할 때 '사람을 어떻게 움직일 것인가?'라는 과제보다 '시스템을 어떻게 디자인할 것인가?'라는 과제가 더 중요하게 부각되리라 생각해볼 수 있다.

2. 개인 맞춤형 서비스가 널리 보급된다

다가오는 미래에는 개인을 대상으로 하는 맞춤형 상품이 폭넓게 제조, 보급될 것으로 예상된다. 개별 고객에 관해 대량의 데이터를 확보하여 처리하고, 소프트웨어가 자동으로 답을 도출하는 시스템이 상용화되면 고객 한 사람 한 사람의 니즈를 분석하고 이해할 수 있게 된다. 이를 토대로 개별 소비자에게 특화된 맞춤형 제품과 서비스를 개발하고, 저비용으로 신속하게 생산, 제공되는 시대가 찾아올 것이다. 실제로 3D프린팅 기술이나 로봇을 이용한 생산자동화 시스템은 그런 시대를 서서히 실현해나가고 있다.

일례로 스포츠용품 제조사인 아디다스는 3D프린터를 이용해 운동선수 한 명 한 명의 발 모양과 보법에 맞춘 깔창을 제공한다. 앞으로도 이런 추세는 폭넓게 확대되어 더 많은 고객들이 세상에 단 하나뿐인 상품을 손에 넣게 될 것이다.

제조업뿐만 아니라 서비스업계에서도 같은 종류의 혁신이 일어날 수 있다. 매장을 딱 한 번 방문한 고객이라도 그 사람의 소비 행동과 발언, 기타 정보를 정확히 기록하고 다수의 백그라운드 데이터를 바탕으로 해석해 최적의 서비스를 제공할 수 있다. 이렇게 되면 기존에는 숙련된 스태프의 경험에 의존했던 맞춤형 서비스를, 신입 스태프들도 시스템이나 로봇의 지원을 받아 충실하게 제공할 수 있게 된다.

물론 과거에도 주문제작 상품이나 특별 서비스는 존재했다. 다만 그런 서비스는 보통 일부 부유층만이 누릴 수 있었다. 이어서 현대에는 '소비 사회'로 진입하면서 대량 생산된 기성품이 세상 구석구석을 채우게 되었다. 그리고 그 이후에 찾아올 미래에는 한때 일부의 한정된 고객에게만 제공되었던 개별적 서비스를 폭넓은 고객층과 공유하게 될 것이다. 물론 그 원동력은 기술의 진화이리라.

이렇게 되면 경영 전략에도 변화가 필요해진다. 지금까지는 특정 제품의 사양을 사전에 결정한 뒤 그 제품을 필요로 하는 고객층에게 접근하거나, 거꾸로 좁은 타깃 고객층을 먼저 선정해놓고 그 고객층에 맞춘 상품을 개발하는 두 가지 접근법이 일반적이었다. 그러나 미래에는 제품의 모습을 전부 정의할 필요도, 타깃을 좁힐 필요도 없어질 가능성이 크다.

각 고객에게 각기 다른 부가가치를 제안할 수 있고, 고객들도 그것을 당연하게 여기는 시대가 오면 좀 더 고차원적인 개발 및 판매 프로세스를 설계해야 한다. 어떤 상품을 만들 것인가, 어떤 고객에게 접근할 것인가가 전략의 중심이 아니라, 상품을 개발하고 고객을 대응하는 알고리즘과 메커니즘, 시스템에 초점을 맞추어야 한다.

3. 사람에게만 서비스와 제품을 제공하지 않는다

또한 미래에는 반드시 사람만을 대상으로 제품과 서비스를 제공하지는 않을 것이다. 소비자가 의사결정을 내리는 데 인공지능이라 불리는 시스템이 적지 않은 관여를 할 것이기 때문이다.

가령 인터넷 쇼핑몰 사이트에서 물건을 살 때, 특정 고객이 흥미를 느낄 법한 상품을 자동으로 추천하는 시스템을 생각해보자. 누군가가 검색 엔진에 관심 있는 주제를 계속 검색하면, 최적의 제품이나 서비스를 시스템이 판단하여 관련 광고를 연동한다. 페이스북의 타임라인도 비슷한 경우다. 이용자의 검색 이력이나 '좋아요' 이력 등을 분석하여, 이 사람이 관심을 보일 만한 콘텐츠를 제공한다.

구글 검색은 또 어떤가. 구글은 시스템을 통해 자동으로 정보를 판별

해서 개인에게 제공하며, 어느 정도는 특정한 의도하에 그 내용을 조정한다. 이것은 전제주의 국가가 자국에 불리한 정보를 차단하는 단순한 방식과는 차원이 다르다. 다양한 조직이 자기들의 주장을 효과적으로 전달하기 위해 실시하는 활동이다. 예를 들어, 자사의 제품 또는 서비스에 대해 호의적인 댓글이 작성되게끔 하거나, 자사 페이스북 페이지의 '좋아요' 버튼을 누르도록 유도하는 식의 작업이 자동화된 시스템을 통해 다양하게 실행된다.

앞으로의 시대에는 데이터와 시스템에 의존한 의사결정을 지금보다 더 저렴하고 간편하게 활용하게 될 것이 분명하다. 인간이 감정이나 우발적인 요인에 따라 의사결정을 하려 할 때면 시스템이 좀 더 합리적인 판단을 촉구할 수도 있다. 물론 사람은 언제나 합리적인 판단만을 추구하지는 않는다. 예를 들어 비가 내린다면 시스템은 '외출 시 우산을 반드시 챙기라'는 조언을 할 것이다. 그러나 사람은 갑자기 빗속을 걷고 싶어질 때도 있다. 어떤 특별한 날에는 주머니 사정 따윈 신경 쓰지 않고 값비싼 물건을 덜컥 사버리기도 한다. 이처럼 돌발적이면서 불완전한 인간의 '인간다운' 행동에, 이제 막 보급되기 시작한 지능형 개인 비서가 어떤 영향을 끼칠지는 아직 미지수다.

다만 경영 전략을 세울 때 그 대상이 인간이 아닐 가능성을 생각해야 한다는 것만큼은 분명하다. 인간의 의식이 개입하지 않은 채, 인공지능끼리 서로 대화하여 상품이나 서비스의 상세한 내용을 결정하는 미래까지도 우리는 예상해볼 수 있다. 구글이 2018년 5월, 개발자 콘퍼런스에서 공개한 구글 어시스턴트의 데모 버전은 이미 그런 기능을 포함하고 있다. 이 인공지능 서비스는 사람 대신 레스토랑 등에 전화를 걸어 예약을 할 수 있다.

가까운 미래에 마케터가 상품을 파는 대상은 자동 학습을 통해 '개성'을 갖기 시작한 '시리Siri'나 '알렉사Alexa', '왓슨Watson'이 될지도 모른다(각각 애플, 아마존, IBM에서 제공하는 인공지능 비서 서비스-옮긴이). 지금까지는 고객의 성별, 연령, 거주지, 소득 수준 등의 기초 정보를 파악했다면, 이제는 해당 인공지능 서비스가 어떤 회사에서 제공하는 것인지, 어떤 학습과정을 거쳐서 그런 판단 기준을 갖게 되었는지 등을 가정하여 커뮤니케이션을 해야 할 것이다.

'의사결정의 방식'을 결정한다

이 세 가지 변화는 서로 밀접하게 얽혀 있다.

첫 번째 변화는 인간과 시스템이 융합한 조직의 형태를 불러올 것이다. 인간이 주체가 되는 영역은 감소하고 시스템이 주체가 되는 영역은 증가할 것이다.

또한 두 번째 변화에 따르면, 인간은 데이터와 시스템의 지원을 받아서 정보를 분석하고 판단하게 된다. 지금까지보다 생산 수법이 더 고도화되고 유연성은 높아질 것이다. 대량으로 생산된 기성품에 만족하던 시대는 이제 끝날 가능성이 크다.

세 번째 변화가 예견하는 사회는, 반드시 인간이 주체가 되어 의사결정을 내린다는 전제가 성립하지 않는다. 시스템이 더 큰 영향력을 가지게 되며, 그 시스템의 의사결정이 경영 조직의 성과를 좌우하게 된다.

첫 번째 변화를 통해 두 번째 변화가 실현된다. 또한 두 번째 변화의 가속은 첫 번째 변화와 세 번째 변화를 다시 촉진한다. 만약 이런 변화가 가속되는 시점이 된다면, 유효한 경영 전략의 형태도 크게 바뀔 것이다. 한 가지 확실히 말할 수 있는 것은 데이터와 분석학, 그리고 소프트웨어 시스템을 이해하지 않고서는 경영 전략을 이야기할 수 없게 되리라는 사실이다. 이제 경영 전략은 과학과 시스템으로부터 떼어낼 수 없게 될 것이다.

조직 운영의 중요한 부분을 시스템이 담당하게 된다면, 경영 전략을 수립하고 실행하는 과정에서 다루는 정보의 양와 의사결정의 양 자체가 인간의 인지 한계를 뛰어넘을 것으로 예상된다. 그런 환경에서 인간은 개별적인 의사결정을 하는 것이 아니라 더 높은 차원의 의사결정을 해야 한다. 예를 들면 '의사결정의 방식에 대한 의사결정'을 실시해야 할 것이다. 다시 말해, 인간이 매번 낱낱의 의사결정을 하는 것이 아니라 의사결정의 지침이나 방식, 나아가 그 지침 자체를 만드는 방법만을 제시하고 판단은 시스템에 맡기게 될 것이며 그 범위는 점차 넓어질 것이다.

단순한 예로 4장에서 소개한 시나리오 분석이 있다. 시나리오 분석의 특성은 미래의 가능성을 한 가지로만 예측하는 것이 아니라 복수의 가능성으로 파악하고, 각각에 대해 지금 취할 수 있는 여러 가지 대안을 설정한 뒤 그것을 동시 병행적으로 실행한다는 것이다.

현재는 실무 현장에서 시나리오 분석을 한다고 해도, 여기서 예상하는 시나리오가 몇 개 정도에 그친다. 그것이 인간의 현실적인 인지 한계이기 때문이다. 그러나 미래에는 알고리즘과 시스템의 도움을 받아 이 시나리오를 무한대로 그려나갈 수 있게 될 것이다. 그리고 이 무수한 시나리오 하나하나에 대해 일정한 방책을 수립하는 프레임워크를 고안하는 것이 바로 미래 경영 전략이 형태가 될 것이다.

미래의 경쟁우위는
어떤 기업에게 돌아갈 것인가?

그렇다면 앞서 말한 변화가 실현되었을 때, 어떤 기업이 경쟁우위를 유지할 수 있을까?

제너럴일렉트릭GE이 실시한 최근의 개혁은, 중장기적인 사업 구조의 재편성이라는 측면에서 좋은 참고가 된다. GE는 '디지털 인더스트리얼 컴퍼니'라는 장대한 비전을 내걸고서, 10년 이상에 걸친 시도를 통해 소프트웨어와 네트워크, 데이터를 중시한 사업 설계에 주력했다. 또한 다양한 수단을 통해 조직 외부와 연대함으로써 창조적인 발상을 촉진했다. 한편으로는 차세대 인재를 육성하기 위해서 상호 피드백을 핵심으로 하는 인재 육성 시스템을 정비해나가는 중이다.

물론 조직과 전략을 변화시키는 문제는 각 경영 조직의 특성과 상황, 지향하는 방향에 따라 달리 판단해야 한다. 불확실한 미래의 가능성에 지나치게 선행 투자를 하는 것은 조직의 단기 실적을 떨어뜨릴 가능성이 있다. 이 때문에 단기적인 이익을 추구하는 주주와 마찰도 발생할 수 있다. 실제로 매우 앞서 나간 시도를 지속한 GE의 최근 주가와 실적은, 영광스러웠던 과거에 비하면 초라한 수준이다.

하지만 현재의 시점에서 기업들은 미래의 변화가 급속히 진전되었을 때를 반드시 대비해야 한다.

먼저 미래를 위한 씨앗을 심어놓아야 한다. 가령 미래형 인재를 육성하기 위해서는, 직원을 채용할 때 데이터의 수집과 분석, 시스템을 다루는 소양을 측정하는 항목을 추가하는 것부터 시작할 수 있다. 사내 연수 등의 프로그램에 미래의 경영 전략을 검토하는 항목을 추가해도 좋다. 어느 정도 투자 여력이 있다면 자사와 밀접하게 관련된 기술 영역에 투자하는 펀드에 출자해서 정보 수집을 꾀하거나, 관련 영역의 유망 기업에 소액 출자를 검토하는 방법도 있다.

또한 미래에 활용할 데이터를 현 단계부터 축적하는 것도 중요하다. 제품을 개선하거나 특정 서비스를 제공할 경우 고객의 피드백을 정확히 반영할 수 있도록 고객과의 접점이나 상호 작용의 형태를 조정할 수 있을 것이다.

무엇보다 중요한 것은 현 경영진과 차세대 예비 경영진이 함께 최신 경영 현장을 피부로 경험하고 파악하는 일이다. 만약 기업이 그리는 미래가 현재의 연장선상에만 맴돈다면, 다음 세대에 바통을 넘기는 시점을 고민해야 한다.

또 한 가지 필요한 일은, 장기적인 경쟁우위를 저해하는 요인을 확인하여 조금씩 제거해나가는 작업이다. 물론 조직의 형태를 실질적으로 바꾸는 데는 상당한 시간이 소요된다. 따라서 현재의 경직된 제도와 관행 속에서 먼저 유연성을 확보해야 한다.

현대의 경영 전략이 과거의 경영 전략과 다르듯이, 미래의 경영 전략도 현대의 경영 전략과 다를 수밖에 없다. 개혁을 구체적으로 추진하는 단계를 맞이했을 때 조직의 형태를 최대한 신속하게 혁신할 수 있으려면 지금부터 서서히, 그리고 꾸준히 대비해야만 한다.

경영 전략, 기억해야 할 역사의 페이지

- 신규 기업의 경우 '예측 가능성', '변혁 가능성', '생존 가능성'의 세 가지 기준 가운데 한 가지가 상당히 낮을 가능성이 크다.
- 신규 기업들은 주로 슘페터형 경쟁 환경에서 성장하게 되는데, 이런 사업 환경에서는 정석적인 전략만으로는 부족하다.
- 신규 기업들은 좀 더 창발적이고 유연한 전략을 검토해야 한다.
- 1995년에 발표된 가설사고 계획법은, 신규 기업들의 성장 전략에 새로운 관점을 제시했다.
- 가설사고 계획법은, 가설의 검증을 거쳐 전략을 다듬어나갈 것을 제안한다.
- 2000년대 후반에 걸쳐 확립된 린 스타트업 개념은, 가설사고 계획법을 사용하기 쉬운 프레임워크로 구체화한 것이다.
- 린 스타트업은 사업 개발을 '탐색'과 '실행'으로 나눈다.
- 신규 기업이 비즈니스 모델을 탐색할 때는 제품과 시장 사이의 궁합을 뜻하는 PMF, 과제와 해결책 사이의 궁합을 뜻하는 PSF를 먼저 검토해야 한다.
- 신규 기업이 성장하면서 점차 전사 전략이 각각의 사업 전략으로부터 독립해나간다.
- 현대는 세미글로벌리제이션의 시대다. 즉, 글로벌리제이션이 진행되면서도 세계가 완전한 하나의 시장으로 통합되지 못한 중간 상태에 있다.
- 통합과 적응 사이에서 최적의 균형을 찾아내는 것이 국제경영 전략의 근본적인 과제다.
- 타국의 현지 시장에 진출한 기업들은 '이질성의 부채'와 '외부자의 부채'를 떠안는다.

- 더닝의 OLI 이론을 통해, 해외 진출에 영향을 주는 요인을 이해할 수 있다.
- ADDING 가치평가표는 해외시장 진출을 통해 얻을 수 있는 부가가치를 한눈에 보여준다.
- 신흥국 시장에서 경쟁할 때는 시장 전략뿐 아니라, 시장 환경을 정비하기 위한 '비시장 전략'이 반드시 필요하다.
- 글로벌 가치사슬의 시대에는 국경을 초월한 조직과 전략이 필요하다.
- 기술 발전은 다양한 경로를 통해 경영 전략에 영향을 미친다.
- 급속한 미래의 경영 환경 변화에 대비하여, 제도와 관행에 유연성을 갖추도록 미리 대비해야 한다.

참고
문헌

- Andrews, Kenneth R.(1971) The Concept of Corporate Strategy. *Dow Jones-Irwin*.
- Ansoff, Iogr H.(1957) "Strategies for Diversification"Havard Business Review 35(5): 113-124.
- —(1965) Corporate Strategy: *An Analytic Approach to Business Policy for Growth and Expansion*. McGraw-Hill.
- Anthony, Robert N.(1965) *Planning and Control Systems: A Framework for Analysis*. Division of Research, Harvard Business School.
- Bain, Joe S.(1956) *Barriers to New Competition: Their Character and Consequences in Manufacturing Industries*. Harvard University Press.
- Barnard, Chester I.(1938) *The Functions of the Executive*. Harvard University Press.
- Barney, Jay B.(1986a) "Strategic Factor Markets: Expectations, Luck, and Business Strategy."*Management Science* 32(10): 1231-1241.
- —(1986b) "Types of Competition and the Theory of Strategy: Toward an Integrative Framework."*Academy of Management Review* 11(4): 791-800.
- —(1991) "Firm Resources and Sustained Competitive Advantage."*Journal of Management* 17(1): 99-120.
- —(2001) *Gaining and Sustaining Competitive Advantage*, 2nd ed. Pearson Education.
- —, David J. Ketchen. Jr., and Mike Wright(2011) "The Future of Resource-Based Theory: Revitalization or Decline?"*Journal of Management* 37(5): 1299-1315.
- Baron, David P.(1995) "Integrated Strategy: Market and Nonmarket Components."*California Management Review* 37(2): 47-65.
- Bernstein, Ethan, John Bunch, Niko Canner, and Michael Lee(2016) "Beyond the Holacracy Hype."*Harvard Business Review* 94(7/8): 38-49.
- Besanko, David, David Dranove, and Mark Shanley(2016) *Economics of Strategy* 7th ed. Wiley.
- Blank, Steve(2013) "Why the Lean Start-Up Changes Everything."*Harvard Business Review* 91(5): 63-72.
- Bower, Marvin(1979) *Perspectives on McKinsey*. Internal McKinsey Publication.
- Bresnahan, Timothy F.(1989) "Empirical Studies of Industries with Market Power."in Richard Schmalensee, and Robert Willig(eds.). *Handbook of Industrial Organization*, Vol. 2. Elsevier, pp.1011-1057.
- Brown, Tim(2008) "Design Thinking."*Harvard Business Review* 86(6): 84-92.
- Caves, Richard E., and Michael E. Porter(1977) "From Entry Barriers to Mobility Barriers: Conjectural Decisions and Contrived Deterrence to New Competition."*The Quarterly Journal of Economics* 91(2): 241-261.
- Cavusgil, Tamer S., Gary Knight, and John R. Riesenberger(2011) *International Business: New Realities*. 2nd ed. Prentice Hall.
- Chamberlin, Edward Hastings(1933) *The Theory of Monopolistic Competition: A Re-orientation of the Theory of Value*. Harvard University Press.
- Chandler, Alfred Dl, Jr.(1962) *Strategy and Structure: Chapters in the History of the American*

Industrial Enterprise. The MIT Press.
- —(1977) *The Visible Hand: The Managerial Revolution in American Business*. Harvard University Press.
- Clark, Kim B. and Takahiro Fujimoto(1990) "The Power of Product Integrity."*Harvard Business Review* 68(6): 107-118.
- Clausewitz, Carl von., Michael Howard, and Peter Paret(1976) *On War*. Princeton University Press.
- Cornelissen, Joep P., and Jean S. Clarke(2010) "Imagining and Rationalizing Opportunities: Inductive Reasoning and the Creation and Justification of New Ventures."*Academy of Management Review* 35(4): 539-557.
- Croll, Alistair, and Benjamin Yoskovitz(2013) *Lean Analytics: Use Data to Build a Better Startup Faster*. O'Reilly
- Dacin, Tina M., Kamal Munir, and Paul Tracey(2010) "Formal Dining at Cambridge Colleges: Linking Ritual Performance and Institutional Maintenance.:"*Academy of Management Journal* 53(6): 1393-1418.
- Daniel, Ronald D.(1961) "Management Information Crisis."*Harvard Business Review* 39(5): 111-121.
- Denning, Stephen(2004) "Telling Tales." *Harvard Business Review* 82(5): 122-129
- Dess, Gregory G., and Alex Miller(1993) *Strategic Management*. McGraw-Hill.
- Devinney, Timothy M., David F. Midgley, and Sunil Venaik(2000). "The Optimal Performance of the Global Firm: Formalizing and Extending the Integration-Responsiveness Framework."*Organization Science* 11(6): 674-895.
- Dierickx, Ingemar, and Karel Cool(1989) "Asset Stock Accumulation and Sustainability of Competitive Advantage."*Management Science* 35(12): 1504–1511.
- DiMaggio, Paul J., and Walter W. Powell(1983) "The Iron Cage Revisited: Institutional Isomorphism and Collective Rationality in Organizational Fields."*American Sociological Review* 48(2). 147-160.
- Dobbs, Richard, James Manyika, and Jonathan Woetzel(2015) *No Ordinary Disruption: The Four Global Forces Breaking All the Trends*. Public Affairs
- Doran, George T.(1981) "There's a S.M.A.R.T. Way to Write Management's Goals and Objectives."*Management Review* 70(11): 35-36.
- Doz. Yves L., JoséSantos, and Peter Williamson(2001) *From Global to Metanational: How Companies Win in the Knowledge Economy*. Harvard Business School Press.
- Drucker, Peter F.(1946) *Concept of the Corporation*. Jon Day Company.
- —(1954) *The Practice of Management*. Harper & Brothers.
- —(1993) *Post-Capitalist Society*. Harper Business.
- —(1994) "The Theory of the Business."*Harvard Business Review* 72(5): 95-104
- —(2002) *Managing in the Next Society*. Butterworth-Heinemann.
- Dunning, John H.(1979) "Explaining Changing Patterns of International Production."*Oxford Bulletin of Economics and Statistics* 41(4): 269-295.
- —(1981) *International Production and the Multinational Enterprise*. George Allen & Unwin.
- —(1995) "Reappraising the Eclectic Paradigm in an Age of Alliance Capitalism."*Journal of International Business Studies* 26(3): 461-491.
- —(1998) "Location and the Multinational Enterprise: A Neglected Factor?" *Journal of International Business Studies* 29(1): 45-66.
- Eisenhardt, Kathleen M.(1999) "Strategy as Strategic Decision Making." *MIT Sloan Management*

Review 40(3): 65-72.

• —, and Jeffrey A. Martin(2000) "Dynamic Capabilities: What Are They?"*Strategic Management Journal* 21(10/11): 1105-1121.

• —, and Donald N. Sull(2001) "Strategy as Simple Rules." *Harvard Business Review* 79(1): 106-116

• Fayol, Henri(1917) *Administration Industrielle et Générale: Prévoyance, Organisation, Commandement, Coordination, Contrôle.* Dunod et Pinat

• Felin, Teppo, Nicolai J. Foss, and Robert E. Ployhart(2015) "The Microfoundations Movement in Strategy and Organization Theory."*Academy of Management Annals* 9(1): 575-632.

• Fenton, Christopher, and Ann Langley(2011) "Strategy as Practice and the Narrative Turn."*Organization Studies* 32(9): 1171-1196.

• Ferreira, Nelson, Jayanti Kar, and Lenos Trigeorgis.(2009) "Option Games: The Key to Competing in Capital-Intensive Industries."*Harvard Business Review* 87(3): 101-107.

• Foss, Nicolai J., and Pedersen, T.(2016) "Microfoundations in Strategy Research."*Strategic Management Journal* 37(13): E22-E34.

• Fox, Justin(2015) "From 'Economic Man'to Behavioral Economics."*Harvard Business Review* 93(5):78-85.

• Freedman, Lawrence(2013) *Strategy: A History.* Oxford University Press.

• Friedman, Thomas L.(2005) *The World is Flat: A Brief History of the Globalized World in the Twenty-first Century.* Allen Lane

• Gallo, A.(2017) "A Refresher on Discovery-Driven Planning."Harvard Business Review Online, Feb. 13.

• Ghemawat, Pankaj(2001) "Distance Still Matters: The Hard Reality of Global Expansion."*Harvard Business Review* 79(8): 137-147.

• —(2002) "Competition and Business Strategy in Historical Perspective."*Business History Review* 76(1): 37-74.

• —(2003) "Semiglobalization and International Business Strategy."*Journal of International Business Studies* 34(2): 138-152.

• —(2007) *Redefining Global Strategy: Crossing Borders in A World Where Differences Still Matter.* Harvard Business School Press.

• —(2007) "Managing Differences: The Central Challenge of Global Strategy."*Harvard Business Review* 85(3): 58-68.

• Gioia, Dennis A., and Kumar Chittipeddi(1991) "Sensemaking and Sensegiving in Strategic Change Initiation."*Strategic Management Journal.* 12(6): 433-448.

• Grant, Robert M.(1996) "Toward a Knowledge-Based Theory of the Firm."*Strategic Management Journal* 17: 109-122.

• —(2008) *Comtemporary Strategy Analysis.* 6th ed. Blackwell.

• Greenwood, Royston, and Roy Suddaby(2006) "Institutional Entrepreneurship In Mature Fields: The Big Five Accounting Firms."*Academy of Management Journal* 49(1):27-48.

• Guber, Peter(2007) "The Four Truths of the Storyteller."*Harvard Business Review* 85(12):52-59.

• Gupta, Anil K., Ken G. Smith, and Christina E. Shalley(2006) "The Interplay Between Exploration and Exploitation."*Academy of Management Journal* 49(4): 693-706.

• Hamel, Gary, and C. K. Prahalad(1994) *Competing for the Future.* Harvard Business School Press

• Harrison, J. Richard, and Glenn R. Carroll(1991) "Keeping the Faith: A Model of Cultural

Transmission in Formal Organizations."*Administrative Science Quarterly* 36(4): 552-582.

- Haspeslagh, Philippe C.(1982) "Portfolio Planning: Uses and Limits."*Harvard Business Review* 60(1): 58-73.
- Hatten, Kenneth J., and Mary L. Hatten.(1988) *Effective Strategic Management: Analysis and Action.* Prentice Hall.
- Hax, Arnoldo C., and Nicolas S. Majluf(1983) "The Use of the Growth-Share Matrix in Strategic Planning."*Interfaces* 13(1): 46-60.
- Hirschmann, Winfred B.(1964) "Profit from the Learning Curve."*Harvard Business Review* 42(1): 125-139.
- Hitt A. Michael, R. Duane Ireland, and Robert E. Hoskisson(2014) *Strategic Management: Competitiveness and Globalization.* 11th ed. South-Western.
- Hofer, Charles W., and Dan Schendel(1978) *Strategy Formulation: Analytical Concepts.* West Publishing.
- Hunt, Michael S.(1972) "Competition in the Major Home Appliance Industry 1960-1970."Unpublished doctoral dissertation, Harvard University.
- Hymer, Stephen H.(1976) *The International Operations of National Firms: A Study of Direct Foreign Investment.* The MIT Press
- Ibarra, Herminia, and Roxana Barbulescu(2010) "Identity as Narrative: Prevalence, Effectiveness, and Consequences of Narrative Identity Work in Macro Work Role Transitions."*Academy of Management Review* 35(1): 135-154.
- Ibrahim, Mo(2012) "Celtel's Founder on Building a Business On the World's Poorest Continent." *Harvard Business Review* 90(10): 41-44.
- Jacobides, Michael G.(2010) "Strategy Tools for a Shifting Landscape."*Harvard Business Review* 88(1/2): 76-84.
- Jensen, Michael C.(2000) *A Theory of the Firm: Governance, Residual Claims, and Organizational Forms.* Harvard University Press.
- —, and William H. Meckling(1976) "Theory of the Firm: Managerial Behavior, Agency Costs and Ownership Structure."*Journal of Financial Economics* 3(4): 305-360.
- Johanson, Jan, and Jan-Erik Vahlne(2009) "The Uppsala Internationalization Process Model Revisited: From Liability of Foreignness to Liability of Outsidership."*Journal of International Business Studies* 40(9): 1411-1431.
- Johnson, Thomas H., and Robert S. Kaplan(1987) *Relevance Lost: The Rise and Fall of Management Accounting.* Harvard Business School Press
- Jones, Geoffrey(2004) *Multinationals and Global Capitalism: From The Nineteenth to The Twenty-first Century.* Oxford University Press
- Kahneman, Daniel, and Amos Tversky(1979) "Prospect Theory: An Analysis of Decision under Risk."*Econometrica* 47(2): 263-292.
- Kaplan, Robert S.(1983) "Measuring Manufacturing Performance: A New Challenge for Managerial Accounting Research."*The Accounting Review* 58(4): 686-705.
- —(1984) "Yesterday's Accounting Undermines Production."*Harvard Business Review* 62(4): 95-101.
- —, and David P. Norton(1992) "The Balanced Scorecard: Measures That Drive Performance."*Harvard Business Review* 70(1): 71-79.
- —, and —(1993) "Putting the Balanced Scorecard to Work."*Harvard Business Review* 71(5): 134-147.

- — and —(1996) *The Balanced Scorecard: Translating Strategy into Action*. Harvard Business School Press.
- —, and —(2000) *The Strategy-Focused Organization: How Balanced Scorecard Companies Thrive in the New Business Environment*. Harvard Business School Press.
- Khanna, Tarun, and Krishna G. Palepu(2010) *Winning in Emerging Markets: A Road Map for Strategy and Execution*. Harvard Business Review Press.
- —, —, and Jayant Sinha(2005) "Strategies That Fit Emerging Markets."*Harvard Business Review* 83(6): 63-76.
- Kiechel, Walter III(2010) *The Lords of Strategy: The Secret Intellectual History of the New Corporate World*. Harvard Business School Press.
- Kim, Chan W., and Renée Mauborgne(2005) *Blue Ocean Strategy: How to Create Uncontested Market Space and Make Competition Irrelevant*. Harvard Business School Press.
- Kotosaka, Masahiro, and Mari Sako(2017) "The Evolution of the ICT Start-up Eco-system in Japan: From Corporate Logic to Venture Logic?"in Tsutomu Nakano(eds.), *Japanese Management in Evolution New Directions, Breaks, and Emerging Practices*. Routledge, pp.237-261.
- Kotter. John P.(1990) "What Leaders Really Do."*Harvard Business Review* 68(3): 103-111.
- Laloux, Frederic(2014) *Reinventing Organizations: A Guide to Creating Organizations Inspired by the Next Stage in Human Consciousness*. Lightning Source
- Lawrence, Paul R., and Jay W. Lorsch(1967a) "Differentiation and Integration in Complex Organizations."*Administrative Science Quarterly* 12(1): 1-47.
- —, and —(1967b) *Organization and Environment: Managing Differentiation and Integration*. Harvard University Press.
- Lawrence, Thomas B.(1999) "Institutional Strategy."Journal of Management 25(2): 161-187.
- Learned, Edmund P., Roland C. Christensen, Kenneth R. Andrews, Joseph L. Bower(1965) *Business Policy: Text and Cases*. R. D. Irwin.
- Leonardi, Paul M.(2013) "Theoretical Foundations for the Study of Economateriality."*Information and Organization* 23(2): 59-76.
- Liddell Hart, Basil Henry(1967) *Strategy: The Indirect Approach*. Faber
- Maguire, Steve, Cynthia Hardy, and Thomas B. Lawrence(2004) "Institutional Entrepreneurship in Emerging Fields: HIV/AIDS Treatment Advocacy in Canada."*Academy of Management Journal* 47(5): 657-679.
- Mahoney, Joseph T.and J. Rajendran Pandian(1992) "The Resource-Based View Within the Conversation of Strategic Management."*Strategic Management Journal* 13(5):363-380.
- Maitlis, Sally, and Marlys K. Christianson(2014) "Sensemaking in Organizations: Taking Stock and Moving Forward."*Academy of Management Annals* 8(1): 57-125.
- Makhija. Mona V., Kwangsoo Kim, and Sandra D. Williamson(1997) "Measuring Globalization of Industries Using a National Industry Approach: Empirical Evidence across Five Countries and over Time."*Journal of International Business Studies* 28(4): 679-710.
- Malina, Mary A., and Frank H. Selto(2001) "Communicating and Controlling Strategy: An Empirical Study of the Effectiveness of the Balanced Scorecard."*Journal of Management Accounting Research* 13(1): 47-90.
- Markus, Lynne M., and Daniel Robey(1988). "Information Technology and Organizational Change: Causal Structure in Theory and Research."*Management Science* 34(5): 583-598.

- Mason, Edward S.(1939) "Price and Production Policies of Large-Scale Enterprise."*American Economic Review* 29(1): 61-74.
- Maurya, Ash(2012) *Running Lean: Iterate from Plan A to a Plan That Works*. 2nd ed. O'Reilly.
- Mayo, George Elton(1933) *The Human Problems of An Industrial Civilization*. Macmillan
- McGrath, Rita G., and Ian MacMillan(1995) "Discovery-Driven Planning."*Harvard Business Review* 73(4): 44-54.
- —, and —(2014) "The Origins of Discovery-Driven Planning."Harvard Business Review Digital Articles(https://hbr.org/2014/05/the-origins-of-discovery-driven-planning).
- Mintzberg, Henry(1978) "Patterns in Strategy Formation."*Management Science* 24(9): 934-948.
- —(1987) "The Strategy Concept I: Five Ps For Strategy."*California Management Review* 30(1): 11-24.
- —, and Alexandra McHugh(1985) "Strategy Formation in an Adhocracy."*Administrative Science Quarterly* 30(2): 160-197.
- —, and Frances Westley(2001) "Decision Making: It's not What You Think."*MIT Sloan Management Review* 42(3): 89-93.
- —, and James A. Waters(1985) "Of Strategies, Deliberate and Emergent."*Strategic Management Journal* 6(3): 257-272.
- —, Bruce Ahlstrand, and Joseph Lampel(1998) *Strategy Safari: The Complete Guide through the Wilds of Strategic Management*. The Free Press.
- —, Richard T. Pascale, Michael Goold, and Richard P. Rumelt(1996) "The 'Honda Effect'Revisited."*California Management Review* 38(4): 78-79.
- Moore, Karl, and Susan Reid(2008) "The Birth of Brand: 4000 Years of Branding."*Business History* 50(4): 419-432.
- Navis, Chad, and Mary Ann Glynn(2011) "Legitimate Distinctiveness and The Entrepreneurial Identity: Influence on Investor Judgments of New Venture Plausibility."*Academy of Management Review* 36(3): 479-499.
- Nonaka, Ikujiro(1988) "Toward Middle Up-down Management: Accelerating Information Creation."*MIT Sloan Management Review* 29(3): 9-18.
- —(1994) "A Dynamic Theory of Organizational Knowledge Creation."*Organization Science* 5(1): 14-37.
- —, and Hirotaka Takeuchi(1995) *The Knowledge-Creating Company: How Japanese Companies Create the Dynamics of Innovation*. Oxford University Press
- Nicolaou, Nicos, Scott Shane, Lynn Cherkas, Janice Hunkin, and Tim D. Spector(2008) "Is the Tendency to Engage in Entrepreneurship Genetic?"*Management Science* 54(1): 167-179.
- Nixon, Bill, and John Burns(2012) "The Paradox of Strategic Management Accounting."*Management Accounting Research* 23(4): 229-244.
- Ohmae, Kenichi(1990) *The Borderless World: Power and Strategy in the Interlinked Economy*. Billinger
- Orlikowski, Wanda J., and Susan V. Scott(2008) "Sociomateriality: Challenging the Separation of Technology, Work and Organization"*Academy of Management Annals* 2(1): 433-474.
- Osterwalder, Alexander, and Yves Pigneur(2010) *Business Model Generation: A Handbook for Visionaries, Game Changers, and Challengers*. Wiley.
- Ott, Timothy E., Kathleen M. Eisenhardt, and Christopher B. Bingham(2017) "Strategy Formation in

Entrepreneurial Settings: Past Insights and Future Directions."*Strategic Entrepreneurship Journal* 11(3): 306-325.

• Palmisano, Samuel J.(2006) "The Globally Integrated Enterprise."*Foreign Affairs* 85(3): 127-136.

• Pascale, Richard T.(1984) "Perspectives on Strategy: The Real Story Behind Honda's Success."*California Management Review* 26(3): 47-72.

• Penrose, Edith T.(1959) *The Theory of the Growth of the Firm*. Basil Blackwell.

• Peters, Thomas J., Robert H. Waterman, Jr.(1982) *In Search of Excellence: Lessons from America's Best-Run Companies*. Harper & Row.

• Porter, Michael E.(1979) "How Competitive Forces Shape Strategy."*Harvard Business Review* 57(2): 137-145.

• —(1980) *Competitive Strategy: Techniques for Analyzing Industries and Competitors*. Free Press.

• —(1981) "The Contributions of Industrial Organization to Strategic Management."*Academy of Management Review* 6(4): 609-620.

• —(1985) *Competitive Advantage: Creating and Sustaining Superior Performance*. Free Press.

• —(2008) "The Five Competitive Forces that Shape Strategy."*Harvard Business Review* 86(1): 78-93.

• Powell, Thomas C.(2011) "Neurostrategy."*Strategic Management Journal* 32(13): 1484-1499.

• Prahalad, C. K., and Gary Hamel(1990) "The Core Competence of the Corporation."*Harvard Business Review* 68(3): 79-91.

• —, and Yves L. Doz(1987) *The Multinational Mission: Balancing Local Demands and Global Vision*. Free Press.

• PricewaterhouseCoopers(2007) "Guide to Key Performance Indicators: Communicating the Measures that Matter"(https://www.pwc.com/gx/en/audit-services/corporate-reporting/assets/pdfs/uk_kpi_guide.pdf).

• Reeves Martin, Kunt Haanaes, and Janmejaya Sinha(2015) *Your Strategy Needs a Strategy: How to Choose and Execute the Right Approach*. Harvard Business Review Press.

• Ries, Eric(2011) *The Lean Startup: How Today's Entrepreneurs Use Continuous Innovation to Create Radically Successful Businesses*. Crown Business.

• Robinson, Joan(1933) *The Economics of Imperfect Competition*. Macmillan.

• Ross, Stephen A.(1973) "The Economic Theory of Agency: The Principal's Problem."*American Economic Review* 63(2): 134-139.

• Rugman, Alan M.(1981) *Inside the Multinationals: The Economics of Internal Markets*. Columbia University Press.

• —(2009) *Rugman Reviews International Business*. Palgrave Macmillan.

• —, and Alain Verbeke(2002) "Edith Penrose's Contribution to the Resource-Based View of Strategic Management."*Strategic Management Journal* 23(8): 769-780.

• Rumelt, Richard P.(1974) *Strategy, Structure, and Economic Performance*. Harvard University Press.

• —(1984) "Towards a Strategic Theory of the Firm. In Competitive Strategic Management."in Robert B. Lanb(ed.). *Competitive Strategic Management*, Prentice Hall, pp.556-570.

• Schumpeter, Joseph(1912) *Theorie der wirtschaftlichen Entwicklung*.

• Shields, Michael D.(2015) "Established Management Accounting Knowledge."*Journal of Management Accounting Research* 27(1): 123-132.

• Simon, Hervart A.(1947) *Administrative Behavior: A Study of Decision-Making Processes in Administrative Organization*. Macmillan.

- Simons, Robert(1994) "How New Top Managers Use Control Systems As Levers Of Strategic Renewal." *Strategic Management Journal* 15(3): 169-189.
- —(1995) "Control in an Age of Empowerment." *Harvard Business Review*. 73(2): 80-88.
- —(2014) *Performance Measurement and Control Systems for Implementing Strategy*. Pearson Education.
- Sorensen, Jesper B.(2012) "The Strength of Corporate Culture and the Reliability of Firm Performance." *Administration Science Quarterly* 41(1): 70-91.
- Steiner, George A.(1969) *Top Management Planning*. Macmillan.
- —, and John B. Miner(1977) *Management Policy and Strategy: Text, Readings, and Cases*. Macmillan.
- Taylor, Frederick W.(1911) *The Principles of Scientific Managemen*.
- Teece, David J.(1982) "Towards an Economic Theory of the Multiproduct Firm." *Journal of Economic Behavior and Organization* 3(1): 39-63.
- —(2009) *Dynamic Capabilities and Strategic Management: Organizing for Innovation and Growth*. Oxford University Press.
- —(2012) "Dynamic Capabilities: Routines versus Entrepreneurial Action." *Journal of Management Studies* 49(8): 1395-1401.
- —, Gary Pisano, and Amy Shuen(1997) "Dynamic Capabilities and Strategic Management." *Strategic Management Journal* 18(7): 509-533.
- Thomas, L. G., and Richard D'Aveni(2009) "The Changing Nature of Competition in the US Manufacturing Sector, 1950-2002." *Strategic Organization* 7(4): 387-431.
- Tirole, Jean(1988) *The Theory of Industrial Organization*. The MIT Press.
- UNCTAD(2013) *World Investment Report 2013: Global Value Chains: Investment and Trade for Development*. United Nations Publications.
- Vaara, Eero, and Richard Whittington(2002) "Strategy-as-Practice: Taking Social Practice Seriously." *The Academy of Management Annals* 6(1): 285-336.
- von Neumann, John, and Oskar Morgenstern(1944) *Theory of Games and Economic Behavior*. Princeton University Press.
- Weick, Karl E.(1979) *The Social Psychology of Organizing*. McGraw-Hill TERIÁL
- —(1995) *Sensemaking in Organizations*. Sage Publications.
- Wernerfelt, Birger(1984) "A Resource Based View of the Firm." *Strategic Management Journal* 5(2): 171-180.
- —(1989) "From Critical Resources to Corporate Strategy." *Journal of General Management* 14(3): 4-12
- —(1995) "The Resource-Based View of the Firm: Ten Years After." *Strategic Management Journal* 16(3): 171-174.
- Zaheer, Srilata A.(1995) "Overcoming the Liability of Foreignness." *Academy of Management Journal* 38(2): 341-363.
- Zander, Ivo, Patricia McDougall-Covin, and Elizabeth L. Rose(2015) "Born Globals and International Business: Evolution of a Field of Research." *Journal of International Business Studies* 46(1): 27-35.
- DIAMOND 하버드 비즈니스 리뷰 편집부 편역(2010) 《전략론 1957~1993》 다이아몬드사.
- 고스가 마사노부(1997) "전략 관리 회계 수법으로서의 균형 성과표" 〈상학논구〉 45(1): 13-41.
- 고쿠료 지로(1999) 《오픈 아키텍처 전략—네트워크 시대의 협력 모델》 다이아몬드사.

- 고토사카 마사히로(2014a)《영역을 초월하는 경영학―'지(知)의 계보'를 통해 글로벌 경영의 본질을 읽는다》 다이아몬드사.
- 고토사카 마사히로(2014b) "기업은 창조성과 생산성을 양립시킬 수 있는가?"《DIAMOND 하버드 비즈니스 리뷰》 2014년 11월호: 38-51.
- 고토사카 마사히로(2015a) "사물 인터넷이 조직의 경계선을 바꾼다"《DIAMOND 하버드 비즈니스 리뷰 별책》 2016년 1월호: 106-110.
- 고토사카 마사히로(2015b) "외부 자원 활용을 통한 사업 성장의 가속화―중소기업으로 남아 있으면서 세계적으로 사업을 전개한다"《조사월보(일본 정책 금융 공고)》 86:38-43.
- 고토사카 마사히로(2017) "GE―변혁을 계속하는 경영 조직"《DIAMOND 하버드 비즈니스 리뷰》 2017년 12월호: 74-91.
- 구스노기 겐(2010)《스토리로서의 경영 전략―훌륭한 전략의 조건》 도요게이자이신보사.
- 노나카 이쿠지로 편저(2013)《전략론의 명저―손자, 마키아벨리부터 현대까지》 주코신서.
- 누마가미 쓰요시(2009)《경영 전략의 사고법―시간 전개·상호 작용·다이내믹스》 니혼게이자이신문출판사.
- 도쿠사키 스스무(2015) "매니지먼트에서 KPI의 의의를 재고한다―문헌 연구를 기초로"《비즈니스&어카운팅 리뷰》 16:17-36.
- 미시나 가즈히로(2006)《경영 전략을 다시 묻는다》 지쿠마신서.
- 미야 히로시(2003)《아메바 경영론―미니 이익 센터의 메커니즘과 도입》 도요게이자이신보사.
- 사카키바라 기요노리(2005)《이노베이션의 수익화―기술 경영의 과제와 분석》 유히카쿠.
- 사쿠라이 미치하루(2015)《관리 회계 제6판》 도분칸출판.
- 시미즈 가쓰히코(2007)《전략의 원점》 닛케이BP사.
- 아사다 다카유키, 이토 요시히로(2011)《전략 관리 회계》 주오게이자이샤.
- 아사바 시게루·우시지마 다쓰오(2010)《경영 전략을 파악한다》 유히카쿠.
- 오카다 마사히로(2001) "포터 vs. 바니 논쟁의 구도―RBV의 가능성"《DIAMOND 하버드 비즈니스 리뷰》 2001년 5월호: 88-92.
- 이나모리 가즈오(2006)《아메바 경영―사원 한 사람 한 사람이 주역》 니혼게이자이신문사.
- 이리야마 아키에(2014a) "'포터의 전략'의 근간에 있는 것은 무엇인가?―SCP 이론①(세계 표준의 경영 이론2)"《DIAMOND 하버드 비즈니스 리뷰》 2014년 10월호: 128-136.
- 이리야마 아키에(2014b) "포터의 프레임워크를 익히는 것보다 중요한 일―SCP 이론②(세계 표준의 경영 이론3)"《DIAMOND 하버드 비즈니스 리뷰》 2014년 11월호: 126-137.
- 이리야마 아키에(2014c) "바니의 이론을 '드디어 사용할 수 있는 것으로 만든'사람은 누구인가?―자원 기반 관점(세계 표준의 경영 이론4)《DIAMOND 하버드 비즈니스 리뷰》 2014년 12월호: 126-137.
- 이리야마 아키에(2015a)《비즈니스 스쿨에서는 배울 수 없는 세계 최첨단의 경영학》 닛케이BP사.
- 이리야마 아키에(2015b) "'불확실성을 두려워하지 않는'상황은 자신의 손으로 만들어낼 수 있다―리얼옵션 이론(세계 표준의 경영 이론12)》《DIAMOND 하버드 비즈니스 리뷰》 2015년 8월호: 124-135.
- 이리야마 아키에(2016) "'미래는 만들어낼 수 있다.'는 결코 맹신이 아니다―센스메이킹 이론(세계 표준의 경영 이론25)》《DIAMOND 하버드 비즈니스 리뷰》 2016년 10월호: 126-136.
- 이타미 히로유키(2014)《손자에서 경영을 읽는다》 니혼게이자이신문출판사.
- 이타미 히로유키·아오키 야스하루(2016)《현장이 움직이기 시작하는 회계―사람은 왜 측정되면 행동을 바꾸는가?》 니혼게이자이신문출판사.
- 프론티누스(2013)《신역 프론티누스 전술서―고대 서양의 군사학을 집대성한 로마인의 패도》 효도 니소하치 역, PHP 연구소.

옮긴이 김정환

건국대학교 토목공학과를 졸업하고 일본외국어전문학교 일한통번역과를 수료했다. 21세기가 시작되던 해에 우연히 서점에서 발견한 책 한 권에 흥미를 느끼고 번역의 세계에 발을 들여, 현재 번역 에이전시 엔터스코리아 출판기획 및 일본어 전문 번역가로 활동하고 있다.

경력이 쌓일수록 번역의 오묘함과 어려움을 느끼면서 항상 다음 책에서는 더 나은 번역, 자신에게 부끄럽지 않은 번역을 할 수 있도록 노력 중이다. 공대 출신의 번역가로서 공대의 특징인 논리성을 살리면서 번역에 필요한 문과의 감성을 접목하는 것이 목표다. 야구를 좋아해 한때 imbcsports.com에서 일본 야구 칼럼을 연재하기도 했다. 옮긴 책으로는 《경영전략 논쟁사》《구글을 움직이는 10가지 황금률》《1퍼센트 부자의 법칙》《이익을 내는 사장들의 12가지 특징》《경영 전략의 역사》《일을 잘 맡긴다는 것》 등이 있다.

경영 전략의 역사

초판 1쇄 발행 2020년 4월 20일
초판 5쇄 발행 2024년 1월 15일

지은이 고토사카 마사히로
펴낸이 정덕식, 김재현
펴낸곳 (주)센시오

출판등록 2009년 10월 14일 제300-2009-126호
주소 서울특별시 마포구 성암로 189, 1707-1호
전화 02-734-0981
팩스 02-333-0081
메일 sensio@sensiobook.com

기획 · 편집 이미순, 김민정
외부편집 임성은
디자인 Design IF

ISBN 979-11-90356-37-4 03320

소중한 원고를 기다립니다. sensio@sensiobook.com